Man kennt diese arme Bretagne wirklich nicht. Sie ist schöner als die Schweiz, bis auf die Alpen.

Victor Hugo
(aus einem Brief an seine Frau)

Jörg Zipprick

Bretagne

Fotos von Franz Marc Frei

Ein Streifzug durch die Bretagne

100 persönliche Empfehlungen des Autors

10x10

Die Bretagne und ihre Orte

Routen und Touren

Karten und Pläne

Die Buchstaben-Zahlen-Kombinationen im Text verweisen auf die Planquadrate der Karten.

Die Bretagne von A bis Z

Die 10 romantischsten Orte

Cancale ■ H1
...weil der Hafen mit seinen Austernbecken eine kleine Attraktion bildet und der Ort nicht so überlaufen ist wie das nahe Saint-Malo (→ S. 78).

Concarneau ■ C4/D4
...weil die Ville Close wie eine Pirateninsel aus dem Hafenrund ragt und der mittelalterliche Charakter der »verschlossenen Stadt« perfekt erhalten geblieben ist (→ S. 156).

Dinan ■ H2
...weil man bereits beim Gang durch die Rue Jerzual einen schönen Eindruck von der alten Kaufmannsstadt bekommt und die Befestigungsanlagen noch immer so beeindruckend sind (→ S. 51).

Fougères ■ K2
...weil die Festung die gesamte Innenstadt überragt und Türme und Zinnen so wirken, als sei die Burg nie verlassen worden (→ S. 84).

Ile d'Arz ■ F5
...weil die Insellage so einzigartig charmant ist und der Ort bis heute sein altes Flair bewahrt hat (→ S. 119).

Kerhinet ■ G5
...weil das winzige Dorf zeigt, wie man im letzten Jahrhundert in der Brière lebte, und weil die Häuser mit ihren Strohdächern so sagenhaft fotogen sind (→ S. 210).

Le Palais auf Belle-Ile ■ E5
...weil der Ort trotz der zahlreichen Besucher selbst bei Sturm noch wie eine Hafenstadt aus der guten alten Zeit wirkt (→ S. 114).

Quimper ■ C3
...weil die Stadt an der Odet zu den elegantesten Orten der Bretagne gehört und die Altstadt rund um die Kathedrale noch mit altem Fachwerk aufwartet (→ S. 180).

Saint-Cado ■ E4
...weil auf diesem winzigen Inselchen schlichtweg die Zeit stehengeblieben zu sein scheint (→ S. 135).

Vannes ■ F4/F5
...weil Hafen, Gärten und Altstadt wirklich malerisch sind und ein Kaffee auf den Terrassen der Place Gambetta einfach zur Besichtigung gehört (→ S. 140).

10x10

Die 10 beliebtesten Badeorte

La Baule ■ G 6
...weil der feinsandige Strand schon seit Anfang des Jahrhunderts **die** Attraktion der Küste ist (→ S. 211).

Bénodet ■ C 4
...weil der Ort nicht nur über schöne Strände, sondern auch über drei sehenswerte Aussichtspunkte verfügt (→ S. 149).

Carantec ■ D 1
...weil die Strände des kleinen Dorfes auf der Halbinsel bei Ebbe zu Spaziergängen im Watt einladen und man dabei sogar eine Kapelle aus dem 16. Jahrhundert entdecken kann (→ S. 155).

Carnac-Plage ■ E 5
...weil man hier nicht nur an zauberhaften Stränden baden kann, sondern auch die Aussicht auf die Belle-Ile genießt und noch dazu die eindrucksvollsten Menhire der Bretagne kennenlernt (→ S. 116).

Dinard ■ H 1
...weil der traditionsreiche Badeort schon von Ernest Renan gepriesen wurde und seit 1850 immer wieder von den Reichen und Wichtigen frequentiert wird (→ S. 82).

Perros-Guirec ■ E 1
...weil die beiden Strände aus feinem Sand besonders bei Familien beliebt sind und der Zöllnerweg nach Ploumanac'h eine kleine Sehenswürdigkeit darstellt (→ S. 64, 68).

Quiberon ■ E 5
...weil die Halbinsel sowohl über reizvolle Strände als auch über ein bekanntes Thalassotherapiezentrum verfügt und weil die Côte Sauvage absolut sehenswert ist (→ S. 133).

Saint-Quay-Portrieux ■ F 1
...weil der nahe Strand Palus-Plage besonders schön gelegen ist und der Zöllnerweg eine tolle Aussicht auf die Bucht von Saint-Brieuc eröffnet (→ S. 72).

Trébeurden ■ D 1
...weil man am Vormittag, wenn sich die meisten Badegäste schon auf den beiden Hauptstränden drängen, oft noch ein ruhiges Plätzchen an einem schmalen Strand der Umgebung finden kann (→ S. 72).

Trégastel ■ c 1, S. 229
...weil man an den Stränden nicht nur baden und die Aussicht auf die Inseln genießen, sondern ein paar Schritte weiter auch noch kuriose Gesteinsformationen bewundern kann (→ S. 73).

10x10

Die 10 schönsten Aussichtspunkte

Cap Fréhel ■ G1
…weil man die beeindruckende Perspektive sowohl von der 70 Meter hohen Felswand als auch umgekehrt vom Boot aus genießen kann (→ S. 50).

Menez-Hom ■ C3
…weil der 330 Meter hohe Aussichtspunkt in den Montagnes Noires, den schwarzen Bergen, ein Panorama von der Bucht von Douarnenez bis zur Pointe de Penhir bietet (→ S. 171).

Pointe de l'Arcouest ■ F1
…weil der Blick auf das Pflanzenparadies der Ile de Bréhat wirklich einzigartig ist (→ S. 63).

Pointe de Penhir ■ B3
…weil die Aussicht auf die Halbinsel von Crozon und auf das Meer ein schönes Beispiel für die typischen Felsformationen des Finistère zeigt (→ S. 154).

Pointe des Poulains ■ E5
…weil das malerische Bild von Küste und Leuchtturm schon von Sarah Bernhardt so geliebt wurde, daß sie hier eine Villa errichten ließ (→ S. 115).

Pointe du Raz ■ B3
…weil dies der wohl populärste Aussichtspunkt der Bretagne ist und der Blick von hier aus bis zur Ile de Sein reicht (→ S. 175).

Pointe de Saint-Mathieu ■ B2
…weil die Aussicht vom Leuchtturm jede einzelne der 163 Stufen wert ist (→ S. 175).

Pointe du Van ■ B3
…weil der Königsblick auf die Ile de Sein und das Cap de la Chèvre mühelos mit der Pointe du Raz konkurrieren kann – ohne überlaufen zu sein (→ S. 149).

Roc Trévezel ■ C2
…weil der Fels mit 384 Metern Höhe nach bretonischen Maßstäben schon ein stattlicher Berg ist und Sie bei gutem Wetter bis zur Bucht von Lannion sehen können (→ S. 155).

Usine Marémotrice de la Rance ■ H2
…weil dieses Gezeitenkraftwerk schon allein ein majestätischer Anblick ist, aber zusätzlich noch ein unverbaubares Panorama auf die Rancemündung zwischen Saint-Malo und Dinard bietet (→ S. 89, 236).

10x10

Die 10 beeindruckendsten Baudenkmäler

Alignements (Carnac) ■ E5
...weil dieses Feld von Menhiren in Europa ganz einfach einzigartig ist (→ S. 116).

Château des Ducs de Bretagne (Nantes) ■ c2, S. 197
...weil hier bretonische Geschichte geschrieben wurde und der grüne Festungsgraben zum Ausspannen einlädt (→ S. 198).

Citadelle Vauban (Belle-Ile) ■ E5
...weil man hier spielend in die Architektur einer Vaubanschen Festungsanlage eingeweiht wird und das Heimatmuseum teilweise kuriose Andenken an die Stadtgeschichte ausstellt (→ S. 114).

Festung (Saint-Malo) ■ H1
...weil der Ort auch heute noch so wirkt, wie man sich ein Piratennest vorstellt, und der Spaziergang auf den Festungsmauern ein echtes Vergnügen ist (→ S. 103).

Festungsmauern (Guérande) ■ G6
...weil die massigen Steinwälle einen direkt ins Mittelalter versetzen und eine fast unberührte Altstadt beschützen (→ S. 210).

Kloster (Mont-Saint-Michel) ■ I1
...weil diese majestätische Klosterinsel in der Welt einmalig ist und es trotz des anhaltenden Touristenstroms hier noch immer einige stille Ecken gibt (→ S. 91).

Locronan ■ C3
...weil dieses Dorf mit seiner Kirche eine architektonische Einheit bildet und die rauhe Idylle Drehort mehrerer Filme war (→ S. 169).

Mühlen (Pont-Aven) ■ D4
...weil sie schon Gauguin inspirierten und an ruhigen Tagen selbst heute noch ein idyllisches Bild bieten (→ S. 176).

Passage Pommeraye (Nantes) ■ b2, S. 197
...weil die historische Einkaufspassage jeden Besucher direkt in die große Vergangenheit der Seefahrerstadt versetzt (→ S. 199).

Ville Close (Concarneau) ■ C4/D4
...weil die »verschlossene« Stadt einer kleinen Festung mitten im Hafen gleicht und Concarneau erst durch sie das richtige Ambiente gewinnt (→ S. 157).

10x10

Die 10 interessantesten Museen

Aquarium Océanographique et Tropical (Vannes) ■ F4/F5
...weil das Aquarium mit 35 000 Litern Fassungsvermögen Fische aus aller Welt in allen Formen und Farben beherbergt (→ S. 142).

Musée du Bateau (Douarnenez) ■ C3
...weil die vielen Boote Seemannsstimmung aufkommen lassen und man hier auch Kunsthandwerker bei der Arbeit beobachten kann (→ S. 161).

Musée des Beaux-Arts (Nantes) ■ d1, S. 197
...weil die Kollektion einen Überblick über die Malerei vom 13. bis zum 20. Jahrhundert erlaubt (→ S. 201).

Musée des Beaux-Arts (Quimper) ■ b2, S. 183
...weil es mit den Werken regionaler Künstler einen Blick auf die Bretagne des 19. Jahrhunderts ermöglicht, ohne dabei die großen Meister zu vernachlässigen (→ S. 183).

Musée des Beaux-Arts (Rennes) ■ d3, S. 99
...weil diese Gemäldegalerie neben internationalen Berühmtheiten auch regionale Schulen vorstellt (→ S. 100).

Musée de Bretagne (Rennes) ■ d3, S. 99
...weil man hier einfach alles über die Geschichte der Bretagne erfährt (→ S. 100).

Musée de la Compagnie des Indes (Port-Louis) ■ E4
...weil in der alten Zitadelle die Geschichte der großen Seefahrer noch einmal lebendig wird und die vielen Schiffsmodelle auch Kindern Spaß machen (→ S. 132).

Musée de la Préhistoire (Carnac) ■ E5
...weil man hier dem Mysterium der Menhire nachgehen kann und das Museum mit einer ungeheuren Vielfalt an Funden aus keltischer Zeit beeindruckt (→ S. 117).

Musée des Télécommunications (Pleumeur-Bodou) ■ D1/E1
...weil man hier ausnahmsweise einmal die Bretagne des 20. Jahrhunderts kennenlernt (→ S. 67).

Océanopolis (Brest) ■ B2
...weil dieses Meeresmuseum auch Landratten die Wasserwelt der Bretagne nahebringt und man die Meerestiere hier fast wie in ihrer natürlichen Umgebung beobachten kann (→ S. 151).

10x10

Die 10 faszinierendsten Feste

Festival de Cornouaille (Quimper) ■ C3
...weil man hier bei Volkstänzen und traditioneller Musik ein wenig keltische Kultur kennenlernen kann (→ S. 259).

Festival Interceltique (Lorient) ■ E4
...weil hier Bretonen, Iren, Schotten und Waliser aufspielen, deren Repertoire sich keineswegs auf traditionelle Volksweisen beschränkt (→ S. 259).

Festival des Tombées de la Nuit (Rennes) ■ I3
...weil das Kunstfestival mit Tanz, Musik und Theater die ganze Innenstadt zehn Tage lang in eine einzige große Fete verwandelt (→ S. 258).

Fête de la Sainte-Jeanne (Erquy) ■ G1
...weil hier die alte Fischertradition der Stadt mit imposanten historischen Seglern, reichlich Cidre und zünftigen Seemannsgesängen gefeiert wird (→ S. 259).

Fête des Vieux Gréements (La Trinité-sur Mer) ■ E5
...weil sich hier neben modernen Katamaranen auch sehenswerte alte Segelboote in sportlichen Regatten messen (→ S. 259).

Grande und Petite Troménie (Locronan) ■ C3
...weil diese Wallfahrt ihren Teilnehmern die Pforten des Paradieses öffnet (→ S. 171, 258).

Pardon de Sainte-Anne-d'Auray ■ F4
...weil bei der bekanntesten Wallfahrt der Bretagne rund 35 000 Besucher jährlich der Großmutter Christi gedenken (→ S. 259).

Pardon de Saint-Yves (Tréguier) ■ E1
...weil das Fest zu Ehren des Schutzheiligen der Advokaten noch nach alter Art gefeiert wird (→ S. 258).

Pardon de Trémalo (Pont-Aven) ■ D4
...weil die Wallfahrt von vielen Teilnehmern noch in regionalen Trachten gefeiert wird und der Ort dabei ein wenig von seinem alten Charme wiederfindet (→ S. 259).

Rassemblement des Vieilles Coques (Concarneau) ■ C4/D4
...weil das Treffen historischer Boote nicht nur für Seebären interessant ist und die Innenstadt dabei zum kleinen Volksfest wird (→ S. 258).

10x10

Die 10 angenehmsten Unterkünfte

Auberge du Kerhinet (Kerhinet) ■ G5
...weil die hübsche »Herberge« mit ihren schlicht-rustikalen Zimmern den Gästen das Leben in der Sumpflandschaft Brière ganz nahebringt (→ S. 211).

Castel Clara (Belle-Ile-en-Mer) ■ E5
...weil man von hier aus die schönste Aussicht auf die Felsküste genießt (→ S. 115).

Castel Marie-Louise (La Baule) ■ G6
...weil das traditionsreiche Haus seine Gäste direkt in die große Vergangenheit des legendären Badeortes versetzt (→ S. 212).

Château de Locguénolé (Hennebont) ■ E4
...weil das Schloß mit seinem überdimensionalen Park und dem urigen Schiffsfriedhof eine echte Idylle ist (→ S. 118).

Château Richeux (Saint-Méloir-des-Ondes) ■ H1
...weil das noble Haus bei Nacht wie ein verwunschenes Schloß wirkt und eine fabelhafte Aussicht auf den Mont-Saint-Michel bietet (→ S. 79).

Le Goyen (Audierne) ■ B3
...weil das Hotel mit seinen vielen Seemannsandenken stilecht am Hafen liegt und Komfort mit familiärer Atmosphäre verbindet (→ S. 149).

Hôtel de la Plage (Sainte-Anne-la-Palud) ■ C3
...weil das Haus ganz einsam an einem feinen Sandstrand liegt und man hier die schönsten Sonnenuntergänge erleben kann (→ S. 190).

Manoir de Lan-Kérellec (Trébeurden) ■ D1
...weil die Zimmer eine herrliche Aussicht auf Hafen und Bucht eröffnen und das Haus nicht nur in seinem historischen Speisesaal eine originelle Mischung aus modernem Komfort und edlen Antiquitäten darstellt (→ S. 72).

Les Rimains (Cancale) ■ H1
...weil man sich in diesem winzigen Cottage sofort zu Hause fühlt und direkt auf die Austernparks blickt (→ S. 79).

Le Sphinx (Perros-Guirec) ■ E1
...weil die schöne Aussicht noch bezahlbar ist und das Haus über einen eigenen Garten verfügt (→ S. 65).

10x10

Die 10 empfehlenswertesten Restaurants

L'Auberge Bretonne (La Roche-Bernard) ■ G 5
...weil der Weinkeller einzigartig ist und Küchenchef Thorel Meerestiere aller Art raffiniert verfeinert (→ S. 124).

Auberge du Pont d'Acigné (Noyal-sur-Vilaine) ■ I 3
...weil sich das winzige Lokal in Rekordzeit einen guten Ruf erarbeitet hat und die Mittagsmenüs so günstig sind (→ S. 100).

Auberge La Taupinière (Pont-Aven) ■ D 4
...weil in dem strohgedeckten bretonischen Haus frischester Fisch naturnah und ohne Chichi aufgetischt wird (→ S. 177).

Le Bretagne (Questembert) ■ G 4
...weil die Spezialitäten des traditionsreichen Hauses trotz des eigenwilligen Interieurs bretonische Küchengeschichte geschrieben haben (→ S. 132).

Les Coquillages (Cancale) ■ H 1
...weil das Bistro mit Ausblick auf die Bucht des Mont-Saint-Michel auch für schmale Geldbörsen feine Küche bietet (→ S. 79).

La Ferme du Letty (Bénodet) ■ C 4
...weil der junge Chef de Cuisine zu den kulinarischen Aufsteigern der Region zählt und das Bauernhaus eine so angenehme rustikale Atmosphäre ausstrahlt (→ S. 149).

Jean Pierre Crouzil (Plancoët) ■ G 2
...weil es hier während der Saison erstklassige Wildgerichte gibt und Monsieur Crouzil den Rest des Jahres hervorragende Meeresfrüchte zubereitet (→ S. 65).

Maison du Bricourt (Cancale) ■ H 1
...weil das Haus von Olivier Roellinger ein kulinarisches Gesamtkunstwerk ist und jedes Gericht mit faszinierenden Gewürzmischungen fein abgeschmeckt wird (→ S. 79, 254).

Le Pressoir (Saint-Avé) ■ F 4
...weil der Küchenchef ein echter Bonvivant ist und das Haus trotz wenig vorteilhafter Lage feine Spezialitäten auf den Tisch bringt (→ S. 144).

Régis Mahé (Vannes) ■ F 4/F 5
...weil sich hier Muscheln, Fische und Krustentiere mit den Aromen des Südens verbinden (→ S. 144).

10x10

Die 10 buntesten Märkte

Criée (Audierne oder Douarnenez) ■ B3/C3
...weil die traditionellen Fischversteigerungen auch heute noch ein ganz besonderes Spektakel für Frühaufsteher sind (→ S. 149, 161).

Halle aux Poissons (Vannes) ■ b3, S. 143
...weil die historische Markthalle von 1880 erstklassigen Steinbutt, Hummer und Seezungen bietet, die teilweise erst um fünf Uhr früh an Land gezogen wurden (→ S. 145).

Marché aux Légumes (Concarneau) ■ C4/D4
...weil zur spektakulären Aussicht auf die Ville Close hier täglich frische Gemüse und Früchte die Sinne verwöhnen (→ S. 160).

Marché des Lices (Rennes) ■ b1, S. 99
...weil dieser belebte Markt Besucher aus der ganzen Bretagne anzieht und sogar Spitzenköche hier einkaufen (→ S. 101).

Marché aux livres (Bécherel) ■ H2/H3
...weil es hier zur Abwechslung einmal nur um Bücher geht (→ S. 77).

Marché de la Place Saint-Mathieu (Quimper) ■ a2, S. 183
...weil am Samstag die Gegend um die Place Saint-Mathieu zum riesigen Markt wird (→ S. 185).

Marché en Plein Air (Lannion) ■ E1
...weil die gesamte Innenstadt an Markttagen zum riesigen »Gemischtwarenladen« wird und man hier von Kleidung bis zu lebenden Ferkeln einfach alles bekommt (→ S. 61).

Marché en Plein Air (Morlaix) ■ D2
...weil Gemüse und Geflügel teilweise aus biologischem Anbau stammen (→ S. 174).

Le Marché de Plein Air (Vannes) ■ F4/F5
...weil die historischen Altstadtgassen genau die richtige Kulisse für das Marktspektakel abgeben (→ S. 145).

Marché de Talensac (Nantes) ■ b1, S. 197
...weil man hier von frischestem Fisch über bestes Geflügel, knuspriges Brot und leckeren Honig durchweg bessere Ware als anderswo bekommt (→ S. 204).

10x10

Die 10 besten Shoppingadressen für Feinschmecker

Ar Blaz Mad (Guérande) ■ G 6
...weil die kleine Boutique in der Altstadt zwar wie ein Souvenirshop aussieht, die regionalen Produkte aber dennoch mit Kennerschaft ausgesucht sind (→ S. 210).

L'Art et le Vin (Saint-Brieuc) ■ F 2
...weil die Auswahl an guten Weinen in dieser schlichten Boutique dafür sorgt, daß man auch fernab der Weinbaugebiete einen guten Tropfen bekommt (→ S. 70).

Le Comptoir (Saint-Malo) ■ c 2, S. 105
...weil die Auswahl an Gewürzen und Rum einzigartig ist und das Geschäft die Tradition der Gewürzjäger und Korsaren fortsetzt (→ S. 107).

Daniel (Cancale) ■ H 1
...weil die Austern hier direkt aus dem Becken kommen und die Preise so günstig sind (→ S. 80).

Fabrication de la Cervaise (Saint-Servant-sur-Oust) ■ G 4
...weil das keltische Cervisia-Bier hier noch hausgebraut wird (→ S. 128).

Fromagerie de Kérouzine (Vannes) ■ b 3, S. 143
...weil Käse nun einmal wie Baguette zu Frankreich gehört und man sich hier für die Rückreise mit den delikatesten »Stinkern« eindecken kann (→ S. 145).

Jean-Yves Prié (Pleudihen-sur-Rance) ■ H 2
...weil sein Cidre zu den allerbesten gehört und der bäuerliche Apfeltrunk hier fast wie Champagner auf der Zunge prickelt (→ S. 66).

La Lorientaise (Lanester) ■ E 4
...weil die **galettes bretonnes** hier endlich mal nach knusprigen Butterkeksen und nicht wie eine Handvoll Sand schmecken (→ S. 129).

La Maison du Pêcheur (Le Palais) ■ E 5
...weil hier auf Belle-Ile sogar die maritime Rarität **pouce-pieds** (Felsenentenmuscheln) als kulinarisches Souvenir zu haben ist (→ S. 116).

La Quiberonnaise (Quiberon) ■ E 5
...weil die Dosensardinen hier noch ganz altmodisch von Hand entgrätet, in gutem Öl gebraten und damit zur Köstlichkeit werden (→ S. 133).

10x10

Ein Streifzug durch die Bretagne

Weiß getünchte Häuser gruppieren sich um den Hafen von Audierne. Der alte Fischerort an der Flußmündung des Goyen hat – abgesehen vom romantischen Flair der sanft schaukelnden Boote – keine herausragenden touristischen Attraktionen zu bieten. Aber vielleicht macht gerade das seinen Charme aus…

Holzstatuen der Apostel, Prophetenköpfe und sogar eine stillende Madonna – die Chapelle de Kermaria-an-Iskuit bietet Kunstgenüsse der ausgesprochen sehenswerten Art. Nicht alltäglich ist auch das berühmte Totentanzfresko im Hauptschiff, das vom Papst bis zum Bettler 47 Figuren in einem Reigen vereint.

Herrliche Ausblicke auf die wilde Küstenlandschaft eröffnet der alte Zöllnerpfad, der sich vom Strand Tréstraou in Perros-Guirec bis nach Ploumanac'h erstreckt. Der Leuchtturm von Meen Ruz thront souverän über dem »Granitchaos«, das sich vor der Kulisse des mal türkisgrünen, mal blauen Meeres ausbreitet.

Wellen, die im Takt des Windes gegen die rauhe Steilküste schlagen. Fischerboote, die sich bei Ebbe gegen die Hafenmauern schmiegen. Riesige Menhire, die als Zeugen der keltischen Vergangenheit am Wegesrand auftauchen. Strenge, schlichte Kirchen aus grauem Granit zwischen grünen Feldern. Mysteriöse Wälder mit geheimnisvollen Hügelgräbern. Die Wahrzeichen der Bretagne…

Die Wuchtigkeit der Festungsanlage von Fougères erlebt man hautnah bei einem Rundgang außerhalb der alten Ringmauern, die hier sieben Meter dick sind. Trotzdem wurde die Burg immer wieder von ihren Belagerern überrannt.

Und es geht noch weiter: Austernparks, die unter karibikblauen Wassern schimmern. Der Abendblick auf den festlich erleuchteten Mont-Saint-Michel. Die Kalvarienberge des Finistère. Brocéliande, der sagenumwobene Wald des König Artus. Ernste Herrschaften, die, in historische Trachten gehüllt, zur Wallfahrt aufbrechen, die Herren in festlichem Schwarz, die Damen durch eine aufwendige spitzenbesetzte coiffe behütet. Eine rauhe, karge Landschaft, mit wilden Felsformationen und kilometerlangen Stränden aus feinem Sand. Eine Mischung aus lebendiger Tradition und modernem Landleben…

Wer in die Bretagne kommt, hat die Wahl zwischen verwunschenen grauen Burgen, prachtvollen Kirchhöfen, imposanten Menhiren, winzigen Dörfern mit kleinen Kapellen – oder den populären Badeorten, die seit dem Anfang des Jahrhunderts die Besucher mit ihren Stränden locken.

Doch trotz zahlreicher Touristen aus aller Welt ist die Bretagne authentisch geblieben: Schon ein paar Kilometer hinter den vielbesuchten Stränden von La Baule, Dinard oder Perros-Guirec

beginnt das Landleben, breiten sich die Blumenkohl-, Erdbeer- und Artischockenfelder aus. Eine Idylle, die man außerhalb der französischen Schulferien im Juli/August kaum teilen muß...

Rauhe Küsten, weiße Strände
Zugegeben, auf den ersten Blick kann die Bretagne recht streng wirken. An Regentagen scheint das Grau der Gebäude nahtlos in die dunklen Wolken am Himmel überzugehen. Die Farbe des Granits bestimmt die Landschaft: Der Stein ist schon seit Jahrtausenden das bevorzugte Baumaterial der Region. Aus Granit errichteten die Menschen des Neolithikums ihre **Menhire, Dolmen** und **Cromlec'hs**. Die mittelalterlichen Baumeister formten den harten Stein zu aufwendigen Kalvarienbergen, zu Bilderbibeln mit Dutzenden, manchmal Hunderten von Figuren; sie schufen prächtige Kirchen mit schlanken Türmen, die manchmal so wirken, als wären sie mit steinerner Klöppelspitze umwoben, und Burgen, deren Mauern auch nach Jahrhunderten dem Zahn der Zeit partout nicht nachgeben wollen.

Seine soliden Granithäuser rund um die Kirche machten beispielsweise das kleine Dorf **Locronan** weltberühmt: In Filmen wie »Die Schatzinsel« (1965), »Les Chouans« (1988) oder »Tess« (1979) spielt der Ort quasi als Inbegriff der guten alten Zeit eine Hauptrolle.

Auch wenn die Landschaft im Landesinneren mit ihren sanften Hügeln und den **Monts d'Arrée** und **Montagnes Noires** (die freilich alles andere als Bergriesen sind) eher schlicht erscheint, erstrahlt der Granit an der Küste in seiner ganzen Schönheit: Bei **Ploumanac'h** ist er rosa, und Wetter und Wind haben im Laufe der Jahrhunderte kuriose Gesichter in den Stein geschliffen. An den Küsten des **Finistère**, auf **Belle-Ile** oder an der **Côte Sauvage** bei **Le Croisic** beeindrucken die zerklüfteten Steilküsten – und es gibt kaum etwas Schöneres, als dort an einem stürmischen Herbstabend vor einem Kaminfeuer zu sitzen und auf das unruhige Meer zu blicken...

Was Schotten können, bringt auch Bretonen nicht aus der Puste: Beim keltischen Musikfest in Guingamp sind auch Dudelsackpfeifer im Einsatz.

Die Bretagne ist nicht Frankreich
...und Frankreich nicht die Bretagne. Erst 1532 wurde die Region unter Franz I. definitiv an Frankreich angeschlossen, bis zur Französischen Revolution genoß sie weitreichende Sonderrechte; man unterhielt sogar ein eigenes Parlament und verfügte über eine von Frankreich unabhängige Verwaltung. Noch heute haben die Bretonen eine eigene Nationalhymne mit Namen »Bro Gozh ma Zadou«, deren Melodie ihrem walisischen Äquivalent »Hen Wlad fy Nhadau« entspricht. Ihre stolze Devise lautet »Melius mori quam feodari« – frei übersetzt: besser sterben als in Schande leben. Wenn das nicht Bände spricht...

Die Ostindienkompanie

Frankreichs Handelsbilanz des frühen Barockzeitalters sah trist aus: Portugiesen, Holländer und Engländer hielten die wirtschaftlichen Beziehungen zu den Ländern Asiens und des Orients fest in Händen; durch die Gewürze und Seidenstoffe, den Tee und das feine Porzellan, das ihre Schiffe aus der Ferne nach Hause brachten, flossen enorme Summen in die Kassen der Händler.

Nur in Frankreich wollte der Handel mit den exotischen Geschäftspartnern partout nicht gelingen. Seit Heinrich IV. hatten bereits drei Handelsgesellschaften nach kurzer Zeit im Ruin geendet. Trotzdem wurde im August 1664 auf Initiative von Finanzminister Colbert die **Compagnie des Indes Orientales** gegründet. König Ludwig XIV. billigte der Gesellschaft großzügig die Exklusivität beim Handel mit Indien und allen orientalischen Meeren sowie der gesamten Insel Madagaskar zu. 1666 wurden bei Port-Louis die ersten Schiffe auf Kiel gelegt – der »Grundstein« der Stadt Lorient.

Ein gewisser François Caron gründete 1667 in Surate die erste indische Handelsniederlassung der Kompanie. Vor allen Dingen Baumwolle, aber auch Pfeffer, Indigo, Zimt und bengalische Seide wurden von dort aus exportiert. Der geschäftstüchtige Caron expandierte schon bald nach Masulipatam an der Ostküste Indiens, nach Java und Bangkok, breitete seinen Einfluß sogar bis Japan aus. Trotzdem entwickelte sich die Ostindienkompanie langsam zum finanziellen Desaster: Die Kolonisierung von Madagaskar verlief schleppend. Schiffe, die für Nachschub sorgen sollten, trafen erst nach Monaten ein, auch die Einheimischen waren den Eindringlingen feindlich gesinnt. Wenige Jahre der erfolglosen Kolonisierung eines winzigen Fleckens Land hatten die Kompanie die ungeheure Summe von 500 000 Livres gekostet. Im September 1669 ging das Eigentum an Madagaskar an Frankreichs Krone zurück.

Doch auch der Handel mit Indien und dem Orient wollte nicht so recht aufblühen: Carons Niederlassungen befanden sich in Gebieten, in denen Holland starken politischen Einfluß ausüben konnte, und mußten jeweils nach kurzer Zeit ihre Tore wieder schließen. Die florierende Handelsgesellschaft von Surate wurde 1670 von Holländern und Engländern verwüstet. Der Krieg der Augsburger Allianz und der Spanische Erbfolgekrieg behinderten den Seehandel schließlich so sehr, daß Colberts

Bretagne Extra

Klar Schiff in Richtung Orient: Die stolzen Dreimaster holten eine Prise Exotik nach Europa.

Compagnie des Indes Orientales 1719 in Konkurs gehen mußte.

An dieser Stelle witterte der schottische Finanzier John Law, der schon seit 1717 mit Louisiana Waren austauschte, seine Marktlücke. Nach dem Edikt von Réunion (1719) gründete er die Compagnie des Indes. Laws Statthalter in den Kolonien verfügten über weitreichende Rechte, entschieden vor Ort über Krieg und Frieden, Verträge und Gesetze und konnten sogar eigene Münzen prägen lassen. Vom fernen Paris aus kapitalisierte der geniale Law seine Indienkompanie mit enormen Summen, die er dank Aktienausschüttungen mit noch enormeren Dividendenversprechen auftreiben konnte. Doch irgendwann muß sich auch Law verrechnet haben: Nach einem enormen Boom, bei dem für 500 Livres ausgegebene Aktien binnen Tagesfrist für 18 000 Livres gehandelt wurden, kam es zum Crash – die Käufer merkten, daß Laws Bank ihre vermeintlich riesigen Gewinne gar nicht auszahlen konnte. John Law floh daraufhin im Dezember 1720 nach Brüssel; 1729 starb er, vollständig verarmt, in Venedig. Seine Indienkompanie führte noch bis 1769 florierenden Kommerz mit China: Tee, Seide und Porzellan wurden in Europa weiterhin gut gehandelt – und manchmal kamen auch ganz besondere »Gäste« mit an Bord: Als Ludwig XV. einen bengalischen Tiger für seine Menagerie verlangte, wurde das Tier an Bord gebracht – zusammen mit sage und schreibe 400 Schafen als »Katzenfutter« für die lange Fahrt nach Frankreich.

Selbstverständlich haben die Bretonen auch eine eigene Fahne, das Gwenn-ha-Du (Schwarz und Weiß), das gleich in zwei Ausfertigungen existiert: traditionell weiß mit schwarzem Kreuz – oder modern, nach einem Entwurf von Morvan Marchal aus dem Jahr 1923, mit neun horizontalen Streifen: fünf schwarze für die Bischofstümer der **Haute Bretagne** (Dol, Nantes, Rennes, Saint-Malo, Saint-Brieuc), vier weiße für die der **Basse Bretagne** (Trégor, Léon, Cornouaille, Vannes). Einige Patrioten schmücken ihr Fahrzeug mit einem BZH-Aufkleber – für **Breizh**, das keltische Wort für Bretagne.

Noch gibt es nämlich die bretonische Sprache mit ihren zahllosen Unterdialekten: Im Westen hat das keltische **Breton** jahrhundertealte Tradition, im Osten hingegen spricht man das romanische **Gallo** (gallisch). Bis ins 19. Jahrhundert war das »parler Breton« besonders unter den einfachen Leuten weit verbreitet, selbst nach dem Ersten Weltkrieg wurde in besonders ländlichen Regionen wie der **Ile de Sein** noch vornehmlich bretonisch gesprochen. Heute sind es etwa 600 000 Menschen, die die alte Sprache verstehen, etwa die Hälfte davon kann fließend in Breton parlieren. Sogar ein paar Zeitungen erscheinen heute noch auf Bretonisch – oder zweisprachig in Französisch und Breton. Die Auflagen der »Al Liamm«, »Al Lanv«, »An Had«, »Breman«, »Brud Nevez« oder »Evit ar Brezhoneg« genannten Blätter schwanken zwischen 200 und 4000 Exemplaren.

Über die Jahrhunderte bildeten sich in der Bretagne immer wieder regionalistische oder separatistische Bewegungen. Einige wollten nur die bretonische Kultur stärken, andere verlangten klar die Abspaltung von Frankreich. Auch heute noch gibt es die eher links angesiedelte **Union Démocratique Bretonne (UDB)** mit knapp 1000 Mitgliedern, deren Ziele die Förderung der bretonischen Sprache und die

Ein herrschaftliches Schlößchen in idyllischer Landschaft – und rundum nichts als Natur: eine »Szenerie«, die Ihnen in der Bretagne begegnen wird. Diese glücklichen Kühe grasen vor dem Château Robien.

verwaltungstechnische Einheit der Bretagne sind. Die kleine Partei verfügt sogar über eine eigene Zeitschrift in französischer und bretonischer Sprache: 6000 Ausgaben von »Le Peuple Breton/ Poblvreizh« (das bretonische Volk) werden jeden Monat verteilt.

Während die UDB eher für moderaten Regionalismus, Ökologie und die Dezentralisierung staatlicher Stellen steht, haben sich andere Bewegungen radikaleren Zielen verschrieben: Die Mitglieder der 1964 gegründete **Front de Libération de la Bretagne** (Bretonische Befreiungsfront – FLB, seit 1968 umbenannt in **FLB-ARB, Armée Républicaine Bretonne** – Bretonische Republikanische Armee) leben im Untergrund und verlangen nach einer unabhängigen Bretagne. Anders als im Baskenland werden an den Küsten des Nordens – zumindest seit 1968 – jedoch kaum Terroranschläge verübt: Der spektakulärste Coup der FLB war die Zertrümmerung der Spiegel in zehn Sälen des Schlosses von Versailles im Jahr 1978; andere Attentate richteten sich gegen Zentralen des Stromgiganten EDF, gegen Finanzämter, Rathäuser oder Gerichtshöfe.

Obwohl nur sehr wenige Bretonen mit den Separatisten sympathisieren, kultivieren die meisten von ihnen doch einen gewissen Nationalstolz. Vergleichen Sie einen Bretonen also nie mit einem Pariser – es sei denn, Sie wollen ihn beleidigen!

Etwas Geographie

Die Bretagne umfaßt die Départements **Finistère, Côtes d'Armor, Morbihan** und **Ille-et-Vilaine**. Historisch, geographisch und wirtschaftlich gesehen gehören auch Teile der **Loire-Atlantique** dazu, darunter natürlich auch die langjährige bretonische Hauptstadt **Nantes**. Die aktuelle Aufteilung der Region stammt aus dem Jahr 1941, aus der Zeit des Vichy-Regimes, und wurde von der V. Republik übernommen – und so bleibt die heutige Bretagne in allen Statistiken um Nantes, La Baule, Guérande und die Brière beraubt. Apropos Statistik: 27 506 Quadratkilometer mißt diese »offizielle« Bretagne, 1116 Quadratkilometer davon sind Seen. Etwas mehr als 2,8 Millionen Menschen leben hier – gerade mal 800 000 mehr als in den 20 Bezirken der Pariser Innenstadt.

1100 Kilometer Küste warten auf Besucher, zählt man alle Inseln und Rias (Flußtäler) mit, kommt man sogar auf 3500 Kilometer. Natürlich sind 1080 Quadratkilometer davon Strände aus feinem Sand, die man auch dann genießen kann, wenn – wie praktisch an jedem zweiten Sommertag – der Wind kräftig bläst: Die **Suroit** genannten Böen bringen Regen, der oft lange anhalten kann, der **Noroit** hingegen Kälte und Sturm. Ein Regenschirm und ein warmer Pulli im Reisekoffer können also nicht schaden – auch wenn die Bretagne bei weitem kein Land ewigen Unwetters ist. Mit statistischen 1453 Millimetern Niederschlagsmenge pro Jahr sind die Monts d'Arrée die Schlechtwetterregion par excellence, in Dinard regnet es hingegen seltener als in Nizza.

Prominente Besucher

Die rauhen, ursprünglichen Landschaften haben über die Jahrhunderte Dutzende von bekannten Persönlichkeiten angezogen: Besonders um die Jahrhundertwende war die Bretagne eine Art »Anti-Côte-d'Azur« oder »Anti-Normandie«. Während dort englische Lords und russische Kurfürsten einem Leben in Saus und Braus frönten, mußten die bretonischen Reisenden manche Mühsal auf sich nehmen: Die große Diva Sarah Bernhardt etwa unterhielt – lange vor Aufkommen des Inseltourismus – ein prächtiges Anwesen auf der Belle-Ile. Ältere Inselbewohner erzählen heute noch gern, wie die Schauspielerin, begleitet von einem ganzen Troß von Bewunderern, Verehrern,

Lakaien und Gepäckträgern, die gerüschten Röcke hochgerafft und den Teint bei gutem Wetter sorgsam von einem Sonnenschirm beschützt, stets die letzten Meter bis zum Ufer durch den Schlick waten mußte, weil ein Anlegequai in geeigneter Lage fehlte. Auch die Schriftstellerin Colette liebte die Region und wählte sie als Schauplatz für ihren Roman »Erwachende Herzen«. Nachdem sich die Romancière zunächst, im Sommer 1894, ebenfalls in die Belle-Ile verliebte, kaufte sie 1910 ein Anwesen an der **Smaragdküste**, elf Kilometer von **Saint-Malo** entfernt, zwischen Cancale und Paramé, nahe beim Dorf Saint-Coulomb: Rozven, Windrose, wurde die Granitvilla getauft. Doch komfortabel war das Herrenhaus bei weitem nicht: Beleuchtet wurde mit Öllampen, gekocht mit Holzkohle – und fließendes Wasser wurde erst 1921 installiert. Trotzdem verbrachte Colette bis 1924 jeden Sommer in Rozven, schwärmte ihren Freunden in Briefen von der Umgebung vor und fand sich sogar mit dem manchmal kapriziösen Wetter ab: »Jeder Tag enthält ... die vier Jahreszeiten...«

Der Maler Paul Gauguin lebte lange Jahre mit seiner Künstlergemeinde in **Pont-Aven**, bevor er die bretonische Küste gegen die blauen Wasser der Südsee eintauschte. Seine malenden Freunde hatten sich in einer winzigen Auberge eingemietet – und waren ursprünglich in den kleinen Ort mit den vielen Wassermühlen gekommen, weil das Leben hier so viel günstiger war als anderswo, weil die Motive niemals ausgingen – und weil die Bretonen auch für ein kleines Taschengeld geduldig mal einen Tag lang Modell standen.

Auch Victor Hugo gehörte zu den neugierigen Besuchern, berichtete in Briefen an seine Frau, daß **Rennes**, »abgesehen von einigen alten Häusern, recht bedeutungslos ist«, begeisterte sich für die **Menhire von Carnac** – »unzählbar und in langen Avenuen aufgereiht« – oder für die Altstadt von Nantes mit ihrer Kathedrale. Der **Mont-Saint-Michel** war für ihn »der schönste Ort der Welt, selbstverständlich nach Bièvre«. Und 1836 resümierte er mit Bewunderung: »Man kennt die arme Bretagne wirklich nicht genug, sie ist schöner als die Schweiz, bis auf die Alpen.«

Der Dichter Guy de Maupassant pflegte ebenfalls eine Vorliebe für den Mont-Saint-Michel, nannte ihn »das bewundernswerteste gotische Gemäuer, das je für Gott auf der Erde erbaut worden ist« und »gigantisches Juwel aus Granit«. Auch ein Gespräch zwischen ihm und einem Mönch des berühmten Klosterberges taucht in seinen Schriften auf: »Mein Vater, was müßt ihr hier für ein ruhiges Leben haben«, meinte Maupassant. Und der Mönch erwiderte: »Hier gibt es viel Wind...«

Stendhal und Honoré de Balzac beschrieben die mittelalterlich geprägten Städte und Landschaften ebenso wie Prosper Mérimée. Letzterer lieferte in seinen »Notes d'un Voyage« (Notizen einer Reise) eine höchst exakte Beschreibung der Bretagne, schrieb lange Seiten über Lamballe, Saint-Brieuc, Quintin, Morlaix, Quimper und Brest und bemängelte lediglich in Saint-Malo, daß diese Stadt »unter archäologischen Gesichtspunkten wenig Interessantes« zu bieten hätte.

Ritter, Korsaren und Seefahrer

Abgesehen von Chateaubriand, Ernest Renan oder Jules Verne hat die Bretagne selbst wenige bedeutende Schriftsteller hervorgebracht. Die meisten prominenten Bretonen waren Abenteurer, echte Rauhbeine: Bertrand Du Guesclin etwa (1320 bis 1380), dessen Standbild man heute auf dem Marktplatz von **Dinan** bewundern kann, galt als einer der größten Kämpfer des Mittelalters. Der Ritter, der sein erstes Turnier im Alter von 18 Jahren während der Hochzeit von Jeanne de

Penthièvre mit Charles de Blois gewann, kämpfte nicht nur mit Schwert und Schild, sondern auch mit List und Verstand.

Später plünderte Robert Surcouf mit seinem wendigen Schiff »Renard« ganze Horden feindlicher Flotten aus. Da Surcouf kein Pirat, sondern dank einer königlichen »Lettre de Course« ein zum Rauben und Plündern ermächtigter Korsar war, stieg auch er zum Volkshelden auf, dessen Erinnerung noch heute in **Saint-Malo** hochgehalten wird: Natürlich gibt es dort Surcoufs Grab und auch sein Denkmal zu sehen – doch die Touristen können sogar mit einem Nachbau der »Renard« in See stechen!

Sein Kollege René Duguay-Trouin (1673 bis 1736), ebenfalls aus Saint-Malo stammend, wurde in frühester Jugend zum Seemann, raubte später rund 300 Schiffe und nebenbei noch ganz Rio de Janeiro aus. In Frankreichs Geschichte ging er freilich »nur« als adliger Marinekommandant und Ratsherr der **Ostindienkompanie** ein (→ Extra, Die Ostindienkompagnie, S. 26)...

Extra

Friedlicher verlief das Leben von Jacques Cartier: Nachdem der große Navigator auf der anderen Seite des Atlantik von Bord gegangen war, ließ er die Einheimischen fragen, wo er denn hier gelandet sei. »Kanada«, meinten die Fischer – gemeint war damit lediglich ihr winziges Dorf an der Küste. Was Cartier natürlich nicht wissen konnte: Er bezog die Antwort irrtümlich auf das gesamte Riesenland – die »Konsequenzen« sind bekannt...

Keltische Legenden

Schon Honoré de Balzac meinte in seinem Werk »Les Chouans«: »Die Bretagne ist ... das Land, in dem die gallischen Sitten die stärksten Spuren hinterlassen haben.« Tatsächlich steckt das ganze Land heute noch voller keltischer – und oft besonders blutiger – Legenden, die auch bretonische Fremdenführer, mal ernst, mal mit einem Augenzwinkern, den Besuchern gern erzählen (→ Extra, Von Fischmenschen und verdammten Seelen: Bretonische Legenden, S. 136). Da gibt es die unheimlichen Fischmenschen einer versunkenen Insel, die einmal im Jahr in Flammenmänteln an Land gehen; Horden von Sirenen, die unglückliche Seemänner in den Tod ziehen; Menhire, die vom Himmel fallen, um streitende Armeen zu trennen; eine Höllenbucht, in der die verdammten Seelen heulen und unvorsichtige Seemänner in den Tod ziehen; die Nymphe Sirona, die jede Freitagnacht in den Schatten der Ruinen des Château Montafilan ein Bad nimmt; Ankou, den Kutscher der Toten, dessen schwerer Wagen stets vollbeladen ist; den Zweikampf zwischen dem heiligen Michael und dem Leibhaftigen auf dem Mont-Dol, währenddessen sich sowohl die Klauen Satans als auch Spuren des Schwertes des Heiligen tief in den Fels gegraben haben... Vor **Douarnenez** soll das sagenumwobene Ys gelegen haben, ein bretonisches Atlantis, das, verschuldet durch die finsteren Liebschaften der Königstochter Dahut, in den Fluten versank. Und der Weltuntergang tritt nach der bretonischen Legende dann ein, wenn der 9,5 Meter hohe **Menhir du Champ-Dolent** gänzlich im Erdboden verschwunden ist. Gottlob präzisiert die Sage, daß in 100 Jahren gerade mal eine Daumenlänge versinkt...

Extra

Zu Gast bei König Artus

Die bekannteste bretonische Legende ist natürlich die von König Artus und den Rittern der Tafelrunde: Im heute **Brocéliande** genannten Wald soll der sagenhafte Herrscher den heiligen Gral gesucht haben. Damals muß Brocéliande allerdings noch weit größer gewesen sein als die heutigen 7097 Hektar; statt Kiefern wuchsen hier einst Eichen, Buchen und Birken. Im **Val**

Saint-Yves, der Anwalt der Armen: Alljährlich im Mai nehmen in Tréguier Juristen aus allen Ländern an einer riesigen, feierlichen Prozession zu Ehren des Heiligen teil.

sans Retour, dem Tal ohne Wiederkehr, hielt die Fee Morgana untreue Ritter gefangen, bis Lancelot, der seiner Lady Guinevère treu war, ihren Bann brechen konnte. Zwei Platten aus rotem Schiefer unter einer Stechpalme markieren Merlins Grab, unter dem ein Zauberspruch der Fee Viviane den großen Magier auf ewig gefangen halten soll.

Elemente lokaler Legenden und »christianisierte« Volksbräuche bevölkern die bretonische Version der Artussage, einige Historiker sehen im heiligen Gral eine Variante des Kessels der Druiden. Ob in der Legende nicht doch ein wenig wahre Historie steckt, bleibt umstritten: War Artus möglicherweise ein »kleiner« König aus dem 6. Jahrhundert, der Invasoren Widerstand leistete? War Merlin ein etwas verrückter Krieger oder Minnesänger, der im geheimnisvollen Wald seine Weissagungen sponn? Oder ist das Gespann Artus–Merlin in Wirklichkeit nur als Synonym für das Zusammenwirken weltlicher und geistlicher Macht zu verstehen – und die Suche nach dem Gral eine Suche nach Perfektion und Harmonie…

Auf den Wandgemälden der Kirche des kleinen Ortes **Tréhorenteuc** hat sich der Abbé Gillard von 1942 bis 1962 um eine Symbiose aus keltischen Legenden, der Artussage und katholischer Tradition bemüht: Artus und seine Ritter, der Gral, Joseph von Arimathea und eine böse Fee Morgana in leicht provokantem Habit strahlen dem Betrachter in leuchtenden Farben entgegen – der gute Abbé hingegen wurde wegen seiner phantasievollen Malereien fast der Ketzerei angeklagt.

Ein Land tiefer Religiosität

Trotz allen keltischen Erbes ist Religion nämlich in der Bretagne bis in unsere Tage ein wichtiges Thema geblieben: Ganze Heerscharen von Heiligen beschützen die Region, wurden in Orts- oder Kirchennamen verewigt. Sie christianisierten nicht nur das Land, sondern heilten auch Kranke, retteten Seeleute, wurden von Wölfen oder anderen wilden Tieren begleitet und starben oft als Märtyrer. Nur wenige von ihnen werden offiziell von der katholischen Kirche anerkannt, aber jeder einzelne ist das Objekt inniger Verehrung von seiten der Bevölkerung. Einige Heilige sind regelrechte Spezialisten: Saint-Yvertin lindert Kopfschmerz, Mamertus hingegen Koliken, Houarniaule verhindert Angst, Hubert wird gegen Tollwut angerufen, Eugénia gegen Wehenschmerzen, Léobinus bei Augenbeschwerden und Méen bei Wahnsinn. Golgan hilft lahmenden Pferden und Herbot den erkrankten Rindern...

Auch heute ist beispielsweise eine Hochzeit in der Bretagne immer noch ein halbes Dorffest. Oft feiern bis zu 300 Personen. Natürlich trägt die Braut auch heute noch ihre **coiffe**, eine kunstvoll mit Spitzen verzierte Trachtenhaube, die in jedem größeren Ort der Bretagne ein wenig anders aussieht **Extra** (→ Extra, Coiffes – wenn Bretoninnen unter die Haube kommen, S. 34). Und natürlich spendet das junge Paar auch heute noch ein paar hundert Francs einem Kloster der Ursulinerinnen: Die Schwestern beten dann dafür, daß der schon von Simone de Beauvoir gefürchtete Nieselregen nicht die Feiernden überrascht.

Feste und Pardons

So gut wie jeder Ort der Bretagne hält außerdem sein eigenes **pardon** ab, eine kleine Wallfahrt. Berühmt ist das pardon (wörtlich Verzeihung, Vergebung) von **Sainte-Anne-d'Auray** oder die Troménie von **Locronan**: Dort folgen die Wallfahrer den Wegen des heiligen Ronan. Alle sechs Jahre, am zweiten Samstag im Juli, bringen die Pilger die **Grande Troménie** (vom bretonischen Tro Minihy – Tour um das Kloster) hinter sich. Zwölf Etappen auf zwölf Kilometern, markiert von Statuen aus der Kirche, öffnen dem Volksglauben nach die Pforten zum Paradies. Auffällig oft fallen die pardons auf Festtage, die schon im keltischen Kalender verzeichnet waren, etwa Erntedank oder Sonnenwende. Die Trachtenkostüme und coiffes, die bestickten Westen und schwarzen Hüte, die bei solchen Gelegenheiten von den Einheimischen aus dem Schrank geholt werden, dienen bei weitem nicht dem Amüsement der Touristen. Sie dürfen eher als Beispiel typisch bretonischer Heimat- und Traditionsverbundenheit verstanden werden – und vielfach sind die frommen Wallfahrer überhaupt nicht begeistert, wenn sie als Fotomotiv für das Urlaubsalbum herhalten sollen.

Neben den pardons gibt es jedoch, besonders im Juli und August, jede Menge keltischer Volksfeste, die tatsächlich nur der Unterhaltung dienen. Dann fließen Cidre und Bier in Strömen, es gibt Austern oder Crêpes, und Folkloregruppen in Trachtenkostümen spielen mit Dudelsack oder Drehleier auf. Besonderes Renommee genießt das **Festival de Cornouaille** in **Quimper**, ein großes Spektakel mit Volksmusik und -tanz, das die Altstadt in einen Hexenkessel verwandelt. In **Rennes** wird zehn Tage lang beim **Festival des Tombées de la Nuit** mit Tanz, Musik und Theater gefeiert, und im ansonsten ein wenig tristen **Lorient** avancierte das **Festival Interceltique** zum gefragten keltischen Musiktreffen. Die bretonischen Barden erhalten hier Verstärkung aus Irland, Schottland, Cornwall und Wales, aufgespielt wird interessanterweise auch keltisch inspirierter Rock.

Die Lieblingsregion der Franzosen

Um die zwölf Millionen Touristen lassen sich jedes Jahr von Stränden und Menhiren, Kirchen und Kalvarienbergen, Festivals und pardons, Wäldern

Coiffes – wenn Bretoninnen unter die Haube kommen

Man sieht sie auf Wallfahrten, Volksfesten und manchmal auch noch bei der Sonntagsmesse: Bretoninnen, die eine (oft spitzenbestickte) Haube tragen, die – meist weiße – **coiffe**. Coiffes gibt es mindestens so viele verschiedene, wie es Regionen in der Bretagne gibt: Marie-Claude Monchaux, Autorin von »Les Costumes Bretons«, zählte gar 66 Hauptgruppen und nicht weniger als 1200 Untergruppen von Trachten – was einem eigenen Habit von fast jedem einzelnen bretonischen Dorf entspricht!

Die alten Bretonen waren stolz auf ihre Herkunft; Männer und Frauen zeigten mit Trachten, Hüten und coiffes nicht nur ihren jeweiligen Heimatort, sondern beispielsweise auch dessen Schutzheiligen. Bis in die dreißiger Jahre gehörten coiffes und Trachten noch zum Alltagsbild. Doch heute hüllen sich die Messieurs nicht mehr in **bragou-braz** (an den Oberschenkeln besonders weit geschnittene Hosen), auch die schwarzen Hüte, die wie ein zu kurz geratener Bowler wirken, sind zur Rarität geworden. Aber mit etwas Glück kann man in einem winzigen Dorf auf dem Land an einem Festtag noch den Blick auf eine echte coiffe werfen. Nachfolgend eine Auswahl der verschiedenen Typen, die zeigt, wie unterschiedlich die bretonische Kopfbedeckung ausfallen kann:

Coiffe de Baud-Kornek: Sie sieht aus wie ein Kopftuch, das auf die Schultern und den Rücken fällt, und gilt als einfache Variante, die bei entsprechendem Spitzenschmuck trotzdem elegant wirken kann.

Coiffe de Châteauneuf-du-Faou: Elegante coiffe mit Haarnetz am Hinterkopf und aufwendigen, spitzengezierten Bändern, die fast herzförmig das Gesicht einrahmen.

Coiffe de l'Ile de Sein: Sie sieht der breiten Haarschleife der Elsässer Tracht ähnlich und existiert in schwarzer und weißer Version.

Coiffe de Plougastel: Umständlich gefalteter Typ: Zwei kleine »Turbane« werden durch einen dritten, ein Band von zwei Metern Länge, gekrönt. Ein kompliziertes System aus Schleifen und Bändern hält das Kopfkunstwerk in Form. Laut Marie-Claude Monchaux verfügte eine Einwohnerin von Plougastel früher über nicht weniger als 144 coiffes!

Bretagne Extra

Leider ein seltener Anblick: die traditionelle Kopfbedeckung der bretonischen Frauen.

Coiffe de Plounéour-Trez: Die auch **kernapa** genannte coiffe erinnert entfernt an eine weiße Nonnenhaube. Zur Festtagstracht, die etwa für ein **pardon** angelegt wird, gehören außerdem aufwendige Röcke und Blusen aus Damast und Spitze.
Coiffe de Pont l'Abbé: Diese Version zeigt ein beliebtes Folkloremotiv, nämlich einen runden »Spitzenturm«, der zwischen zehn und sagenhaften 40 Zentimetern Höhe variieren kann. Er wird durch einen Riemen am Kinn in Position gehalten.
Coiffe de Quimper: Ursprünglich (um 1900) eine runde Haube, die durch zwei am Kinn zusammengeschnürte Bänder Halt fand, versehen mit zwei rechteckigen »Flügeln«. Heute ist das **borleden**, die flügellose Version in Form einer hohen runden Haube mit Kinnriemen, beliebter.

Coiffe de Quintin: Die Haube wirkt wie eine Acht, deren Schleifen links und rechts auf die Ohren fallen – was fein und flügelartig aussieht, wenn der Kopfschmuck richtig gefaltet ist. Wer diese coiffe jedoch nicht aufzusetzen versteht, sieht aus wie ein Beagle...
Coiffe de Rosporden: Hochaufwendig gefaltete Lesart, die neben dem runden Kopfaufsatz aus zwei »Flügeln« oberhalb der Ohren und einer halben Acht über der Stirn gekrönt wird. Diese coiffe zu falten gleicht einem Halbtagsjob.
Coiffe de Vannes: Sie wirkt wie ein spitzengeziertes »Dach« auf dem Kopf.
Touken de Tréguier: Ein simples weißes Tuch hält die Haare am Hinterkopf, von den Ohren fallen zwei kleine »Flügel« fast bis auf Schulterhöhe.

Apfelernte: Ein guter Teil der knackig-saftigen Früchte wird zu spritzigem Cidre verarbeitet – ein lieblich bis herb schmeckendes Getränk, das trotz geringem Alkoholgehalt nicht so harmlos ist, wie mancher glaubt...

und Legenden in die Bretagne locken – immerhin viermal mehr als die gesamte bretonische Bevölkerung! Zusammen bringen sie es auf fast 80 Millionen Übernachtungen in einem der rund 1050 Hotels und 2800 Gîtes oder auf einem der 832 Campingplätze. Dabei bleibt die Region der Favorit der Einheimischen: Rund drei Viertel, nämlich neun Millionen der Besucher, sind Franzosen. Auch abseits des statistisch erfaßten Tourismus stehen »les français« einsam an der Spitze: Die meisten der 185 170 Ferienwohnungen gehören ihnen selbst. Doch nicht jeder Meter Landschaft steht den Touristen zur Verfügung: In der Bretagne bemüht man sich seit einiger Zeit verstärkt um eine intakte Natur. Selbstverständlich sind die Folgen des spektakulären Schiffbruchs der »Amoco Cadiz« von 1978 längst beseitigt; zahlreiche Inseln und Küstenstreifen wurden zum Schutz seltener Vogelarten für Besucher gesperrt. Selbst die berühmten Menhire von Carnac kann man nur noch aus der Ferne bestaunen: Mindestens bis sich die lokale Flora von den Spaziergängern gründlich erholt hat, werden die Steinriesen durch einen grün gestrichenen Zaun abgeschirmt. Diskutiert wird außerdem ein »Entsandungsprojekt« für den Mont-Saint-Michel, das der Klosterfestung ihre ursprüngliche Insellage wieder zurückgeben soll. Möglicherweise wird man den Straßendamm demnächst durch eine Brücke ersetzen.

Ländliche Bretagne

Die grüne Landschaft zwischen **Brest** und **Rennes** dient gewissermaßen als Gemüsegarten der Grande Nation: Artischocken und Blumenkohl wachsen hier, Erbsen, Zwiebeln, Schalotten, Kohl, Kartoffeln und Bohnen, nicht zu vergessen die aromatischen Erdbeeren (besonders die Früchte aus **Plougastel** sind berühmt) oder die Äpfel, die nicht selten zu Cidre verarbeitet werden. Schweine, Truthähne, Kälber und Hühner genießen ihre Freiheit auf den bretonischen Weiden. Den Äckern und Stallungen für die Tierzucht mußten im Laufe der Jahrhunderte die großen Wälder weichen. Der keltische Name **Argoat** (Land der Wälder) würde auf die Bretagne von heute jedenfalls nicht mehr zutreffen. Tatsächlich stammen nicht weniger als 13 Prozent der gesamten französischen landwirtschaftlichen Produktion aus der Bretagne – und höchstwahrscheinlich haben auch Sie zu Hause in deutschen Landen schon einmal bretonische Artischocken, Kohlköpfe oder Kartoffeln genossen.

Nach wie vor ist auch der **Fischfang** einer der wichtigsten Wirtschaftsfaktoren der Region: Jahr für Jahr bringen die Seeleute Frischfisch für etwa 1,7 Millionen Francs auf den Markt, ziehen für fast 490 000 Francs Krustentiere an Land. Allein für die alljährlich 7,5 Tonnen Jakobsmuscheln werden auf den Fischmärkten rund 304 000 Francs bezahlt. Im Gegensatz zu früher kann ein Fischereihafen trotzdem meist nicht einmal den Bedarf seiner Region decken: Noch am frühen Morgen werden die jeweiligen Spezialitäten in die anderen Städte der Bretagne und Frankreichs abtransportiert.

Qualität wird großgeschrieben

Ein Spaziergang durch eine bretonische Fischhalle ist ein echtes Vergnügen: hier die blau schillernden Hummer in ihren Becken, dort die Langusten, die Austern, die frischen Fische, die selbstverständlich noch nicht filetiert wurden: Bretonische Kunden bestehen darauf, sich anhand von Wölbung und Glanz der Augen oder Farbe der Kiemen der Frische ihrer Einkäufe zu vergewissern. Während man im fernen Deutschland mit Marmor und gläsernen Aufzügen »Erlebnis-Shopping« kreiert, liegt das Pendant in der Bretagne beispielsweise darin, in historischen Markthallen Dutzende verschiedener Muschelsorten kosten zu können: Miesmuscheln von den hölzernen Pfeilern nahe dem Mont-Saint-Michel, Herz-, Venus-, natürlich Jakobsmuscheln und und und…

So wie man in der Bretagne allgemein an der Tradition hängt, verweigern sich auch die bretonischen Gourmets den Fischstäbchen und plastikverpackten Steaks der Hypermarchés in den Großstädten. Noch werden Cidre und **chouchen** (eine Art Met) nach alten Rezepten gebraut; wer sucht, der findet – oft auf dem Lande – naturreine Konfitüren (Les Confitures de Coralie, Le Jardin de Kerblaye, Locoal Mendon), Säfte (Paul & Chantal Simonneaux, La Rocheraie, Corps Nuds) oder hausgebackenes Brot (besonders raffiniert schmecken Feigen- und Cidrebrot von Thierry Bouvier, 21, rue de la Motte-Picquet in Rennes). Einige Metzger, wie Henri Peuziat von

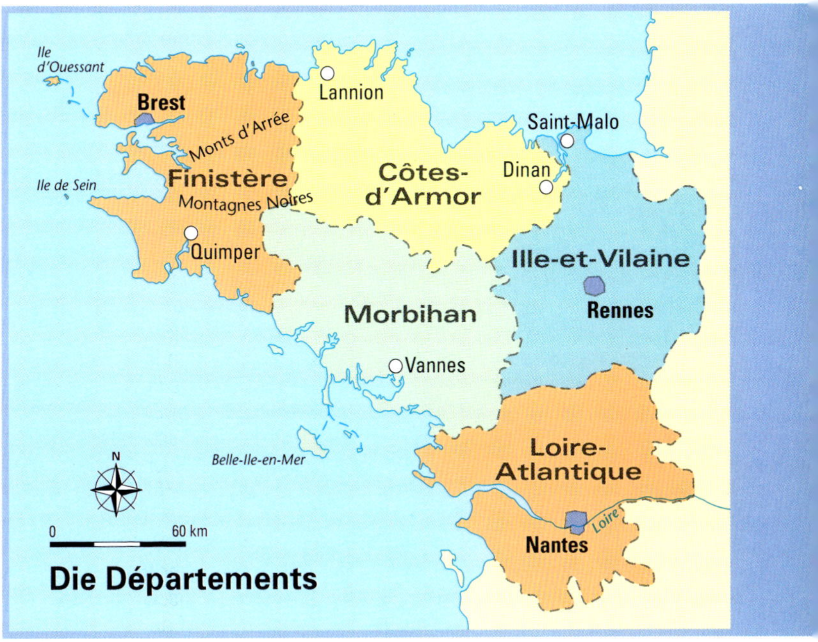

Die Départements

Familienbadeort Trégastel: Der nordwestliche Küstenabschnitt der Côte de Granit Rose hat einige hübsche Sandstrände zu bieten, die teilweise von großen, manchmal bizarr geformten Felsen begrenzt werden.

der Ferme du Gorré (Plouhinec) oder Jean Lepage aus Saint-Malo (39, rue de Beaulieu), züchten sogar ihre eigenen Schweine, um sicher zu sein, dem Kunden beste Ware anzubieten. Und wer einmal erlebt hat, wie diese engagierten Vertreter der Händlerzunft dem Ortsfremden erläutern, wie ihre Borstentiere möglichst artgerecht untergebracht werden, der versteht: Das ist nicht abgehobene »Gourmandise«, das ist Lebensqualität im Alltag.

Ein günstiges Vergnügen

Nur in den Touristenfallen auf dem Mont-Saint-Michel oder neben besonders populären Sehenswürdigkeiten à la Saint-Malo und Carnac werden Besucher abgefüttert wie in der Betriebskantine – um anschließend in Hühnerkäfigen übernachten zu dürfen. Ansonsten gehört zur bretonischen Lebensqualität selbstverständlich auch die Gastfreundschaft. Den achtungsvollen französischen Grundsatz »un franc est un franc« (ein Franc ist ein Franc) billigt man auch den Feriengästen zu: Selbst im Sommer kann man in manchen Gegenden erleben, wie Händler und Hoteliers ihre Konkurrenten im Preis unterbieten. Schließlich ist der Weg zum nächsten, vielleicht günstigeren Austernstand nicht weit; die Hotels erhalten außerdem gehörige Konkurrenz durch zahlreiche Gästezimmer von Privatleuten, die beim ersten Sonnenstrahl ebenfalls vermietet werden. Fast scheint es, als würden die Bretonen sich schämen, den Besuchern von außerhalb für ihr hartverdientes Geld nicht den entsprechenden Gegenwert zu bieten...

Je nach Region bekommt man ab etwa 60 DM ein sauberes Zimmer mit Bad, ab etwa 250 DM pro Nacht kann man im Luxus schwelgen. Und selbst hervorragende Restaurants wie die Ferme du Letty in Bénodet bieten ihren Gästen mindestens ein günstiges Menü an.

Einladung zum Abenteuer
A vous de choisir – wählen Sie selbst, heißt es in Frankreich. Zwischen Roscoff und Vannes ist es jedenfalls selten eine Frage des Geldes, ob Sie schlemmend die Kochkünste eines jungen Cuisiniers erkunden oder auf der Aussichtsterrasse am Strand ein lieblos aufgetischtes **menu touristique** zu sich nehmen. Ob Sie in einer Betonburg inklusive handtuchgroßer Naßzelle wohnen oder in einem liebevoll restaurierten Bauernhof zu Gast sind. Ob Sie lieber am Strand in der Sonne bräunen oder im Hinterland eine winzige Kapelle erkunden... Die Bretagne war stets eine Region für Individualisten wie Colette und Sarah Bernhardt, war immer schon eine Einladung zum Abenteuer à la Surcouf oder Cartier. Auch wenn Sie wahrscheinlich keine Belle-Époque-Villa auf Belle-Ile erwerben werden und Ihnen die Entdeckung eines neuen Kontinents ganz gewiß versagt bleiben wird: Manchmal reicht es, die Hauptstraße nur um ein paar hundert Meter zu verlassen, um einen kleinen, aber feinen Strand ganz für sich allein zu haben, ein verborgenes Cromlec'h aufzuspüren, das in keinem Reiseführer verzeichnet ist, ein verstecktes Kirchlein, ein uriges Antiquitätengeschäft oder eine wunderbare Crêperie zu entdecken...

Bevölkerungsentwicklung der vier bretonischen Départements

Côtes d'Armor

1801:	504 303
1901:	609 349
1954:	503 178
1993:	538 842

Finistère

1801:	439 046
1901:	773 016
1946:	724 735
1993:	840 043

Ille-et-Vilaine

1801:	488 846
1891:	626 875
1921:	558 574
1993:	818 775

Morbihan

1801:	401 215
1891:	544 470
1921:	456 047
1993:	626 990

Verbreitung der bretonischen Sprache

1886: 1,2 Millionen sprechen und verstehen Breton
1952: 1,1 Millionen sprechen und verstehen Breton
1992: 689 000 verstehen Breton, 369 000 sprechen es fließend

Bretonische Bevölkerung
Von 2 797 488 Bretonen* sind nur 27 155 Ausländer, davon 4873 Marokkaner, 3988 Portugiesen, 2960 Türken, 2192 Algerier.

Anteil der bretonischen Landwirtschaft an der Produktion in ganz Frankreich

Blumenkohl	75 Prozent
Schweine	55 Prozent
Truthahn	52 Prozent
Hühner	46 Prozent
Kälber	30 Prozent
Milch	20 Prozent

* (Zählung von 1990)

Quelle Quid

Geschichtlicher Überblick

3500–1800 v. Chr. Megalithkultur. Menhire und Dolmen werden errichtet.
6–1. Jh. v. Chr. Besiedlung der Bretagne durch fünf keltische Stämme. Die Neuankömmlinge nennen das Land »Armor«.
56 v. Chr. Cäsar bezwingt den mächtigen Stamm der Veneter in einer Seeschlacht. Die Bretagne fällt unter römische Herrschaft.
4.–5. Jh. Angeln und Sachsen treiben die englischen Kelten immer weiter nach Süden. Viele flüchten aus »Grande Bretagne« (der französische Ausdruck für England) über das Meer, christianisieren die Region. Die Bretagne verdankt den Flüchtlingen ihren heutigen Namen – und zahlreiche Heilige.
799 Unter Karl dem Großen erobern die Franken die Bretagne.
826–845 Nominoë wird zum Herzog der Bretagne ernannt, bricht nach dem Tod Karls mit den Franken und erringt 845 in der Schlacht von Redon die Unabhängigkeit für die Bretagne.
851 Erispoë, der Sohn des Herzogs Nominoë, ernennt sich zum König der Bretagne.
939 König Alain Barbe-Torte, der letzte König der Bretonen, schlägt die Angriffe der Normannen zurück. Nach seinem Tod 952 zerfällt das Reich in diverse Fürstentümer.
1338 Beim Turnier von Rennes macht der junge Bertrand du Guesclin erstmals auf sich aufmerksam – und avanciert später zum größten Ritter seiner Zeit.
1341–1365 Erbfolgekrieg zwischen den Montforts und den Blois. Charles de Blois wird von den Franzosen unterstützt, Jean de Montfort stehen die Engländer als machtvolle Alliierte zur Seite.
1351 Schlacht der Dreißig: Je 30 noble Ritter aus Frankreich und England kämpfen zwischen Ploërmel und Josselin um den Sieg im Erbfolgekrieg. Die Franzosen töten den englischen Kommandanten und gewinnen die Schlacht.
1364 Charles de Blois wird in der Schlacht von Auray getötet, sein Gefolgsmann Bertrand du Guesclin kommt in Gefangenschaft. Die Montforts gehen als Sieger aus dem Erbfolgekrieg hervor.
1399–1442 Unter Jean V brechen für die Bretagne große Zeiten an: Ihre Marine ist die mächtigste Frankreichs, Künstler lassen sich am bretonischen Hof in Nantes nieder.
1491 Anne de Bretagne wird zur Hochzeit mit Karl VIII. gezwungen: Der König belagert Rennes

Bretagne Extra

so lange, bis die gepeinigte Herzogin, obwohl bereits mit Maximilian von Österreich verheiratet, die Zustimmung zur Eheschließung gibt.

1498 Nach dem Tod von Karl VIII. heiratet Anne de Bretagne den nächsten König Frankreichs, Franz I.

1532 Die Bretagne wird offiziell zur Provinz Frankreichs ernannt.

1534 Jacques Cartier aus Saint-Malo entdeckt Kanada. Das riesige Land wird nach dem Namen des ersten Dorfes auf seinem Weg benannt.

1711 Der bretonische Korsar Duguay-Trouin plündert Rio de Janeiro.

1773 Geburtsjahr des legendären Korsars Surcouf.

1789 Französische Revolution.

1793–1804 Chouannerie: Nach Abschaffung der bretonischen Sonderrechte und Einteilung der Region in Départements formiert sich Widerstand. Die Rebellen werden nach ihrem »Markenzeichen«, dem imitierten Käuzchenruf, Chouans genannt. Brutale Massenhinrichtungen unterdrücken den Aufstand.

1828 Jules Verne wird in Nantes geboren.

19. Jh. Die Industrialisierung geht an der Bretagne vorbei, eine massive Auswanderungswelle folgt. Die Region lebt weiterhin von der Landwirtschaft. Viele Bauern sprechen Breton statt Französisch.

1914–1918 Erster Weltkrieg. Zu den Gefallenen zählen auch 120 000 Bretonen.

1918–1939 Bretonische Nationalisten setzen sich für Sprache und Kultur der Region ein. Nach Gründung einer Partei der Autonomisten (1927) und der Nationalisten (1932) kommt es 1932 zu den ersten separatistischen Attentaten.

Juli 1940 Nach seiner berühmten Widerstandsrede inspiziert Général de Gaulle die ersten Freiwilligen: 150 der 600 Soldaten stammen von der bretonischen Ile de Sein.

1944–1945 Während des Zweiten Weltkrieges werden die Städte Saint-Nazaire, Lorient und Brest, die den deutschen Besatzern als U-Boot-Häfen dienen, sowie Saint-Malo durch alliierte Bomber vernichtet.

1962 Über den Telstar-Satelliten in Pleumeur-Bodou findet die erste Fernsehübertragung zwischen Amerika und Frankreich statt.

1978 Der Öltanker »Amoco Cadiz« läuft vor Portsall auf Grund. 400 Kilometer Küste werden verseucht.

1994 Ein verheerender Brand vernichtet das Parlament der Bretagne in Rennes.

Juni 1997 Bei vorgezogenen Neuwahlen zur Nationalversammlung gewinnen die Sozialisten. Lionel Jospin wird Premierminister.

Die Bretagne und ihre Orte

Einer der schönsten bretonischen Orte: Alte Fachwerkhäuser, steile Gassen und stolze Gebäude, ein romantischer Flußhafen und eine wuchtige Stadtmauer, auf der man promenieren kann – Dinan in der Nordbretagne ist eine mittelalterliche Stadt ohne Museumscharakter, lebendig und jung.

Ein bretonisches Idyll wie aus dem Bilderbuch: In und um Pont-Aven findet man zahlreiche bezaubernde Häuschen wie dieses, dazu etliche Mühlen und ein »Liebeswäldchen« – kein Wunder, daß die anmutige Schönheit des Städtchens im letzten Jahrhundert etliche Landschaftsmaler in ihren Bann zog.

Der Schriftsteller und Staatsmann François René Vicomte de Chateaubriand wurde 1768 in Saint-Malo geboren, verbrachte seine Kindheit jedoch im Château de Combourg. Noch heute erinnern zahlreiche Ausstellungsstücke im Schloß sowie die abgebildete Büste im Park an den berühmten Bewohner.

Kuriose Felsformationen erheben sich rund um Ploumanac'h. Die Küste des rosa Granits ist die wichtigste Sehenswürdigkeit der Côtes d'Armor.

Kirchen und Kalvarienberge machen sich hier rar, nur ab und an erblickt man einen Menhir am Wegesrand. Zum Ausgleich genießen Feriengäste zwischen der Côte de Granit Rose und der Smaragdküste den Strand, malerische Yachthäfen oder einen gemütlichen Bummel durch die kleinen Dörfer des Hinterlandes.

Die Côtes d'Armor ist eine Region, in der man die Schönheit oft im kleinen suchen muß: Natürlich ist die **Küste des rosa Granits** spektakulär, selbstverständlich sind die historischen Mauern von **Dinan** einen Ausflug wert. Aber den wahren Charme der Gegend machen die Details aus: Das kann ein Stand auf dem Wochenmarkt von **Lannion** sein oder ein Abendessen unter dem »kopfstehenden Schiffsrumpf«, der das Dach des Hotels Manoir de Lan-Kerellec in **Trébeurden** bildet. Eine langsame Fahrt über die **Corniche Bretonne** oder der Blick auf die Fischer, die im Hafen von **Erquy** eine Ladung Jakobsmuscheln an Land bringen. Im Museum der Telekommunikation bei **Pleumeur-Bodou** erlebt man die Bretagne des 20. Jahrhunderts, im Reservat der sieben Inseln bei **Perros-Guirec**, dem **Cap Fréhel** und den Buchten von Yffiniac und Morieux wird hingegen die lokale Vogelwelt geschützt – auch die Insel von **Bréhat** ist ein kleines Naturparadies.

Diese Ruhe hat seit je auch die Prominenz fasziniert: Nicht wenige französische Politiker und Fernsehleute verfügen hier über Zweitwohnungen, Charles Lindbergh besaß die Insel Iliec, und Henryk Sienkiewicz, der Autor von »Quo Vadis«, entspannte sich auf der Ile Costaëres.

Traumhaft schön: die Nordbretagne rund um die Côtes d´Armor mit ihren endlosen Sandstränden.

Binic ■ F2

Der winzige Fischereihafen nahe der Mündung der Ic war Mitte des 19. Jahrhunderts – zusammen mit Paimpol – eine der wichtigsten Hafenstädte der Bretagne, heute locken vor allem die beiden Strände: **Goulet** im Süden und der feinsandige **Avant-Port** auf der anderen Seite. Eine schöne Aussicht genießt man von der **Pointe de la Rognouze**.

Museum

Musée de la Pêche et des Traditions Locales
In diesem kleinen »Museum der lokalen Tradition« gibt es zahlreiche **coiffes** (der typische bretonische Damenhut) sowie Ausstellungsstücke zur Geschichte der Fischerei zu sehen.
Square Fichet-des-Grèves; 15. April–15. Sept. tgl. außer Di 14.30–18 Uhr; Eintritt 15 FF; Kinder 5 FF

Boqueho ■ F2

In längst vergangenen Zeiten verkaufte der Templerorden hier regelmäßig seine Pferde. Neben einigen (wenigen) Menhiren ist vor allem die kleine Kirche des Ortes einen Besuch wert.

Sehenswertes

Notre-Dame-de-Pitié
Die Kapelle aus dem 15. und 16. Jahrhundert wird alljährlich am 15. August zum Zentrum eines **pardons**, einer Wallfahrt.

Bourbriac ■ E2

Der heilige Briac soll hier im 6. Jahrhundert ein Kloster gegründet haben. Heute ist Bourbriac ein ruhiges, typisch bretonisches Dorf mit einigen kleineren Sehenswürdigkeiten.

Ein »langer Stein« (bretonisch: Menhir) im wahrsten Sinne des Wortes: Der Menhir de Kailouan ist elf Meter hoch.

Sehenswertes

Menhir de Kailouan
Der elf Meter hohe Menhir ruht nahe der Nachbargemeinde Plésidy. Das Herrenhaus **Toul an Golet**, nicht weit entfernt, ist typisch für die bretonische Architektur des 16. Jahrhunderts.

Notre-Dame-du-Daouet
Die Kapelle aus dem 14. und 16. Jahrhundert zog bis zum vorigen Jahrhundert zahlreiche Pilger an: Es heißt, daß selbst 36 Fässer Cidre den Durst der Wandernden nicht löschen konnten.

Saint-Briac
Große Kirche (14. bis 16. Jahrhundert) mit einer Krypta aus dem 10. und 11. Jahrhundert. Einer der beiden Sarkophage im Innern beherbergt die sterblichen Überreste von Saint-Briac, der u. a. Epileptiker schützen soll.

Brélidy ■ E1

In dem winzigen Ort gibt es nichts Bemerkenswertes – aber wohnen kann man fürstlich:

Hotel/Essen und Trinken

Château Hôtel de Brélidy
Bretonisches Landhaus aus dem 16. Jahrhundert. Hinter der grauen Granitfassade verbergen sich saubere Zimmer mit Blumennamen und ein Billardsaal.
22140 Brélidy; Tel. 02 96 95 69 38,
Fax 02 96 95 18 03; 10 Zimmer;
Ende Okt.–Ostern geschl.; Obere Preisklasse (AE, EC, Visa)

Bulat-Pestivien ■ E2

Das bescheidene Dorf mit ansehnlicher Kirche gehört zu den alten Pilgerorten der Bretagne. Am Sonntag nach dem 8. September findet hier das traditionelle **pardon** statt.

Sehenswertes

Notre-Dame-de-Bulat
Einer Legende zufolge wurde die Kirche im 14. Jahrhundert von einem Edelmann errichtet, nachdem ihm sein von einem Affen entführter Sohn von der Jungfrau Maria persönlich zurückgegeben worden war. Der kuriose Zwischenfall ist in die Ostmauer der Sakristei gemeißelt.

Der 66 Meter hohe **Renaissance-Turm** gilt als architektonisches Meisterwerk; sämtliche Außenwände der Kirche werden von Wasserspeiern, Tieren und Dämonen umlagert. Sehenswert sind außerdem der fünf Meter lange Tisch aus dem Jahr 1583, auf dem einst die Pilger ihre Gaben niederlegten, sowie das **frise macabre** in der Sakristei.

Einen Abstecher lohnt auch die **Chapelle de Burthulet**, eine romantisch gelegene Kapelle aus dem 16. Jahrhundert, fünf Kilometer südlich von Bulat.

Calorguen ■ H2

Das Mini-Dorf ist ein Tip für Ruhesuchende.

Unterkunft

La Tarais
Kein Hotel, sondern ein Gästehaus mit Familienanschluß: vier gepflegte Zimmer in einem ehemaligen Bauernhof. Die Inhaber sprechen Englisch und Deutsch.
22100 Calorguen; Tel. 02 96 83 50 59;
4 Zimmer; Mittlere Preisklasse (keine Kreditkarten)

Cap Fréhel ■ G1

Ein wahrhaft beeindruckender Aussichtspunkt westlich von Saint-Malo: Von einer 70 Meter hohen Felswand reicht der Blick bis zur Ile de Bréhat. Vom Boot aus (Abfahrt in Dinard und Saint-Malo, → S. 83, 107) kann man den majestätischen Anblick auch aus einer anderen Perspektive genießen (→ 10x10, S. 10). Rund um das Cap verstecken sich zahlreiche Wanderwege, besonders schön ist die Strecke zum **Fort de la Latte**.

10x10

Sehenswertes

Fort de la Latte
Die Festung der Herren von Matignon (13. Jahrhundert, renoviert im 17. Jahrhundert) schützte einst die Bucht von Fresnaye zwischen La Latte und Saint-Cast-le-Guildo. Das Château hinter den beiden Zugbrücken liegt in besonders schöner Umgebung.
9.–31. Mai tgl. 14.30–18.30 Uhr,
Juni–Sept. 10–12.30 und 14.30–18.30 Uhr; Eintritt 17 FF

Phare Cap Fréhel
145 Stufen führen auf den Leuchtturm. Bei gutem Wetter sehen die Schiffer das Licht bis 120 Kilometer weit!
Juli–Mitte Sept. tgl. 14–18 Uhr; Eintritt 25 FF

Dinan

H2

Stadtplan → S. 55

Mit seinen Festungsmauern, dem Bergfried und den verwinkelten Altstadtgassen gilt Dinan als eine der schönsten mittelalterlichen Städte der ganzen Bretagne. **Din** steht im Bretonischen für Festung, und tatsächlich wurde die Stadt während ihrer Geschichte mehrmals belagert. Bertrand Du Guesclin rettete Dinan vor den Engländern, indem er im ritterlichen Zweikampf Thomas of Canterbury besiegte. Damit nicht genug: Du Guesclin rettete mit seinem Duell auch das Leben seines Bruders Olivier, der von Sir Thomas gefangengenommen worden war, und gewann gleichzeitig das Herz der noblen Dame Tiphaine Raguenel, die in Dinan für ihre Schönheit und Intelligenz gerühmt wurde. Der wichtigste Platz der Stadt trägt den Namen des Helden – und natürlich ist ihm auch ein Reiterstandbild gewidmet. Du Guesclin fühlte sich der Stadt so verbunden, daß er verfügte, hier beerdigt zu werden. Doch als er am 13. Juli 1380 in der Auvergne, fern der Heimat, verschied, wurden seine sterblichen Überreste den Gefolgsleuten rasch zur Last. So wurden in der Jakobinerkirche von Le Puy zunächst die inneren Organe des Helden bestattet, in Montferrand waren die Messieurs gar gezwungen, den Leichnam ihres Anführers zu kochen; das Fleisch wurde anschließend vor Ort beerdigt, das Skelett reiste weiter nach Saint-Denis. Nur Du Guesclins Herz überstand die Reise bis nach Dinan – es ruht heute in der Kirche **Saint-Sauveur**. Im 18. Jahrhundert erlangte Dinan, wie so viele Orte der Bretagne, beträchtlichen Wohlstand durch den Verkauf von Stoffen. Heute lebt die Stadt vornehmlich vom Tourismus: Dinan gehört zu den beliebtesten Zielen der Region, im Sommer füllen sich die **Rue du Jerzual** oder das **Quartier des Merciers et des Cordeliers** sehr schnell (→ 10x10, S. 8).

Das imposanteste Kap der Bretagne: Am Cap Fréhel erheben sich die Klippen 70 Meter hoch aus dem Meer. In den rötlichen Sandsteinfelsen des Naturschutzgebietes nisten Silbermöwen und Kormorane.

Sehenswertes/Museum

Château et Musée de Dinan ■ b4
Estienne Le Fur schuf diesen wehrhaften Donjon Ende des 14. Jahrhunderts. Ein **château** – also ein Schloß – ist die Anlage allerdings keineswegs, doch seit der Renaissance hat sich der Ausdruck für den 34 Meter hohen Bergfried, die **Porte du Guichet** und die **Tour de Coëtquen** nun mal eingebürgert. Dinans Geschichte vom Paläolithikum über die Bronzezeit bis zum Mittelalter bildet den Schwerpunkt des **Museums**. In der Tour Coëtquen finden wechselnde Themenausstellungen statt. Der Turm beherbergt auch die eigentliche Attraktion des Museums: **La Salle des Gisants**, ein düsterer Gewölbesaal mit liegenden Steinfiguren. Im Schummerlicht wirkt das Ganze fast wie eine Gruft; beinahe sieht es so aus, als wären Rolland de Dinan (12. Jahrhundert), Geffroi Le Voyer (14. Jahrhundert) oder Berthelot d'Engoulven (14. Jahrhundert) selbst – und nicht nur ihre steinernen Abbilder – hier zur letzten Ruhe gebettet worden.
Rue du Général-de-Gaulle; Juni–15. Okt. 10–18.30 Uhr, 16. März–Mai und 16. Okt.–15. Nov. 10–12 und 14–18 Uhr, 16. Nov.–Dez. und 7. Feb.–15. März 13.30–17.30 Uhr, 16. Okt.–Mai Di sowie Jan.–6. Feb. geschl.; Eintritt 20 FF

Quartier des Places des Merciers et des Cordeliers ■ b2/b3
Im malerisch-mittelalterlichen Viertel der Altstadt von Dinan sollten Sie die Häuser in der Rue Haute-Voie, der Rue de la Mittrie oder der Rue de l'Horloge bewundern – dort steht auch der Bergfried der Stadt (15. Jahrhundert).

Rue du Jerzual ■ b2
Die ehemalige Hauptstraße wirkt heute noch fast genauso wie in der Blütezeit von Dinan. Sie führt langsam vom Wasser hoch zur Festung; zahlreiche Häuser mit prächtigen Schnitzereien (größtenteils 15. bis 16. Jahrhundert) säumen den Weg. An ruhigen Tagen kann man sich gut vorstellen, wie hier die randvoll mit kostbarem Tuch beladenen Pferdekarren die Stadt verließen – aber ruhige Tage sind hier selten.

Saint-Sauveur ■ c2/c3
Der Kreuzritter Le Roux stiftete diese romanische Basilika im 12. Jahrhundert, um Gott für seine glückliche Heimkehr aus dem Heiligen Land zu danken. Die Kirche gilt heute als romanisches Meisterwerk der Bretagne, die deutlich sichtbaren Einflüsse byzantinischer Kunst – etwa geflügelte Löwen oder Dromedare – sind sogar einmalig in der Region. Hier ruht das Herz des Ritters Du Guesclin.
Pl. Saint-Sauveur

Hotels und andere Unterkünfte

Hôtel d'Arvor ■ b3
Bescheidenes, recht günstiges Hotel in einem Haus aus dem 18. Jahrhundert.
5, rue Auguste Pavie, 22100 Dinan; Tel. 02 96 39 21 22, Fax 02 96 39 83 09; 23 Zimmer; Mittlere Preisklasse (AE, EC, Visa)

Hôtel d'Avaugour ■ b3
Bretonisches Landhaus mit hübschem Garten im Schatten der Festungsmauern. Einige Zimmer wurden kürzlich renoviert.
1, pl. du Champ-Clos, 22100 Dinan; Tel. 02 96 39 07 49, Fax 02 96 85 43 04; 27 Zimmer; Obere Preisklasse (AE, DC, EC, Visa)

Essen und Trinken

Chez la Mère Pourcel ■ b2/b3
Die Kulisse ist spektakulär: Das Haus stammt aus dem 15. Jahrhundert, die Treppe aus dem 16. Jahrhundert. Beim

Mittelalter pur: Die Altstadt von Dinan – hier die Place des Merciers – darf sich zu Recht »Ville d'Art et d'Histoire« nennen. Zahlreiche Kunsthandwerker bieten hier ihre Produkte an.

CRÊPERIE

Menü sollte man sich an die regionalen Spezialitäten halten: Seeohren mit Schalotten zum Beispiel.
3, pl. des Merciers; Tel. 02 96 39 03 80; tgl. außer So und Mo abends 12–14 und 20–22 Uhr, 2 Wochen im Feb. geschl.; Untere bis Mittlere Preisklasse (AE, DC, EC, Visa)

Einkaufen

Marché aux Puces
Auf dem Trödelmarkt in der Altstadt wird all das verkauft, was die Franzosen **brocante** nennen: Antikes, Altes, Kurioses.
Jeden Mi im Juli und Aug., sonst am 1. Mi des Monats

Service

Office du Tourisme ■ b3
Hôtel Kératry, 6, rue de l'Horloge, 22100 Dinan; Tel. 02 96 39 75 40; im Sommer tgl. 9–19, im Winter außer So 8.30–12.30 und 14–18 Uhr

Stadtführungen
Juli–Sept. tgl. 10 und 15 Uhr; sonst auf Anfrage

Bahnhof
Gare S.N.C.F
Pl. II. Novembre 1918; Tel. 02 96 39 22 39

Bootsausflüge
Nach Saint-Malo und Dinard, Ostern–Mitte Sept.; Dauer 2,5 Std.; Fahrpreis 85/115 FF; **Vedettes blanches**; Tel. 02 96 39 18 04

Vermietung von Hausbooten
Chemins Nautiques Bretons; La Vicomté-sur-Rance; Tel. 02 96 83 28 71

Erquy ■ G1

Erquy ist ein beliebter Badeort mit nicht weniger als sieben Stränden. Die feinsandige **Plage de Caroual** oder die **Plage du Bourg** stehen für ungetrübtes Badevergnügen, Spaziergänger zieht es zum **Cap d'Erquy**. Jakobsmuscheln aus Erquy gelten übrigens als besondere Delikatesse.

Sehenswertes

Cap d'Erquy
170 Hektar wilde Landschaft laden zu Spaziergängen ein: Mehrere Zöllnerwege kann man hier entdecken, die Ruinen eines Ofens aus dem 18. Jahrhundert stehen nahe am Weg. Gelegentlich organisiert auch das Fremdenverkehrsamt Ausflüge zum Cap (→ Service).

Château de Bienassis
In diesem hübschen befestigten Schlößchen aus dem 15. bis 17. Jahrhundert gehört neben den bretonischen Möbeln der **Jardin à la Française** zu den Hauptattraktionen – Gärten, in denen sich die Natur dem Herrscher unterordnen mußte: symmetrisch geschnittene Hecken, millimetergenau getrimmte Gräser und Blumen.
Rte. de Pihéneuf; 9. Juni–15. Sept. tgl. 10.30–12.30 und 14–18.30 Uhr, So vormittags geschl., Ostern–Juni nur So und feiertags 14–18.30 Uhr

Service

Office du Tourisme
Bd. de la Mer, 22430 Erquy; Tel. 02 96 72 30 12, Fax 02 96 72 02 88; in der Hauptsaison tgl. 9.30–12.30 und 14–19 Uhr, in der Nebensaison 9.30–12 und 14–17 Uhr, Mo geschl.

Etables-sur-Mer ■ F1

Zwei Strände, die **Plage des Godelins** mit rund 1500 Metern feinem Sand und die **Plage du Moulin**, sind das Kapital des Badeortes, der um 1900 von dem Versailler Industriellen Legris gegründet wurde.

Guingamp ■ E2

Das kleine, geschäftige Städtchen liegt zwischen den Regionen Armor und Argoat. Guingamp ist kein touristisches

»must«, aber die **Basilika** und die **Altstadt** mit der Place du Centre, dem Rathaus und der Place du Vally lohnen durchaus einen Blick.

Sehenswertes

Notre-Dame-de-Bon-Secours

Die gotische Basilika stammt zwar aus dem 14. Jahrhundert, doch tatsächlich ist der Sakralbau nicht wirklich stilrein: Als im 16. Jahrhundert der Südturm zusammenbrach, wurde der Gebäudeteil ganz in Renaissancemanier renoviert. Schutzheilige der Kirche ist die »schwarze Jungfrau« (**vierge noire**).

Während eines großen **pardons** im Juli kommen zahllose Gläubige nach Guingamp, um die Madonna auf der Place du Centre zu feiern.

Service

Office du Tourisme

Pl. Champ-Au-Roy, 22200 Guingamp; Tel. 02 96 43 73 89; in der Hauptsaison tgl. 10–19, sonst 10–12 und 14–18 Uhr, So und Mo vormittags geschl.

Bahnhof

Gare S.N.C.F; Pl. de la Gare; Tel. 02 96 94 50 50

Ile de Bréhat

F 1

Ihr Mikroklima machte die Insel Bréhat berühmt: Hier ist es wärmer als auf dem Festland, es regnet weniger, seltene Vogelarten nisten zwischen Felsen und Pflanzen. Vorbei an Mimosen, Feigen, Hortensien, Palmen und Eukalyptus spaziert man hinüber zum **Leuchtturm von Rosédo**, zur Kapelle **Saint-Michel** und dem Kalvarienberg **Croix de Maudez**. Autos sind strikt verboten – weil die Insel jedoch nur 3,5 mal 1,5 Kilometer mißt, bleibt jedes Ziel leicht zu Fuß erreichbar. Sogar zu einigen der rund um Bréhat verteilten winzigen Inselchen kann man bei Ebbe ganz einfach hinüberspazieren. Schon Matisse geriet beim Anblick der Ile de Bréhat ins Schwärmen – heute sind es im Sommer an die 300 000 Besucher, die hierher strömen. Am schönsten ist Bréhat deshalb in der Vor- oder Nachsaison. Dann leben hier gerade mal 300 Menschen.

Sehenswertes

Le Bourg
Die »Hauptstadt« des Inselchens besticht mit vielen malerischen Granithäusern und kleinen Villen rund um einen alten Marktplatz.

Saint-Michel
Die Kapelle von 1852 ist gleichzeitig ein herrlicher Aussichtspunkt über die Insellandschaft.

Hotel/Essen und Trinken

Bellevue
Belle vue – schöne Aussicht – spricht für sich: Die Zimmer bieten einen wunderbaren Blick aufs Meer und die autofreie Landschaft der Insel. Das Haus wurde erst 1995 komplett renoviert. Ein Restaurant ist angeschlossen.
Le Port-Clos, 22870 Ile de Bréhat;
Tel. 02 96 20 00 05, Fax 02 96 20 06 06;
17 Zimmer; Mittlere Preisklasse (EC, Visa)

Service

Fremdenverkehrsamt
Syndicat d'Initiative
Am Marktplatz, 22870 Ile de Bréhat;
Tel. 02 96 20 04 15; in der Hauptsaison tgl. 10–13 und 15–18 Uhr, So geschl.

Bootstouren
Unter Tel. 02 96 55 86 99 oder 02 96 55 73 47 kann man für etwa 25 DM pro Person eine Inselrundfahrt von 45 Minuten Dauer reservieren.

Überfahrten Richtung Bréhat:
Vedettes de l'Ile
Pointe de l'Arcouest; Tel. 02 96 55 86 99; April–Sept. tgl. 8.30–18.30 Uhr; zwölf Abfahrten pro Tag in der Hauptsaison zwischen 8.30–19.30 oder 20 Uhr (in der Nebensaison nur fünf); Abfahrt von der Pointe de l'Arcouest, Erquy, Binic und Saint-Quay-Portrieux; Ankunft in Port-Clos

Fahrradverleih
Location de vélos in Port-Clos;
Tel. 02 96 20 03 51

Ile Grande

a 1/b 1, S. 229

Die Insel fünf Kilometer nördlich von Trébeurden (→ S. 72), problemlos über eine Brücke erreichbar, verfügt über ein Vogelschutzgebiet. Auf dem nahen Inselchen **Ile d'Aval** soll König Artus sein (vorläufiges) Ende gefunden haben: Von der Fee Morgana in unsichtbare Wesen verwandelt, warten er und seine Ritter angeblich bis heute darauf, daß die Kelten in den Freiheitskampf ziehen…

Sehenswertes

Station Ornithologique
Die Vogelklinik lockt mit Ausstellungen, Diashows und anderem mehr rund um die gefiederten Freunde.
In der Hochsaison und den Schulferien Juli–Aug. tgl. außer Sa und So vormittag 10–13 und 14.30–19 Uhr, in der Nebensaison nur Sa und So 14–18 Uhr

Kergrist-Moëlou E2

Kergrist steht für »Dorf des Christus«, Moëlou weist auf die Qualität des Holzes der umliegenden Wälder hin. Auf jeden Fall ist dies ein typisch altbretonischer Ort mit einer hübschen Kirche.

Sehenswertes

Calvaire
Einst einer der wichtigsten Kalvarienberge der Côtes d'Armor; später, während der Revolutionsjahre, wurde er stark beschädigt. Ein Rekonstruktionsversuch aus dem 19. Jahrhundert konnte das Monument von 1578 nicht retten; nur die Szene der Mise au Tombeau (Grablege) blieb original erhalten.

Sainte-Trinité
Rund um die malerische Kirche aus dem 16. Jahrhundert ziehen Wasserspeier, Plastiken, ein massiver, 40 Meter hoher Turm und eine große Holzpforte die Blicke an. Im Innern sind Statuen der Jungfrau mit dem Kinde und der heiligen Anna zu bewundern.

La Chèze F3

Das freundliche Dörfchen zieren die malerischen Ruinen eines Schlosses aus dem 12. Jahrhundert. Die Steine des Châteaus wurden zum Aufbau der Kirche des benachbarten Loudéac genutzt.

Museum

Musée Régional des Métiers de Bretagne
Handwerksmuseum mit einer Druckmaschine vom Anfang des 20. Jahrhunderts, alten Werkzeugen und einer Schmiede.
1, rue du Moulin; Juli–Aug. tgl. 10–12 und 14–18 Uhr, Juni und Sept. tgl. außer Di 14–18 Uhr; Eintritt 15 FF

Im Originalzustand überliefert: Die Szene der Grablegung Christi am Kalvarienberg ist ein sehenswerter Teil des umfriedeten Pfarrbezirks von Kergrist-Moelou, dessen Schönheit so manchen Besucher in das stille Dorf lockt.

Lamballe ▪ G2

Die im 6. Jahrhundert gegründete Stadt hat leider mittlerweile einiges von ihrem mittelalterlichen Charme verloren. Steinerne Zeugen der Vergangenheit findet man noch rund um die Place du Martray. Das schönste Haus, die **Maison du Bourreau** (Haus des Folterknechts), beherbergt zwei Museen und das Fremdenverkehrsamt.

Immerhin verfügt Lamballe über eine in Frankreich recht bekannte Heldin: Madame de Lamballe, Witwe des örtlichen Prinzen, diente 20 Jahre lang treu der Königin Marie-Antoinette, bis eine wütende Horde Revolutionäre die adlige Dame 1793 durch Enthauptung ermordete.

Sehenswertes

Haras National
Für Pferdefreunde: Die 1825 gegründeten Ställe beherbergen mehr als 60 Hengste. Auch eine Schmiede und eine Sattlerei kann man hier besichtigen.
Pl. du Chap-de-Foire; Tel. 02 96 31 00 40; Führungen 15. Juli–30. Sept. 14–16.30, sonst nach Anmeldung

Notre-Dame
Gotische Kirche mit einigen romanischen Elementen. Werfen Sie auch einen Blick auf die festungsartigen Mauern und das Nordportal.

Museen

Musée Mathurin Méheut
Ausgerechnet das »Haus des Folterknechts« (Maison du Bourreau, 16. Jahrhundert) beherbergt die Werke von Mathurin Méheut (1882 bis 1958). Mit seinen Aquarellen und Gemälden entführt uns der Maler in die Bretagne vom Anfang des 20. Jahrhunderts: Hier ist der Alltag der Fischer und der Bauern ebenso verewigt wie die **pardons**, die religiösen Feste.
Maison du Bourreau, pl. du Martray; Juni und Sept. tgl. außer So 10–12 und 14.30–18 Uhr, Juli und Aug. 10–12 und 14.30–18.30 Uhr, Okt.–Juni nur Di und Fr 14.30–17 Uhr; Eintritt 15 FF, Kinder 6 FF

Musée du Vieux Lamballe et du Penthièvre
Heimatmuseum mit **coiffes**, historischen Trachten und Töpferwaren aus Lamballe.
Pl. du Martray; 15. Juni–15. Sept. tgl. außer So und feiertags 10–12 und 14.30–18.30 Uhr sowie während der Osterferien von 10.30–12 und 14.30–17 Uhr; Eintritt 15 FF

Unterkunft

Ferme de Malido
Preiswerte Ferien auf einem umgebauten Bauernhof: Die Zimmer sind einfach, aber sauber, einige sind besonders liebevoll ausgestattet.
St-Alban, 22400 Lamballe; Tel. 02 96 32 94 74, Fax 02 96 32 92 67; 6 Zimmer; Mittlere Preisklasse (keine Kreditkarten)

Service

Office du Tourisme
Maison du Bourreau, pl. du Martray, 22400 Lamballe; Tel. 02 96 31 05 38; in der Hauptsaison tgl. 10–12.30 und 14.30–18.30 Uhr, sonst nur Di und Fr nachmittags

Bahnhof
Gare S.N.C.F.; bd. Jobert; Tel. 02 96 31 00 56

Lanleff ▪ F1

Der kleine, wenig besuchte Ort mit einer hübschen Kirche aus dem 15. Jahrhundert ist vor allem wegen eines eindrucksvollen Totentanzes in der Kapelle **Kermaria-an-Iskuit** einen Umweg wert.

Sehenswertes

Chapelle de Kermaria-an-Iskuit

Danse macabre: Fresken eines eigenartigen Totentanzes schmücken das Innere der Kapelle, die ein Kreuzfahrer namens D'Avaugour im 12. Jahrhundert errichten ließ, weil er wohlbehalten von seiner Reise zurückgekehrt war. Im 15. und 17. Jahrhundert mußte die Kapelle aufgrund ihrer großen Popularität vergrößert werden, Turm und Chor stammen aus dem 18. Jahrhundert. Das Kreuz im Kirchenschiff (15. Jh.) und die Marienstatue der Südkapelle sind sehenswert, die eigentliche Attraktion sind jedoch die Fresken: Fast auf jedem Bild tanzt ein Lebender hier mit einem Skelett oder einem Leichnam. Quer durch die sozialen Stände zieht sich der seltsame Reigen: Papst, Kaiser, Kardinal, König, Patriarch, Erzbischof, Mönch, Handwerker… Die Gemälde entstanden zwischen 1188 und 1501 und wurden erst 1846 bei Renovierungsarbeiten entdeckt.

XL TOP 20

3 km südlich von Lanloup, zu erreichen über die D 94

Temple de Lanleff

Die mehr als unübliche Bauweise dieser Kirchenruine – sie wurde 1148 in Rundform errichtet – hat zu den kuriosesten Theorien geführt: Einige Wissenschaftler meinen, daß es sich hier um eine Templerkirche in Gestalt des Heiligen Grabes von Jerusalem handle, andere vermuten, daß ein gallorömischer Tempel oder die Vorliebe der keltischen Mythologie für Kreissymbole den Bau inspiriert haben könnte. Wieder andere glauben, daß es sich ursprünglich um ein merowingisches Baptisterium oder eine romanische Kirche aus dem 11. Jahrhundert handelte. Als gesichert gilt hingegen, daß der Tempel im 12. Jahrhundert zum Benediktinerkloster Saint-Magloire de Léhon gehörte.

Westlich von Kermaria über die D 21, links hinter Pléhédel

Über seine Entstehungsgeschichte wurde lange gerätselt: Der runde Temple de Lanleff ist der Rest einer ungewöhnlich konstruierten romanischen Kirche aus dem 11. Jahrhundert.

Lannion ▦ E1

Wer nach Lannion kommt, gewinnt zunächst nicht unbedingt den besten Eindruck: Ein Ring aus Supermärkten, Autovermietern und Elektro-Großhändlern umgibt die Stadt. Trotzdem hat der historische Ortskern viel von seinem Charme bewahrt. An der Place du Général Leclerc, der Rue Geoffrey-de-Pont-Blanc, der Rue Cie-Roger-de-Barbe oder der Rue des Chapeliers findet man noch schöne alte Häuser aus dem 15. und 16. Jahrhundert. Vielleicht spazieren Sie auch einfach nur über die Brücke im Ortskern (südlich vom Parkplatz) und genießen den Blick auf den Fluß. Richtig zum Leben erwacht Lannion allerdings nur am Markttag – dann wird der Besuch wirklich zum Erlebnis.

40 Granitstufen führen hinauf zur historischen Attraktion von Lannion: Die Kapelle hoch über der Stadt – sie gehörte einst dem geheimnisumwobenen Templerorden – stammt aus dem 12. Jahrhundert.

Hotels und andere Unterkünfte

Manoir de Crec'h-Goulifen
Umgebauter, typisch bretonischer Bauernhof. Zimmer und Salon sind mit rustikalen Bauernmöbeln der Region ausgestattet.
Beg-Leguer – Servel, 22300 Lannion; Tel. 02 96 47 26 17; 7 Zimmer; Mittlere Preisklasse (keine Kreditkarten)

Manoir de Kerguéréon
Wohnen mit Familienanschluß: In einem prächtigen manoir (Landhaus) hat die Familie de Bellefon zwei Zimmer für Gäste eingerichtet. Hier fühlt man sich nicht wie im Hotel, sondern wie bei einem Freund mit gutem Geschmack.
Ploubezre, 22300 Lannion; Tel. 02 96 38 91 46; 2 Zimmer; Ostern–Allerheiligen geöffnet; Obere Preisklasse (keine Kreditkarten)

Einkaufen

Lebensmittel
La Fromagerie
Zur besonders gepflegten Auswahl herrlicher Rohmilchkäse in der Boutique von Madame Riou gehören zahlreiche fromages aus der benachbarten Normandie.
2, rue Duguesclin

Les Caves du Pélican
Hervorragende Weinhandlung eines jungen **caviste**. Große Gewächse und kleine Tafelweine, dazwischen viele sympathische Entdeckungen in allen Preislagen.
8, rue Jeanne d'Arc

Märkte
Halles Centrales
Kleiner Markt mit recht gutem Angebot an Frischfisch. Die Küstennähe verpflichtet eben.
Pl. du Miroir; tgl. außer So 7–13 Uhr

Marché en Plein Air
Ganz Lannion wird am Donnerstag zum Markt: Stände schmücken die gesamte Innenstadt, Parkplätze gibt es nicht – und das Ganze wirkt wie ein bretonischer Markt von anno dazumal. Wenn Sie möchten, können Sie hier nicht nur Geflügel, Blumen oder Wurst erstehen, sondern auch ein lebendes Ferkel (→ 10x10, S. 16).
10x10
Jeden Do 9–12.30, einige Stände bis 16 Uhr

Service

Office du Tourisme
Quai d'Aiguillon, 22300 Lannion; Tel. 02 96 46 41 00, Fax 02 96 37 19 64; Juli–Aug. tgl. 9–19, So 10–13 Uhr, in der Nebensaison 9.30–12.30 und 14–18 Uhr, So geschl.

Bahnhof
Gare S.N.C.F; 1, av. Général de Gaulle; Tel. 02 96 37 03 01

Flughafen
Tel. 02 96 48 42 92

Ziele in der Umgebung

Chapelle de Kerfons ■ E 1

Neben einem Kalvarienberg aus dem 15. Jahrhundert steht diese Kapelle aus dem 15. und 16. Jahrhundert. Ihr Lettner, die Abgrenzung zwischen Chor und Mittelschiff, gehört zu den schönsten der Bretagne – aber allein schon die idyllische Umgebung ist einen Umweg wert.
8 km südlich von Lannion über die D 11 und D 31b; 15. Juni–15. Sept. 10–12 und 14–18 Uhr

Château de Kergrist ■ E 1

Ein regelrecht kurioses Schloß mit zwei grundverschiedenen Fassaden: Die Nordseite (14. und 15. Jahrhundert) ist gotisch gehalten, die Südseite hingegen präsentiert die Eleganz des 18. Jahrhunderts.
10 km südlich von Lannion über die D 11; in den Osterferien und im Mai Sa und So 14–18 Uhr, Juni–Sept. tgl. 14–18.30 Uhr; Eintritt 25 FF

Château de Tonquédec ■ E 1

Die Ruinen der 1622 von Kardinal Richelieu geschleiften Festung lassen erahnen, wie wehrhaft und imposant der Bau im 13. Jahrhundert gewesen sein muß: Elf halbrunde Türme dienten zur Verteidigung der Außenmauern und jedes einzelnen Burghofes, ein Wassergraben sicherte die Zugbrücke. Wer die 70 Stufen des massiven Donjons – seine Wände sind etwa vier Meter dick – überwindet, genießt ein herrliches Panorama.
11 km südlich von Lannion über die D 767 und D 31; April–Juni tgl. 15–19 Uhr, Juli–Aug. 10–20 Uhr, Sept.–Mitte April geschl.; Eintritt 20 FF

Le Yaudet ■ D 1

Das idyllische Dorf mit romantischem Meerblick kam gelegentlich ins Gerede, weil manche französische Reiseführer und englische Tageszeitungen behaupteten, dies wäre das Heimatdorf von Asterix und Obelix. Angeblich haben die Grabungen der Archäologen bereits begonnen… (→ Extra, Asterix und Obelix – die bekanntesten Bretonen, S. 262)
Extra
7 km westlich von Lannion über die D 88

Lanvellec ■ D1

Mit Ausnahme der **Orgel** in der Dorfkirche – sie stammt aus dem Jahr 1653 und wurde der Orgel des King's College in Cambridge nachempfunden – gibt es in Lanvellec wenig Sehenswertes. In der unmittelbaren Nachbarschaft lockt jedoch eines der großen Schlösser der Bretagne.

Ziel in der Umgebung

Château de Rosanbo ■ D1

Weder Kriege noch Revolutionen konnten den Rittern von Coaskër etwas anhaben. Seit dem 14. Jahrhundert wird das Schloß von Nachkommen derselben Familie bewohnt, 1998 kann der Marquis von Rosanbo gar den 1010. Geburtstag seiner Dynastie feiern. Den Mann aus altem Adel kann man nur beneiden – die öffentlich zugänglichen Säle sind jedenfalls herrlich möbliert: kostbare **Tapisserien von Aubusson** (17. Jahrhundert), der **Speisesaal** mit Geschirr der Ostindienkompanie und eine **Bibliothek** mit rund 8000 Werken, die schon von Le Peletier, dem Finanzminister von Ludwig XIV., genutzt wurde. Im **Bretonischen Saal** empfiehlt ein Schriftstück von 1550 dem Hauspersonal, nicht öfter als dreimal wöchentlich Lachs aufzutischen...
2 km nordwestlich von Lanvellec; April und Okt. während der Schulferien und So 14–17.30 Uhr, April–Juni und Sept. tgl. 14–18 Uhr, Juli–Aug. tgl. 10.30–18.30 Uhr; Führung 30 FF, Kinder 18 FF

Louargat ■ E2

Wenn Sie dieses winzige Dorf im bretonischen Hinterland besuchen, sollten Sie eine kleine Wanderung »dranhängen«: Der Hausberg **Menez-Bré** ist ein beliebter Aussichtspunkt.

Sehenswertes

Menez-Bré
Der 301 Meter hohe Berg mit schöner Aussicht auf das Umland galt in früheren Zeiten als heiliger Ort. Der stets von einem Wolf begleitete Saint-Hervé ließ hier angeblich im 6. Jahrhundert eine Quelle sprudeln – man findet sie in 300 Meter Höhe auf der Ostseite; das Wasser soll kranke Kinder heilen können. Zur nahen Kapelle aus dem 17. Jahrhundert pilgerte man wegen Problemen mit der Kopfhaut.

Auch Teufelsanbeter und Hexen, so heißt es, verehren den Menez-Bré: Der Abbé Guillermic soll in der Kapelle schwarze Messen abgehalten, seine Gebete rückwärts gelesen und diverse Dämonen beschworen haben.

Hotel/Essen und Trinken

Manoir du Cleuziou
Gepflegtes Landhaus mit Restaurant; das Gebäude stammt aus dem 15. Jahrhundert. Antiquitäten und Tapisserien schmücken den Salon, die Zimmer sind wesentlich bescheidener. Für das Gebotene trotzdem nicht zu teuer.
22540 Louargat; Tel. 02 96 43 14 90, Fax 02 96 43 52 59; 28 Zimmer; im Feb. geschl.; Obere Preisklasse (AE, EC, Visa)

Mûr-de-Bretagne ■ F3

Der Ort an sich ist zwar recht freundlich, bietet jedoch keine besonderen Sehenswürdigkeiten. Anders die Umgebung: In der Nähe von Mûr-de-Bretagne liegt der 400 Hektar große **Lac de Guérledan** mit zahllosen Wassersportmöglichkeiten. Rund um den See kann man Segelboote, Kanus, Mountainbikes und auch Pferde mieten. Auch der umliegende Wald **Forêt de Quénécan** (3000 Hektar!) lockt mit vielen Ausflugsmöglichkeiten. In der versteckten Kapelle **Saint-Ignace** (17. Jahrhundert) findet alljährlich am 15. August ein **pardon** (Wallfahrt) statt. Gelegentlich können Besucher sogar mit einem Goldsucher aus Saint-Brieuc (Reservierung im dortigen Fremdenverkehrsamt, → S. 71) in den nahen **Gorges du Daoulas** ein wenig Wildwest spielen.

Hotel/Essen und Trinken

Auberge Grand' Maison
Schöne Zimmer mit englischen Antiquitäten und eine feine Regionalküche sind die Attraktionen des Hauses. Auf den Tisch kommt allerlei Maritimes wie Seezunge mit Kohl und Speck, gebratene Taube oder Crêpes à la Mandarine. Eine gute Adresse.
1, rue Léon-le-Cerf, 22530 Mûr-de-Bretagne; Tel. 02 96 28 51 10, Fax 02 96 28 52 30; 12 Zimmer; Restaurant tgl. außer So abends und Mo 12–14 und 19–21 Uhr; Mittlere bis Obere Preisklasse (AE, DC, EC, Visa)

Paimpol ■ F 1

Pierre Lotis Roman »Islandfischer« brachte Paimpol literarischen Ruhm. Vom 16. bis 19. Jahrhundert stachen die Fischer von hier aus in See, um vor Neufundland oder Island Kabeljau zu fischen.

Sehenswertes

Pointe de l'Arcouest
Der Aussichtspunkt nördlich von Paimpol bietet einen schönen Blick auf die Ile de Bréhat (→ 10x10, S. 10). **10x10**
An der D 789

Museum

Musée de la Mer
Einst eine Halle zum Trocknen von Stockfisch, dann eine Segeltuchfabrik, heute ein Meeresmuseum: Wer ganz ohne Seekrankheit das Leben an Bord entdecken möchte, sollte hier ruhig einmal vorbeischauen und Schiffsmodelle, Bordbücher, kupfern blinkende Instrumente und andere maritime Andenken in Augenschein nehmen.
Rue de Labenne; Juli–Aug. tgl. 10–12 und 14–19 Uhr, Okt.–25. April geschl.; Eintritt 18,50 FF

Hier ist der Geist der Meeres lebendig geblieben: Der Hafen von Paimpol, jahrhundertelang Heimat der »Islandfischer«, ist nach wie vor vom Fischfang geprägt.

Hotel/Essen und Trinken

Le Repaire de Kerroc'h
Corouge Kersau, ein berüchtigter Korsar, ließ dieses Haus am Hafen 1793 errichten. Seit den Zeiten der Freibeuter haben die Zimmer allerdings ordentlich an Komfort zugelegt: Sie sind mit traditionellen Möbeln ausgestattet. Im Restaurant kocht seit Ende 1996 ein neuer **chef de cuisine** auf. Die bislang einfachen traditionellen Spezialitäten sind seitdem wesentlich raffinierter geworden.
29, quai Morand, 22500 Paimpol;
Tel. 02 96 20 50 13, Fax 02 96 22 07 46;
13 Zimmer; Restaurant tgl. außer Di und Mi mittags 12–14 und 19–21.30 Uhr; Mittlere bis Obere Preisklasse (DC, EC, Visa)

Service

Fremdenverkehrsamt
Syndicat d'Initiative
– Im Rathaus, 22500 Paimpol;
Tel. 02 96 20 83 16
– Maison de Plaisance, Quai Neuf, 22500 Paimpol; Tel. 02 96 20 47 65

Bahnhof
Gare S.N.C.F; Av. Général de Gaulle;
Tel. 02 96 20 81 22

Perros-Guirec

E1

Wer in Perros-Guirec, einem der populärsten Badeorte der **Côte de Granit Rose** mit Yachthafen, Casino, Stränden aus feinem Sand, Thalassotherapiezentrum und allem, was sonst noch dazu gehört, verweilen will, sollte sich auf Trubel einstellen. Jeden Sommer verfünffacht sich hier die Einwohnerzahl (→ 10x10, S. 9)!

10x10

Sehenswertes

Reservat des Sept-Iles
Vogelreservat auf sieben Inselchen. Hier brüten rare Arten wie Papageientaucher und Baßtölpel. Mit Ausnahme der Ile-aux-Moines ist der Zugang strengstens verboten. Trotzdem können Sie die Vogelwelt der sieben Inseln vom Boot aus kennenlernen (→ Service, S. 65).

Schöne alte Villen, Hotels und Ferienhäuser, im Hafen dümpeln schicke Yachten – Perros-Guirec ist ein beinahe mondäner Ferienort an der Côte de Granit Rose.

Hotels und andere Unterkünfte

Printania
Gutausgestattete Zimmer mit Blick aufs Meer und auf das Vogelreservat der Sept-Iles, relativ nahe am Strand. Restaurant.
12, rue des Bons-Enfants,
22700 Perros-Guirec; Tel. 02 96 49 01 10,
Fax 02 96 91 16 36; 33 Zimmer; 15. Dez.–15. Jan. geschl.; Obere Preisklasse; Restaurant Mittlere Preisklasse (AE, DC, EC, Visa)

Le Sphinx
Die Lage ist spektakulär: Zwischen Felsküste, eigenem Garten und nicht zuletzt dem Privatparkplatz ragt das bretonische Landhaus wie ein Turm hervor. Die Zimmer bieten freilich nur Normalkomfort, und abgesehen von den kleinen Balkonen mit hübscher Aussicht muß man auch einige Abstriche machen: Es gibt keinen Aufzug, und die Damen und Herren vom Empfang scheinen öfters anderes zu tun zu haben, als sich um das Wohlbefinden der Gäste zu kümmern. Doch der Standort dieses **10x10** Hauses macht das alles wieder wett (→ 10x10, S. 14).
67, chemin de la Messe, 22700 Perros-Guirec; Tel. 02 96 23 25 42,
Fax 02 96 91 26 13; 20 Zimmer; Restaurant tgl. außer Mo mittags 12.30–14 und 19.30–21.30 Uhr, 5. Jan.–15. Feb. geschl.; Mittlere Preisklasse (AE, EC, Visa)

Essen und Trinken

La Chaumière
Gepflegter Teesalon im Zentrum; ideal für einen verregneten Nachmittag, wie man ihn gelegentlich in der Bretagne erlebt.
19, rue Général-de-Gaulle

Crêperie de la Mère Hamon
Traditionelle Crêperie – so beliebt, daß man in der Hochsaison sogar reservieren muß.
Rue de la Salle; Tel. 02 96 23 28 82;
tgl. außer Mo und Fr 19–21.30 Uhr;
Untere Preisklasse (keine Kreditkarten)

Service

Office du Tourisme
21, pl. de la Mairie, 22700 Perros-Guirec;
Tel. 02 96 23 21 15, Fax 02 96 23 04 72

Bootsausflüge zu den Sept-Iles
Vedettes Blanches: Tel. 02 96 23 22 47
Vedettes des Sept-Iles:
Tel. 02 96 91 11 31; März–Okt.; Dauer 1,5–2,5 Std.; Fahrpreis 80 FF, Kinder 50 FF

Plancoët ■ G 2

Das gleichnamige Mineralwasser, serviert in allen Restaurants und Bistros der Region, sprudelt aus einer Mineralquelle in Plancoët. Templerritter sollen dieses Dorf einst gegründet haben: Sie beschützten die Fontaine Ruellan, die als wundertätig bekannt war. 1621 wurde bei den wundersamen Wassern gar ein Bildnis der Jungfrau Maria entdeckt, das man heute noch in der **Eglise de Nazareth** bestaunen kann.

Hotel/Essen und Trinken

L'Ecrin
Sehr hübsches Haus mit sieben schönen Gästezimmern (gutes Frühstück!). **Jean-Pierre Crouzils** Küche in seinem gleichnamigen Restaurant ist eher etwas für den konservativen Gourmet. Mittags gibt es ein günstiges Menü, abends indes kann das kulinarische Vergnügen ausgesprochen kostspielig werden (→ 10x10, S. 15). **10x10**
20, rue les Quais, 22130 Plancoët;
Tel. 02 96 84 10 24, Fax 02 96 84 01 93;
Juli–Aug. tgl. geöffnet, ansonsten So abends und Mo sowie 8. Jan.–20. Feb. geschl.; Mittlere bis Obere Preisklasse (AE, EC, Visa)

Ziel in der Umgebung

Château de la Hunaudaye ■ G 2

In der Hochsaison finden in dieser Schloßruine mit fünf großen Türmen und einer schönen Renaissancetreppe tgl. außer Di 10–12 und 14–18 Uhr **Ritterspiele** statt. Besonders am Wochenende ist der Andrang groß.
Bei Plédéliac, 12 km südwestlich von Plancoët; Tel. 02 96 34 12 55

Museum

Ferme d'Antan
Ein Museum des Landlebens: Neben diversen Werkzeugen sieht man einen kurzen Film, der das Leben einer Bauernfamilie zwischen den Weltkriegen skizziert.
In St.-Esprit-du-Bois, 2 km vom Château entfernt; Juli–Aug. tgl. 10–12 und 14–19 Uhr, April–Sept. nur So; Eintritt 18 FF

Pleudihen-sur-Rance ■ H2

Der Ort an der D 29, nahe der Rance, hat sich über die Jahre den soliden Ruf erarbeitet, eine der Cidre-Hauptstädte der Bretagne zu sein. Eine ideale Gelegenheit, ein günstiges Souvenir zu erstehen!

Museum

Musée de la Pomme et du Cidre
In einem restaurierten Bauernhof werden Geschichte und Herstellung des Cidre dokumentiert. Damit es an Rohmaterial nicht mangelt, wachsen im Apfelgarten die verschiedensten Sorten. Natürlich schließt eine kleine Degustation den Besuch ab.
La Ville Hervy; April–Mai tgl. 14–19 Uhr, Juni–Sept. 10–19 Uhr, Okt. 14–19 Uhr; Eintritt 15 FF

Einkaufen

Jean-Yves Prié
Hier können Sie einen der allerbesten Cidres direkt vom Bauernhof erstehen: Priés Produkte haben nicht nur auf der Pariser Landwirtschaftsmesse 1997 eine Goldmedaille gewonnen, er beliefert auch große Köche wie Olivier Roellinger von der Maison de Bricourt in Cancale (→ S. 79, 10x10, S. 17).
La Ville Hervy; Tel. 02 96 83 20 78

10x10

Im Château de la Hunaudaye finden im Sommer Ritterspiele statt. Die wuchtigen Burgmauern sind eine stimmungsvolle Kulisse für die mittelalterlichen Turniere.

Pleumeur-Bodou ■ E1

Pleumeur-Bodou ist als Dorf an sich kaum erwähnenswert: Zwei **Kapellen** aus dem 16. Jahrhundert und den christianisierten (also zum Kreuz umgemeißelten) **Menhir von Saint-Uzec** gibt es zu sehen, außerdem einen Golfplatz. Sein **Telekommunikationsmuseum** machte den Ort jedoch in halb Frankreich bekannt, und sein **Village Gaulois** (→ S. 266) ist das Erlebnis für Kinder.

Museen

Menhir de Saint-Uzec
Der christianisierte, 8,10 Meter hohe Menhir gilt als einer der sehenswertesten der Bretagne. Ende des 17. Jahrhunderts wurde seine Spitze nicht nur zu einem kleinen Kreuz umgemeißelt, Reliefs auf der »Vorderseite« erzählen gleichzeitig Details aus der Passionsgeschichte: Man sieht die Leiter der Kreuzigung, Hammer, Nägel u.v.m.

Musée des Télécommunications
Von hier aus wurde am 11. Juli 1962 um 0.47 Uhr die erste Satellitenverbindung zwischen Frankreich und den USA hergestellt. Zwischen den Satellitenantennen, die zielgenau auf ihre Trabanten in 36 000 Kilometer Höhe ausgerichtet sind, erfährt man im Museum allerlei zur Geschichte der Telekommunikation – von Morses ersten Versuchen bis zu Unterwasserkabeln und Satelliten.

XL TOP 20

In den acht Sälen wird auch ein kurzer Ausblick auf die Zukunft der Kommunikation gegeben.

Die berühmte Satellitenübertragung via Telstar fand übrigens in der riesigen Kuppel über dem Museum statt, dem **Radôme** (für Radio-Dôme). Diese »Glocke« schützt mit ihrer lediglich zwei Millimeter dicken Außenhaut nur die eigentliche Antenne. Heute findet hier nach der Besichtigung ein

Da kann kein Menhir mithalten: Das Village Gaulois ist ganz auf jugendlichen Besuch ausgerichtet. Kinder halfen sogar bei der Errichtung mit.

Spectacle Son et Lumière (Ton- und Lichtshow) zur Geschichte des Radôme statt (→ 10x10, S. 12). 10x10
Juli–Aug. tgl. 9–19 Uhr, April, Mai, Juni, Sept., Okt. tgl. außer Sa 10–18 Uhr, Feb., März tgl. außer Sa und So 13.30–17.30 Uhr; Eintritt 35 FF

Planétarium du Trégor
Unter einer Kuppel von 20 Metern Durchmesser erhält man hier Einblick in diverse astronomische Phänomene. Das Planetarium arbeitet mit seinen Pariser Kollegen des Palais de la Découverte zusammen
Juli–Aug. tgl., Feb.–April und Okt.–Dez. tgl. außer Sa, Mai–Juni und Sept. nur So, im Jan. geschl.; Eintritt 35 FF

Ploumanac'h

■ E1

Die Felsen aus rosa Granit machten Ploumanac'h berühmt: Das bizarre Fels-»Chaos« direkt am Meer ist eine echte Sehenswürdigkeit, besonders bei Sonnenuntergang. Ein schmaler Weg führt vom Parkplatz beim Leuchtturm durch die steinernen Riesen; einigen Formationen haben die Einheimischen Spitznamen wie »Kaninchen« oder »Pilz« gegeben. Vom **Château de Diable** aus gelangt man über einen alten Zöllnerweg zu Fuß nach **Perros-Guirec**

10x10 (→ Routen und Touren, S. 228, 10x10, S. 9).

Plounérin

■ D2

Sehr stilles (um nicht zu sagen: etwas langweiliges) Dörfchen mit typisch bretonischen Häusern, einer Kapelle und einem malerischen Friedhof. Als Grund für einen kurzen Stopp kommt hier nur das **Restaurant Jeffroy** in Frage.

Unterkunft/Essen und Trinken

Patrick Jeffroy
Kein protziges Schild am Eingang, kein beeindruckendes Tafelsilber – trotzdem kann man hier überraschend gut essen: Einige von Jeffroys Gaumenexperimenten, etwa die gegrillte Languste mit Schweinskopf und Schalotten oder der Steinbutt in Hühnerjus, schmecken sehr interessant. Andere Gerichte fallen deutlich enttäuschender aus. Auf jeden Fall ist das Mittagsmenü günstig, und wer hier einen gelungenen Abend erlebt hat, kann in einem der drei preiswerten Gästezimmer auch noch die Nacht verbringen.
Le Bourg, 22780 Plounérin;
Tel. 02 96 38 61 80, Fax 02 96 38 66 29;
Mittlere Preisklasse (EC, Visa)

Umrahmt von rosa Granit: Die Bucht von Ploumanac'h ist das »Aushängeschild« der Côte de Granit Rose. Die bizarren Felsformationen häufen sich mancherorts fast 30 Meter hoch.

Quintin

F2

Vor der Revolution zählte das Städtchen nicht weniger als 300 Webereien – Tuch aus Quintin wurde bis nach Amerika exportiert. Einige **Altstadthäuser** rund um die Place 1830, die Grande Rue oder die Rue au Lait zeugen noch heute von der großen Vergangenheit des Ortes.

Sehenswertes/Museum

Château de Quintin
Das ursprünglich für die Marquise de Moussaye im 17. Jahrhundert errichtete Schloß befindet sich im Besitz der Familie De Bagneux. In einem kleinen **Museum** erinnern die Schloßherren an ihre Vorgänger, präsentieren historische Briefe und Dokumente sowie gelegentliche Themenausstellungen, teilweise mit recht originellen Exponaten.
Pl. 1830; Tel. 02 96 74 94 79; April–Okt.; Juli–Aug. tgl. 10.30–18.30 Uhr; Eintritt 35 FF

Notre-Dame-de-Délivrance
Die 1887 erbaute Kirche beeindruckt durch ihre Ausmaße (76 Meter lang, mit einem 75 Meter hohen Turm). Sie beherbergt die Reliquien des Saint-Thurian sowie ein Stück vom Gürtel der Jungfrau Maria, welches ein gewisser Geoffroy Botherel 1252 von einem Kreuzzug mit nach Frankreich brachte. Laut einer alten Legende ermöglicht dieser Gürtel allen Frauen eine schmerzlose Geburt, weshalb fromme Bretoninnen vor der Niederkunft noch heute die Kirche darum bitten, ein Stück Stoff an die Reliquie zu drücken.
Tgl. 9–12 und 14–19 Uhr, in der Schulzeit Mi geschl.

Service

Office du Tourisme
Pl. 1830, 22800 Quintin; Tel. 02 96 74 01 51; Ostern–Ende Okt. tgl. geöffnet, sonst nur Di und Fr vormittags

Saint-Brieuc

F2

Abgesehen von der Kathedrale und zwei oder drei Altstadtgassen gleicht Saint-Brieuc jeder halbwegs modernen Kleinstadt: Markthallen aus Stahlbeton und eine besonders häßliche Fußgängerzone mit Fast-food-Ständen und allerlei Boutiquen der günstigeren Sorte – die Stadt gilt in Frankreich als Industrie- und Verwaltungszentrum. Auch wenn die Brücken über die Flüsse **Gouedic** und **Gouët** bei der Anfahrt zum Zentrum spektakulär wirken, können Sie sich den Abstecher hierher ruhig sparen, falls Sie nicht ganz besonders viel Zeit in der Bretagne verbringen.

Sehenswertes

Saint-Etienne
Die Festungskirche aus dem 14. und 15. Jahrhundert, restauriert im 18. und 19. Jahrhundert, vermittelt fast den Eindruck, als würde der altehrwürdige Bau mit seinen Schießscharten die spärlichen Reste der Altstadt beschützen wollen. Während der Revolution diente die Kathedrale als Stall und als Waffenlager. Ihre wichtigste Sehenswürdigkeit wurde während der dunklen Zeiten von einem gewissen Monsieur Lorin unter einem Heuhaufen versteckt: So entging das prächtige **Altarblatt** (1745) von Yves Corlay, einem Bildhauer aus Trégor, der Zerstörung. Sehenswert ist auch das **Fenster** im südlichen Querschiff, es stammt aus dem 15. Jahrhundert. Die Malereien stellen Symbole der Eucharistie dar.

Rund um die Kathedrale sind einige malerische **Fachwerkhäuser** erhalten geblieben: Spazieren Sie doch einmal über die Place du Martray, die Rue Fardel (Ecke Rue de Lin: Maison de Ribeault; Hausnummer 18: Haus der Herzöge der Bretagne) oder die Rue Quinquaine.
Pl. du Général-de-Gaulle; tgl. 8.30–19 Uhr, Führungen Juli–Aug. 10.30–15 Uhr

Museum

Musée d'Art et d'Histoire
Die ehemalige **Caserne de Gendarmerie** erzählt die Geschichte der Bretagne des 19. Jahrhunderts: Schiffahrt, Fischerei und Bootsbau werden ebenso dargestellt wie das Familienleben in der oftmals gar nicht so guten alten Zeit, das Leben der Bauersleute und die Anfänge der Industrialisierung.
Rue des Lycéens Martyrs; Di–So 9.30–11.45 und 13.30–17.45 Uhr; Eintritt 20 FF

Hotel

Clisson
Gutgeführtes Haus mit kleinem Garten in der Altstadt. Einige Zimmer verfügen über einen Whirlpool.
36–38 rue Gouët, 2200 Saint-Brieuc; Tel. 02 96 62 19 29, Fax 02 96 61 06 95; 24 Zimmer; Mittlere Preisklasse (AE, EC, Visa)

Essen und Trinken

Amadeus
Empfehlenswertes Restaurant mit guten Meeresfrüchte-Spezialitäten. Tolles Preis-Leistungs-Verhältnis bei den (nur an Werktagen servierten) Menüs!
22, rue Gouët; Tel. 02 96 33 92 44; tgl. außer So und Mo mittags 12–14 und 19–21.30 Uhr; Untere bis Mittlere Preisklasse (AE, EC, Visa)

Crêperie à la Fée Morgane
Zu keltischer Musik werden hier die guten alten Crêpes und Galettes aufgetischt, wahlweise mit Käse, Wurst oder Jakobsmuscheln.
4, rue Houvenagle; Tel. 02 96 52 09 11; tgl. außer So 12–14 und 19–22 Uhr; Untere Preisklasse (EC, Visa)

Aux Pesked
Vom Barsch bis zur Makrele wird die Karte vom Fisch beherrscht. Manche Tische bieten eine schöne Aussicht auf die Umgebung des Flusses Gouët – doch Vorsicht: Einige Menüs (nur werktags serviert) sind günstig, andere extrem teuer.
49, rue Légué; Tel. 02 96 33 34 65; tgl. außer Sa mittags und So abends sowie Mo 12–14 und 19–22 Uhr; Mittlere Preisklasse (AE, EC, Visa)

Serge Quinton
Erstaunlich, so einen gepflegten Teesalon in einer doch eher ungastlichen Stadt zu finden: Schokoladen, französische Dessert-Klassiker wie **macarons** und **éclairs** – hier stimmt so ziemlich alles.
7, rue Glais-Bizoin

Einkaufen

Dekoration
Vaissellor
Schönes aus Glas. Nicht nur Vasen, sondern zum Beispiel auch Glasbonbons.
2, rue Michelet

Lebensmittel
L'Art et le Vin
Ausgezeichnet sortierte Weinhandlung: Neben den großen Namen findet man hier auch viele eigene Entdeckungen zu kleinen Preisen (→ 10x10, S. 17). 10x10
4, rue Michelet; Tel. 02 96 33 94 29

Les Caves Bretonnes
Zu den Spezialitäten gehört hier nicht nur Wein, sondern auch fünfjähriger **chouchen**, das urige Metgetränk der Bretonen.
8, rue Michelet

Fromagerie Saint-Gouéno
Feiner Käse aus ganz Frankreich.
24, rue Saint-Gouéno

Jean-Pierre Philippe
Erstklassiges Fleisch und beste Wurst. Für Selbstversorger, die einmal das berühmte Lamm von den Salzwiesen des Mont-Saint-Michel kosten wollen.
4, rue de Moncontour (im Vorort Trégueux)

Märkte
Les Halles
Moderne Markthalle ohne nennenswerten Charme. Die Qualität der Waren ist korrekt, aber die Stimmung fehlt.
Rue de la Grille; tgl. außer So nachmittags und Mo 8–13 und 15.30–19.30 Uhr

Marché
Der große Markt der Stadt nimmt zweimal pro Woche fast das gesamte Zentrum ein (ortsfremde Autofahrer seien gewarnt!). Hier wird das gängige Repertoire von Geflügel bis Galettes angeboten.
Pl. du Matray, pl. du Chai, rue de la Poissonnerie, pl. de la Résistance
Di und Sa 8–14 Uhr

Service

Auskünfte
– zur Region Côtes d'Armor
Comité Départemental de Tourisme
29, rue des Promenades, B. P. 4620, 22 046 Saint-Brieuc Cédex 2; Tel. 02 96 62 72 00

– zu Ferienhäusern der Region
Relais Départemental des Gîtes de France
23, rue des Promenades, 22045 Saint-Brieuc Cédex 2; Tel. 02 96 61 82 79

– zur Stadt Saint-Brieuc
Office du Tourisme
7, rue Saint-Gouéno; Tel. 02 96 33 32 50, Fax 02 96 61 42 16; tgl. außer So 9–12 und 14–18.30 Uhr

Bahnhof
Gare S.N.C.F; 1–5, bd. Charner; Tel. 02 96 94 50 50

Busbahnhof
Gare routière; C.A.T. parking gare S.N.C.F; Tel. 02 96 94 25 89

Flughafen
Aéroport; Tel. 02 96 94 95 00

Saint-Cast-le-Guildo ■ G 1

Ein populärer Ferienort, berühmt wegen seiner schönen Strände – und wegen der Jakobsmuscheln, die die Fischerboote täglich frisch anliefern. Seit fast 100 Jahren strömen die Besucher hierher; auch Jacques Brel pflegte hier seinen Urlaub zu verbringen. Tip: Gönnen Sie sich einen Sonnenuntergang an den Aussichtspunkten Pointe de la Garde oder Pointe de Saint-Cast.

Hotels/Essen und Trinken

Les Arcades
Einfaches Mittelklassehotel mit kleinem Garten und günstigem Restaurant.
Rue Piétonne, 22380 Saint-Cast-le-Guildo; Tel. 02 96 41 80 50, Fax 02 96 41 77 34; 31 Zimmer; Mitte Sept–April geschl.; Obere Preisklasse (AE, DC, EC, Visa)

Château du Val d'Arguenon
Chateaubriant war der wohl berühmteste Gast des Hauses. Heute räumen die Schloßherren in ihrem vier Jahrhunderte alten Gemäuer sechs Zimmer für Besucher von außerhalb.
Notre-Dame-du-Guildo, 22380 Saint-Cast-le-Guildo; Tel. 02 96 41 07 03, Fax 02 96 41 02 67; 6 Zimmer; Obere Preisklasse (keine Kreditkarten)

Service

Office du Tourisme
Pl. Charles-de-Gaulle, 22380 Saint-Cast-le-Guildo; Tel. 02 96 41 81 52, Fax 02 96 41 76 19; Juli–Aug. tgl. 9–12.30 und 14–19 Uhr, sonst nur werktags

Segelschule
Centre-Nautique/Ecole de Voile; Le Port; Tel. 02 96 41 86 42

Saint-Jacut-de-la-Mer ■ G 2

In dem traditionellen bretonischen Dorf auf einer Halbinsel leben im Winter gerade mal 600 Menschen; im Sommer sind die elf schönen Strände fast überbevölkert. Über die Jahrhunderte hinweg haben die Einwohner des Dörfchens einige kuriose Gewohnheiten gepflegt: Sie heirateten bevorzugt untereinander, mieden den Kontakt mit der Umgebung, lebten vom Makrelenfang – und sie besaßen einen eigenen Dialekt, das **jégui**. Noch heute wird die traditionelle Sprache von einem Verein gepflegt.

Sehenswertes

Pointe du Chevet
Der Aussichtspunkt bietet einen wahren Königsblick auf Saint-Cast, die Ile Ebihens und Saint-Briac. Gleich nebenan lädt die **Plage du Rougeret** zum Baden ein.

Service

Fremdenverkehrsamt
Syndicat d'Initiative
Am Markt, in der Nähe der Post, 22750 Saint-Jacut-de-la-Mer; Tel. 02 96 27 71 91; Juli–Aug. tgl. außer So 10–12.30 und 15.30–18 Uhr, Juni und Anfang Sept. tgl. 10–12 und 15.30–18 Uhr

Saint-Quay-Portrieux ▪ F1

Der Badeort trumpft mit einem Kasino, schönen Stränden und einem Yachthafen auf. Vom Port de Portrieux aus zweigt ein alter Zöllnerweg zur **Plage de la Comtesse** und der **Plage du Châtelet** ab. Superber Ausblick auf die
10x10 Bucht von Saint-Brieuc (→ 10x10, S. 9)!

Hotel/Essen und Trinken

Ker Moor
Hübsch gelegenes Haus im Stil eines maurischen Pavillons, im letzten Jahrhundert von einem bretonischen Diplomaten erbaut. Die modernen Zimmer bieten teilweise eine herrliche Aussicht auf die Inseln. Wie immer sind die Räume mit Blick auf den Garten etwas preiswerter. Das Restaurant ist im Vergleich zum Hotel recht günstig.
13, rue du Président-le-Sénéchal;
Tel. 02 96 70 52 22, Fax 02 96 70 50 49;
29 Zimmer; Obere Preisklasse (AE, DC, EC, Visa)

Service

Von Saint-Quay aus kann man mit der **Emeraude Line** die Kanalinseln **Jersey** und **Guernsey** besuchen (Tel. 02 96 70 49 46). Die Überfahrt kostet etwa 100 DM.

Trébeurden ▪ D1

Neben den Stränden des idyllischen, in der Hauptsaison etwas überlaufenen Ferienortes lockt auch der kleine Yachthafen, der sich hinter einer Mauer aus rosa Granit versteckt, Besucher an. Unzählige Inselchen liegen vor dem Hafen verstreut, linker Hand führt ein Weg zu einem düsteren Kastell auf einer Halbinsel. Wer sich ein wenig Zeit nimmt, findet in einer kleinen Bucht vielleicht sogar ein einsames Stück Sandstrand – oder entdeckt hinter der Plage de Goas-Trez das Vogelschutzgebiet **Marais du Quellen** (→ 10x10
10x10, S. 9).

Hotels/Essen und Trinken

Manoir de Lan-Kérellec
Der graumelierte Monsieur am Empfang hat es nicht leicht: Eben noch hat er einem Gästepaar die schönsten Strecken für ihre Mountainbike-Tour erklärt, jetzt möchte ein Herr etwas über die lohnendsten Aussichtspunkte an der Küste wissen. Gleichzeitig fragt eine Familie, wo man in diesem Teil der Bretagne denn die besten Crêpes essen könne. Doch Gilles Daubé weiß auf jede der Fragen ohne Zögern eine Antwort – und schafft es, scheinbar ganz nebenbei, auch noch, eines der schönsten Relais-&-Châteaux-Hotels an diesem Teil der bretonischen Küste zu verwalten: Im Manoir du Lan-Kerellec genießt man in den (recht großen) Zimmern einen umwerfenden Rundumblick auf die Felsküste samt zwölf kleiner Inselchen und kann gelegentlich die Fischer auf dem Weg zur Arbeit beobachten. Was nicht ganz uninteressant ist, denn was diese Herren am späten Vormittag direkt ins Hotel liefern, entscheidet immerhin über den Speiseplan: Vielleicht gibt es gedämpfte Langustinos im Kohlblatt oder Seeteufel in **verjus** (Saft unreifer Trauben) mit Traubenbeignets, aufgetischt in einem imposanten Speisesaal in Gestalt eines »kopfstehenden« Schiffsrumpfes. Liebhaber regionaler Genüsse sollten sich die **ormeaux** nicht entgehen lassen, etwas zähe, aber wohlschmeckende Muscheltiere, die **nature** gebraten mit etwas Knob-

lauch und Petersilie am besten schmecken. Alle Zimmer bieten eine Terrasse mit Blick aufs Meer und gutausgestattete Bäder. Die schönsten Räume sind freilich recht kostspielig, aber es gibt in Lan-Kerellec auch bescheidenere – und günstigere – Unterkunft. Freundlicher Service (→ 10x10, S. 14).

10x10

Allée Centrale de Lan-Kérellec, 22560 Trébeurden; Tel. 02 96 23 50 09, Fax 02 96 23 66 88; 19 Zimmer; 12. Nov.–15. März geschl.;
Hotel Obere Preisklasse bis Luxusklasse, Restaurant Untere bis Mittlere Preisklasse (AE, DC, EC, Visa)

Ti Al-Lannec
Komfortables Relais-de-Silence-Hotel mit Park und Meerblick. Wie beim Nachbarn Lan-Kerellec können auch hier die Preise, je nach Lage und Ausstattung des Zimmers, höchst unterschiedlich ausfallen.
14, allée de Mézo-Guen, 22560 Trébeurden; Tel. 02 96 23 57 26, Fax 02 96 23 62 14; 29 Zimmer; Mitte Nov.–Mitte März geschl.; Obere Preisklasse bis Luxusklasse; Restaurant tgl. 12.30–14 und 19.30–21.30 Uhr; Untere bis Mittlere Preisklasse (AE, DC, EC, Visa)

Service

Office du Tourisme
Pl. de Crech-Héry, 22560 Trébeurden; Tel. 02 96 23 51 64, Fax 02 96 47 44 87; tgl. geöffnet, So nur vormittags .

Segelschule von Trésmeur
Tel. 02 96 23 51 35

Tauchzentrum
Tel. 02 96 23 66 71

Trégastel

c 1, S. 229

Der populäre Badeort gründet seine Beliebtheit auf schöne Strände aus feinem Sand und ruhige Wanderwege zwischen bizarren Felsformationen (→ 10x10, S. 9).

10x10

Sommer, Sand und Sonne: Badefreuden wie am Mittelmeer kann man an den Stränden von Trégastel genießen. Durch die hier und dort wie Riesenspielzeug »herumliegenden« Felsen ist dieser Küstenabschnitt landschaftlich besonders reizvoll.

Sehenswertes

Aquarium Marin
Der Standort ist fast interessanter als das Aquarium selbst: Hier, unter einem Haufen Fels, der im Volksmund den Namen »Die Schildkröten« trägt, stand im 19. Jahrhundert noch eine Kirche. Heute tummeln sich Fische hinter Glas.
Bd. du Coz-Pors; in der Hauptsaison tgl. 9–20; Mai, Juni und Sept. 10–12 und 14–18 Uhr; Eintritt 20 FF

Ile Renote
Die »Insel« ist eine Halbinsel aus riesigen Granitfelsen, erreichbar über eine Straße südlich der Plage de Touldrez. Schöner Spaziergang mit Aussicht auf die sieben Inseln.

Plage du Coz-Porz
Der Stadtstrand aus feinem Sand wird von Felsen mit kuriosen Spitznamen eingerahmt. Die im Norden heißen »Totenkopf« oder »ein Haufen Crêpes«, auf einer kleinen vorgelagerten Insel kann man den »Würfel« begutachten. Links biegt ein Weg zum Strand **Grève Blanche** ab: Mit Ausblick auf die Kanincheninsel (**Ile aux Lapins**) und die Inseln von Triagoz kann man hier weitere Felsformationen wie den **Roi Gradlon** bewundern, der von weitem an ein gekröntes Haupt erinnert.

Hotel/Essen und Trinken

Bellevue
Gutausgestattetes Hotel mit Garten in Meeresnähe (300 Meter vom Strand). Je nach Komfort können sich die Zimmerpreise fast verdoppeln – falls möglich, sollten Sie sich deshalb mehrere Räume zeigen lassen. In der Hochsaison nur mit Halbpension.
20, rue des Calculots; Tel. 02 96 23 88 18, Fax 02 96 23 89 91; 31 Zimmer; Hotel Mitte Okt.– Ostern geschl.; Mittlere Preisklasse (AE, EC, Visa)

Der Kreuzgang des alten Klosters neben der Kathedrale Saint-Tugdual stammt aus dem Jahr 1461 und wurde im gotischen Flamboyantstil erbaut. Der Weg durch die Arkaden wird von Sarkophagen und Plastiken gesäumt.

Service

Office du Tourisme
Pl. Sainte-Anne, 22730 Trégastel;
Tel. 02 96 23 88 67

Fahrradverleih
7, rue Charles-Le-Goffic; Tel. 02 96 23 87 74

Tréguier

■ E1

Der Ort ist ein traditionsreicher Bischofssitz neben den Flüssen Jaudy und Guindy. Rund um die **Kathedrale** hat die Altstadt viel von ihrem Charme bewahrt, zahlreiche Häuser aus dem 15. und 16. Jahrhundert säumen die Gassen. Den freundlichen Eindruck teilte freilich nicht jeder: Der Maler Ernest Renan bezeichnete seine Heimatstadt gelegentlich als »riesiges Kloster«…

Sehenswertes

Saint-Tugdual
Über die Kathedrale aus dem 12. bis 15. Jahrhundert heißt es in der Region, sie würde je nach Lichteinfall die Farbe verändern. Kein Wunder, denn neben dem typisch bretonischen Pierre-de-Caen-Stein wurde auch rosa und grauer Granit für den Sakralbau verwendet. Besonders interessant sind die Südfassade und der Haupteingang. Im Innern findet man das während der Revolution zerstörte und im 19. Jahrhundert restaurierte **Grabmal des Saint-Yves**. Der 1347 heiliggesprochene Yves Helory (1235 bis 1303) gehört zu den wichtigsten bretonischen Heiligen. Sein Schädel ruht heute in einem Reliquienschrein in der Sakristei (Eintritt gebührenpflichtig). Zu Ehren des Schutzheiligen der Juristen findet jeweils am 19. Mai ein großes **pardon** statt.
Pl. du Mantray; tgl. 9–11.30 und 14–18.30 Uhr

Museum

Maison de Renan
In diesem hübschen Manoir (Herrenhaus) erblickte der Philosoph Ernest Renan (1823 bis 1892) das Licht der Welt. 15 Jahre lebte der große Denker in Tréguier, seine Mutter betrieb unten im Erdgeschoß eine **épicerie**, einen Gewürzladen, während der kleine Ernest oben im dritten Stock seine Schulaufgaben erledigte. Manuskripte, Büsten, ein wenig Mobiliar aus Renans Zeit und ein Film über sein Schaffen stehen auf dem Programm. Falls Sie hier auf den Geschmack gekommen sind: Auch Renans Pariser Zuhause, heute das Musée de la Vie Romantique (16, rue Chaptal, 75009 Paris), ist ein echtes Kleinod.
20, rue Renan; April–Sept. tgl. 10–12 und 14–18 Uhr, Di und feiertags geschl.; Eintritt 14 FF

Hotel/Essen und Trinken

Kastell Dinec'h
Garten, Schwimmbad, ruhige Lage – für einen relativ vernünftigen Preis bietet dieses elegante bretonische Manoir echten Komfort.
Le Castel, 22200 Tréguier;
Tel. 02 96 92 49 39, Fax 02 96 92 34 03;
15 Zimmer; 14 Tage im Okt. und 1. Jan.–14. März geschl.; Restaurant tgl. außer Di abends und Mi in der Nebensaison geöffnet; Obere Preisklasse

Service

Fremdenverkehrsamt
Syndicat d'Initiative
Im Rathaus, 22200 Tréguier;
Tel. 02 96 92 30 19; tgl. außer So nachmittags 9.30–12.30 und 14.30–17.30 Uhr (im Sommer 19 Uhr)

Die magische Welt des Waldes von Brocéliande, die Festungsmauern und Korsarengeschichten von Saint-Malo, der Austernhafen von Cancale oder das majestätische Kloster des Mont-Saint-Michel – die Ille-et-Vilaine, bretonisch Il-ha-Gwilen genannt, gehört zu den attraktivsten und dementsprechend beliebtesten Regionen der Bretagne.

Zu den Höhepunkten der Ille-et-Vilaine gehört zweifellos das berühmte Saint-Malo. Doch auch abseits der großen Sehenswürdigkeiten kann man in der Ille-et-Vilaine so manch beschaulichen Fleck entdecken…

Himmelblaues Wasser, Strände aus feinstem Sand und ein klarer Himmel – wären da nicht die Austernbänke, könnte man glauben, auf einer Karibikinsel zu sein. Die Schriftstellerin Colette hat die Landschaft um Cancale in den zwanziger Jahren als Kulisse für ihren Roman »Erwachende Herzen« gewählt. Hinter dem Marktplatz des Dorfes gibt es noch heute die alten sentiers des douaniers, die Zöllnerwege, an denen die Gesetzeshüter den Schmugglern auflauerten. Sie führen zu den malerischsten Buchten und Aussichtspunkten; in die Holzbänke am Wegesrand haben Spaziergänger Liebesschwüre eingeritzt. Im alten Hafen werden den Spaziergängern dann Austern angeboten…

Eine der schönsten Seiten der Ille-et-Vilaine. Aber die ganz große Sehenswürdigkeit ist natürlich Saint-Malo, die Halbinsel der Korsaren. Oder der Mont-Saint-Michel, das imposante Inselkloster auf der anderen Seite der Bucht. Das ist freilich nichts für ruhesuchende Gäste: Beide Orte sind mit Souvenirshops zugestellt und von Besuchern überlaufen. Statt Austern

gibt es hier Fritten und Crêpes der billigen Sorte, auf dem Mont-Saint-Michel hat der Bürgermeister die beliebte Lage zum Aufbau eines Wirtschaftsimperiums unter dem Namen »La Mère Poulard« genutzt. Egal, ob Sie ein Omelett essen, übernachten oder bretonische Kekse kaufen – irgendwann werden auch Ihre Francs in den Taschen des Stadtoberhauptes landen... Und trotzdem: Mindestens einmal muß man die legendären Mauern des Klosters und der Korsarenfestung einfach gesehen haben. Schon damit man selbst urteilen kann, was man ansonsten versäumt hätte – und darum demnächst vielleicht lieber die malerische Küstenroute zwischen Saint-Malo und **Dinard** ansteuert oder einen Spaziergang durch den sagenumwobenen Wald von **Brocéliande** im Süden der Region unternimmt. Genau in diesen Teil der Bretagne haben die Einheimischen die ursprünglich britische **Artuslegende** verlegt: Der noble König, der weise Zauberer Merlin, die edlen Ritter der Tafelrunde und die Fee Viviane – sie alle haben in den bretonischen Legenden einen Platz gefunden.

Bécherel

H2/H3

Cité du livre – Bücherstadt – wird Bécherel wegen des jeden ersten Sonntag im Monat stattfindenden Büchermarktes genannt. Im Mittelalter war der Ort auf dem 176 Meter hohen Hügel von Stadtmauern und Befestigungen umgeben, im 17. und 18. Jahrhundert gelangten die Einwohner von Bécherel durch die Herstellung von Leinen gar zu unerhofftem Reichtum. Damals hieß es, in dem Dorf würden die schönsten Leinenfäden Frankreichs gesponnen. Viele Granithäuser im historischen Zentrum stammen aus dieser Zeit, schlendern Sie zum Beispiel durch die Rue de la Beurrerie, die Rue de la Filanderie oder über die Place de l'Ancien Marché.

Sehenswertes

Château et Parc de Caradeuc
Das graue Schlößchen aus dem Besitz von Louis René, Marquis von Caradeuc de La Chalotais (1701 bis 1785), wirkt für sich allein gesehen wenig beeindruckend. Sein Garten jedoch, gestaltet vom berühmten Le Nôtre, wird in typisch französischer Übertreibung als »bretonisches Versailles« bezeichnet. Leider wurde die prächtige Grünanlage bei einem heftigen Sturm im Jahr 1987 stark beschädigt. Die Restaurierungsarbeiten dauern noch an.
Rte. de Médréac; Ostern–15. Sept. tgl. 8.30–12.30 und 13.30–20, 1. Nov.–Ostern Sa und So 14–18 Uhr; Eintritt 25 FF

Château de Montmuran
Die eindrucksvolle Burganlage inklusive Zugbrücke und Fallgatter stammt aus dem 12. bis 14. Jahrhundert. Der bretonische Nationalheld Du Guesclin erhielt hier 1354 den Ritterschlag, nachdem er bei Bécherel und Hédé die Engländer besiegt hatte. Später heiratete er in der Schloßkapelle in zweiter Ehe Jeanne de Laval.
Rte. de Tinténiac; Ostern–Allerheiligen tgl. 14–19, sonst Sa und So 14–18 Uhr

Einkaufen

Marché aux livres
Seit 1985 ist der jeweils am 1. Sonntag im Monat stattfindende Büchermarkt aus dem Stadtbild nicht mehr wegzudenken. Außerdem gibt es in Bécherel im Oktober – unter dem Motto »Lesezorn« – einen nationalen Büchermarkt, und zu Ostern lockt der Ort mit einem Bücherfest (→ 10x10, S. 16). 10x10

Service

Fremdenverkehrsamt
Syndicat d'Initiative
35190 Bécherel; Tel. 02 99 66 75 23; 15. Juni–15. Sept.

Bruz ■ I3

In dem ländlichen Dorf, das typisch ist für diesen Teil der Bretagne, ist neben dem unten beschriebenen Vogelpark vor allem die **Vieux Moulin du Boël** interessant, eine alte Mühle aus dem 17. Jahrhundert. Sie finden sie, wenn Sie die D 77 Richtung Süden nehmen, nach drei Kilometern rechts und dann wieder links abbiegen.

Sehenswertes

Parc Ornithologique de Bretagne
Rund 1000 mehr oder minder exotische Vögel spreizen hier ihr buntes Gefieder vor dem Besucher.
53, bd. Pasteur; 1. März–15. Nov. tgl. 10–12 und 14–19 Uhr; Eintritt 26 FF

Cancale ■ H1

Bei Ebbe werden die Austernparks sichtbar, die hinter den karibikblauen Wassern der Bucht von Cancale angelegt sind. Hier ernten die Einheimischen die delikaten Meeresfrüchte. Nahe dem Marktplatz des Dorfes beginnen die alten **sentiers des douaniers**, Zöllnerwege, an denen einst die Gesetzeshüter den Schmugglern auflauerten. Sie führen zu den malerischsten Buchten und Aussichtspunkten; auf den Holzbänken am Wegesrand haben Spaziergänger Liebesschwüre eingraviert. Im alten **Hafen** von Cancale werden den Spaziergängern Austern en masse angeboten. 8 DM kostet ein Dutzend der delikaten Schalentiere an den kleinen Ständen, von denen übrigens jeder fest in weiblicher Hand ist. »Weil die Männer früher stets auf See waren, kümmerten sich die Frauen schon immer um die Austernzucht«, heißt es bei den Einheimischen. Nachdem Austern weit mehr Geld einbrachten als Fisch, waren die Bretoninnen stets ein wenig emanzipierter als ihre Nachbarinnen, durften sich sogar schon in der »guten alten Zeit« ihren Angetrauten selbst aussuchen ... Weil das Dorf über verhältnismäßig wenige Hotelzimmer verfügt, läßt der Hochbetrieb der Mittagsstunden am Abend nach. Ein Spaziergang über die festlich erleuchtete Hafenpromenade ist dann besonders schön (→ 10x10, S. 8).

XL TOP 20

10x10

Sehenswertes

Pointe du Grouin
Herrlicher Aussichtspunkt zwischen Wildblumen mit Blick auf den Mont-Saint-Michel, die Chausey-Inseln und Cap Fréhel. Ein **Zöllnerweg** führt von hier aus sieben Kilometer nach Süden zur **Pointe de Hock** mit ihrer Aussicht auf den Fels von Cancale.
4,5 Kilometer nördlich von Cancale, zu erreichen über die D 201

Museen

Musée des Arts et Traditions Populaires
Heimatmuseum zum Thema Fischfang und Austernzucht. Auch historisches Mobiliar, **coiffes** und Trachten fehlen natürlich nicht.
Pl. St-Néen; Juli–Aug. tgl. außer Mo 10–12 und 14.30–18.30 Uhr, Juni Di, Do, Fr, Sa und So 14.30–18.30 Uhr, Sept. Fr, Sa und So 14.30–18.30 Uhr; Eintritt 15 FF

Musée des Bois Sculptés
Rund 300 Personen schnitzte der Abbé Quémerais aus Cancale (1879 bis 1955) im Laufe seines Lebens aus Eichenholz.
Rue de Bellevue; Juli–Aug. tgl. 10–12 und 14–18 Uhr; Eintritt 7,50 FF

Musée de l'Huître et du Coquillage
Die Zucht von Austern im Wandel der Zeit wird hier durch Ausstellungsstücke, Filme und Dias erläutert. Hübsche Muschelsammlung.
L'Aurore, rte. de la Corniche; Jan. geschl.; Eintritt 35 FF

Hotels und andere Unterkünfte

Château Richeux
Nachts erinnert das herrschaftliche Haus in der Bucht des Mont-Saint-Michel an Draculas Stammsitz, tagsüber scheint hier ein bretonisches Dornröschen zu Hause zu sein. Eine gewisse Madame Shaki errichtete das Schlößchen in den zwanziger Jahren. Heute haben die Roellingers hier ein Bistro und einige geschmackvolle Zimmer eingerichtet – sie tragen die Namen verschiedenster Gewürze. Versuchen Sie »Sternanis« zu buchen, – ein ehemaliges Badezimmer mit einem Mosaik aus 1001 Nacht (→ 10x10, S. 14).
10x10
Le Point-du-Jour im Vorort Saint-Méloir-des-Ondes, 7 km südöstlich von 35260 Cancale; Tel. 02 99 89 25 25, Fax 02 99 89 88 47; 13 Zimmer; Luxusklasse (AE, DC, EC, Visa)

Pointe du Grouin
Ruhige Zimmer mit Blick auf die Inseln und den Mont-Saint-Michel. Leider schlägt die Aussicht kostensteigernd aufs Budget!
Pointe du Grouin, 35260 Cancale; Tel. 02 99 89 60 55, Fax 02 99 89 92 22; 16 Zimmer; Restaurant tgl. außer Di 12–14 und 19–21 Uhr; im Okt. geschl.; Obere Preisklasse (EC, Visa)

Les Rimains
Feine Zimmer zwischen Rocher de Cancale und Fort des Rimains. Schöner Blick auf die Bucht von Mont-Saint-Michel, Garten (→ 10x10, S. 14).
10x10
Rue des Rimains, 35260 Cancale; Tel. 02 99 89 64 76, Fax 02 99 89 88 47; 6 Zimmer; Jan.–Feb. geschl.; Obere Preisklasse (AE, DC, EC, Visa)

Essen und Trinken

La Cancalaise
Crêpes in allen Varianten, ob mit Schinken, Käse oder – kurios – Wiener Würstchen. Viel einheimisches Publikum, kleine Preise.
3, rue de la Vallée-Porcon; Tel. 02 99 89 71 22; tgl. außer Mo 12–14 und 19–21.30 Uhr, in der Nebensaison Mo–Mi geschl.; Untere Preisklasse (EC, Visa)

Les Coquillages
»Wenn ich niemanden finde, der gut genug arbeitet, mache ich es einfach selbst« – so lautet die wohl wichtigste Devise von Olivier Roellinger, Frankreichs bestem Koch für Fisch und Meeresfrüchte. Weil eine gute Bäckerei in der Altstadt von Cancale ihre Pforten schließen mußte, installierte der Cuisinier neben seinem (prächtig ausgestatteten) Schloßhotel Château Richeux (→ S. 79) einfach eine Backstube – der bewährte Bäcker wurde natürlich prompt als »Brotconsultant« engagiert. Und weil es in Cancale kaum noch gute Bistros gibt, eröffnete der große Meister gleich selber eines: Im **Coquillages** servieren junge Leute in Seemannskleidung opulente Austernplatten, gefüllte Krabben, mariniertes Lamm aus der Bucht des Mont-Saint-Michel und Desserts nach Großmutterart zu erstaunlich niedrigen Preisen. Prachtstück der Karte ist ein hängend gegrillter Hummer, dem vor dem Grillen eine ordentliche Ladung flüssiger Butter injiziert wird – wegen der Spritzgefahr werden ungeübte Esser vor dem Griff zur Hummerzange vom Service mit einem Ganzkörperlätzchen versorgt. Gute Menüs in verschiedenen Preisklassen (→ 10x10, S. 15).
10x10
Château de Richeux, Point-du-Jour im Vorort Saint-Méloir-des-Ondes, 7 km südöstlich von Cancale; Tel. 02 99 89 64 76, Fax 02 99 89 88 47; tgl. außer Mo und Di mittags 12–14 und 19–22 Uhr; ab Untere Preisklasse (AE, DC, EC, Visa)

Maison du Bricourt
Frankreichs beste Adresse für Fisch und Meeresfrüchte: Ex-Chemiker Olivier Roellinger (→ Extra, Olivier Roellinger – der Meisterkoch aus der Bretagne, S. 254) serviert seinen Gästen Hummer mit Aromen der Gewürzinsel und andere maritime Köstlichkeiten der Extraklasse in einem alten Herrenhaus von 1760. Wer im Speisesaal mit Blick auf den Ententeich sitzt, ahnt meist nicht, daß der Patron direkt über der Gaststube geboren wurde und seine ganze Kindheit in diesem Haus verbrachte. Auch der Korsar Surcouf soll, weit vor Roellingers Zeiten, als Kind hier zu Gast gewesen sein. Übrigens: Die Herren in Weiß, die ab und zu durch den Garten sprinten, trainieren nicht etwa
Extra

für den nächsten Marathon, sondern holen einfach nur frische Hummer aus den Becken in die Küche (→ 10x10, S. 15).

10x10

1, rue Duguesclin; Tel. 02 99 89 64 76; tgl. außer Di und Mi und vom 15. Dez.–15. März 12–13.30 und 19–21.30 Uhr; Obere Preisklasse (AE, DC, EC, Visa)

Au Pied d'Cheval
In der gastfreundlichen Austernbar gibt es manchmal tatsächlich den seltenen **pied de cheval** (Pferdefuß) – eine besonders alte, handtellergroße Auster.
10, quai Gambetta; Tel. 02 99 89 60 86; tgl. außer Nov.–Ostern 9–20 Uhr; Mittlere Preisklasse (EC, Visa)

Einkaufen

Antiquitäten
Dumaine Antiquités
Hübsche, kleine und sehr persönliche Mischung bretonischer Antiquitäten aller Epochen und Stilrichtungen.
3, pl. Bricourt; Tel. 02 99 89 92 11

Lebensmittel
Daniel
Gute bretonische Austern. Spezialität sind die **huîtres plates** (flache Austern) mit leichtem Haselnußaroma; sie sind empfindlich und damit rarer und teurer als andere Sorten (ca. 16 DM/Kilo). Fest verschnürt können die Muscheltiere ein wenig reisen – besondere Hitze oder Kälte überstehen sie freilich nicht. Tip: Die vor dem Geschäft ausliegenden Austern können bei schleppender Nachfrage durchaus schon ein paar Stunden länger liegengeblieben sein. Bestehen Sie immer auf frischester Ware (→ 10x10, S. 17).

10x10

37, quai John-Kennedy

Service

Office du Tourisme
44, rue du Port, 35260 Cancale;
Tel. 02 99 89 63 72

Bootsverleih
Ein historisches Fischerboot (**bisquine**) können Sie mieten bei der **Association La Bisquine**; port de la Houle, rue des Bisquines; Tel. 02 99 89 77 87

Champeaux

I3

Die Stiftskirche der Adelsfamilie D'Espinay machte den kleinen Ort bekannt. Der Renaissancebau scheint im Vergleich zum Dorf viel zu groß und bedeutend geraten zu sein.

Sehenswertes

Château d'Epinay
Hübsches Renaissanceschloß (15. und 16. Jahrhundert). Die Hauptpforte ist mit diversen Skulpturen geschmückt. Leider ist der Bau derzeit nicht zur Besichtigung freigegeben.
2 km südlich des Dorfes

Collégiale
Genau wie die französischen Könige mit der Basilika von Saint-Denis ihre letzte Ruhestätte schufen, ließ auch Robert I. d'Espinay ein prunkvolles Grabmal für seine Familie errichten (14. bis 15. Jahrhundert). Die D'Espinays galten als wichtige Vasallen der Herzöge der Bretagne und später des französischen Königshauses. Zu den Schätzen des Prachtbaus gehören neben den Gräbern mit den **Liegefiguren** der Louise de Goulaine und Guy III. d'Espinay die herrlichen **Glasfenster**, die noch heute in leuchtenden Farben erstrahlen. Besonders beeindruckend sind die **Kreuzigung** und das **Martyrium der heiligen Barbara**. Auch der Altar aus dem 18. Jahrhundert ist bemerkenswert.
Pl. de la Collégiale

Châteaubourg

I3

Wer gerne ruhig und ländlich wohnt, ist in dem winzigen Dorf in der Umgebung von Vitré gut aufgehoben.

Hotel/Essen und Trinken

Ar Milin
Ruhige, ländliche Zimmer und guter Service gehören zu den Pluspunkten dieses Hauses. Spektakulär wirkt das rustikale Restaurant in der alten Mühle nebst Park: Rund um den Granitkamin werden französische Küchenklassiker aufgetischt, etwa Hecht und Zander mit Spargel, Kalbsbries und vieles mehr. Tip: Kommen Sie zwischen Montag und Freitag, am Wochenende sind die Preise wesentlich höher.
30, rue de Paris, 35220 Châteaubourg; Tel. 02 99 00 30 91, Fax 02 99 00 37 56; 30 Zimmer; Hotel Ende Dez.–Anfang Jan. geschl.; Mittlere bis Obere Preisklasse, Restaurant tgl. außer So abends und Nov.–März 12–14 und 19–21.30 Uhr; Untere bis Mittlere Preisklasse (AE, DC, EC, Visa)

Châteaugiron

I3

Das mittelalterliche Dorf mit Burg war im 17. Jahrhundert für sein Segeltuch berühmt. Aus der großen Zeit des Ortes sind einige Häuser auf der Rue de la Madeleine erhalten geblieben.

Sehenswertes

Château de Châteaugiron
Der 38 Meter hohe **donjon** aus dem 13. Jahrhundert gehört zu den imposantesten Resten der mehrfach belagerten Festung. Auch der **Uhrturm** (15. Jahrhundert) mit der 1660 gestifteten Glocke »Henriette« ist sehenswert.
Mai, Juni, Sept. So 14.30–17.30, Juli–Aug. 10.30–12 und 14.30–17.30 Uhr

Essen und Trinken

L'Aubergade
Traditionelle Küche aus guten Zutaten. Freundlicher Service.
2, rue Julien et Pierre Gourdel; Tel. 02 99 37 41 35; tgl. außer So und Mo abends 12–14 und 19–21 Uhr; Mittlere Preisklasse (AE, EC, Visa)

Combourg

H2

Das Dorf wurde in Frankreich durch Chateaubriands autobiographisches Werk »Mémoires d'outre-tombe« bekannt. Einen Teil seiner Jugend verbrachte der Dichter im hiesigen Schloß.

Sehenswertes

Château de Combourg
Die Anlage (13. bis 18. Jahrhundert) gleicht mehr einer massigen Burg als einem feudalen Schloß. Chateaubriands Kinderzimmer lag in der **Tour du Chat** (Katzenturm). Einer der mittelalterlichen Schloßherren soll hier in Form einer schwarzen Katze durch die Nacht geistern und erschreckte angeblich auch den – damals achtjährigen – zukünftigen Schriftsteller. Makaber: Bei Renovierungsarbeiten 1875 wurde hier tatsächlich eine eingemauerte Katze entdeckt. Chateaubriand empfand das Schloß als trostlos, verlassen und finster, trotzdem erinnern die Säle (schönes Mobiliar aus dem 16. bis 19. Jahrhundert) vor allen Dingen an sein Leben und Werk.
23, rue des Princes; Schloß April–Ende Sept. tgl. außer Di 14–17.30, Okt. 14–16.30 Uhr; Park tgl. April–Ende Sept. 9–12 und 14–17.30, Okt. 9–12 und 14–16.30 Uhr

Hotel/Essen und Trinken

Le Lac
Gute, einfache Unterkunft zu vernünftigen Preisen.
2, pl. Chateaubriand, 35270 Combourg; Tel. 02 99 73 05 65, Fax 02 99 79 23 34; 28 Zimmer; Hotel im Nov. geschl., Restaurant tgl. außer Fr und So abends und Okt.–März 12–14 und 19–21.30 Uhr; Mittlere Preisklasse (AE, EC, Visa)

Service

Office de Tourisme
Conciergerie; Tel. 02 99 73 22 95

Dinard

■ H1

Das Nizza des Nordens – so nannte man Dinard Mitte des 19. Jahrhunderts. Ein vermögender Amerikaner namens Coppinger soll sich in dem einstigen Fischerdorf als erster eine repräsentative Villa zugelegt haben. Englische Gäste schufen 1879 den ersten Tennisclub Frankreichs, ab 1888 durfte auch ein Golfplatz nicht mehr fehlen. Damals trafen sich in Dinard die Reichen und die Schönen: Kaiser Wilhelm, der Schriftsteller Ernest Renan, Lawrence von Arabien und zahllose Adlige waren hier zu Gast. Erst in den dreißiger Jahren zog es die Engländer dann an die Côte d'Azur, und mit Dinard ging es langsam aber sicher bergab. Heute ist der einst so noble Strand, die **Plage de l'Ecluse**, zwar wieder ein populärer Treff, umgeben von Bars, Eisdielen und Würstchenbuden. Doch an den Glanz von einst erinnern nur das **Casino** und einige phantasievolle Belle-Époque-Bauten (→ 10x10, S. 9).

XL TOP 20

10x10

Sehenswertes

Grande Plage de l'Ecluse
Feinsandiger Strand mit breiter Promenade und bester Sicht auf Segler und Surfer. Im Osten überragt die **Pointe du Moulinet** den Strand; von hier aus blickt man auf Saint-Malo und Cap Fréhel.

Promenade de Clair de Lune
Wie wär's mit einem »Mondlicht-Spaziergang« im Osten des Ortes? Dabei genießen Sie eine hübsche Aussicht auf die Rancemündung; die **Plage du Prieuré**, der Strand der Priorei, schließt den Weg ab.

Museen

Aquarium/Musée de la Mer
Die 24 Aquarien direkt bei der Promenade de Clair de Lune präsentieren die Meeresfauna der Bretagne. Außerdem sind Erinnerungsstücke an Kommandant Charcot zu sehen, der mehrere Polarexpeditionen unternahm.
17, av. George V; Mo–Fr 10.30–12.30 und 15.30–19.30, 14. Mai–15. Sept. auch So und feiertags 14.30–19.30 Uhr; Eintritt 15 FF

Musée du Pays de Dinard
Souvenirs, Souvenirs: Dieses Museum ist dem Dinard der Belle Époque gewidmet. In der **Villa Eugénie**, benannt nach der Kaiserin, die die Badesaison 1868 eröffnete, sieht man, wie die Reichen von damals lebten.
15. April–31. Okt. tgl. 14–18 Uhr; Eintritt 15 FF

Hotels/Essen und Trinken

Grand Hôtel
Recht luxuriöses Haus nahe Strand und Casino. Gutausgestatte Zimmer, teilweise mit Blick auf die Bucht von Saint-Servan. Schwimmbad und Restaurant.
46, av. George V., 35800 Dinard; Tel. 02 99 88 26 26, Fax 02 99 88 26 27; 63 Zimmer; 15. Okt.–30. März geschl.; Obere Preisklasse (AE, DC, EC, Visa)

The Laurel Tree
Freundliches, ruhig gelegenes »Guesthouse«. Nicht zu teuer und »very british«.
41, bd. de la Houle; Saint-Briac-sur-Mer, 35800 Dinard; Tel. 02 99 88 01 93; 5 Zimmer; Mittlere Preisklasse

Reine Hortense
Belle-Époque-Hotel mit Aussicht auf den Strand und Saint-Malo. Prachtvolle Halle im Stil der Jahrhundertwende.
19, rue de la Malouine, 35800 Dinard; Tel. 02 99 46 54 31, Fax 02 99 88 15 88; 12 Zimmer; Mitte Nov.–Ende März geschl.; Obere Preisklasse bis Luxusklasse (AE, DC, EC, Visa)

Service

Office du Tourisme
2, bd. Féart, 35800 Dinard;
Tel. 02 99 46 94 12

Bahnhof
Gare S.N.C.F; 31bis, bd. Féart;
Tel. 02 99 46 10 04

Flughafen
Aéroport de Dinard-Pleurtuit;
Tel. 02 99 46 18 46
Jersey Airways; Tel. 02 99 46 22 81

Schiffsausflüge
Emeraude Lines; Tel. 02 99 46 10 45
Baie de Saint-Malo, Cap Fréhel, Iles Chausey, Ile de Cézembre, Pointe du Grouin, Ile des Landes; Promenade sur la Rance bis Dinan; April–Okt.; Fahrpreis 120 FF, Kinder 70 FF
Dinard – Saint-Malo – Dinard; 6. April–22. Sept. 9.30–23 Uhr; Fahrpreis 30 FF, Kinder 20 FF

Taxi
Richtung Saint-Briac, Saint-Lunaire oder Saint-Malo; Tel. 02 99 31 34 31

Dol-de-Bretagne ■ H2

Der Legende nach wurde Dol im 6. Jahrhundert von Saint-Samson gegründet: Dem Heiligen fiel die Aufgabe zu, Frau und Tochter eines Adligen zu heilen – der Ortsname soll an ihre Schmerzen (**douleur**) erinnern. Unter König Nominoë wurde der kleine Ort eine Art religiöse Hauptstadt der Bretagne. Bis zum 18. Jahrhundert wählten 80 Bischöfe das bretonische Dol zum Amtssitz – und auch heute noch ist die Stadt auf ihre imposante **Kathedrale** stolz.

Sehenswertes

Menhir du Champ-Dolent
Der rund 9,5 Meter hohe Menhir ist einer der höchsten der Bretagne und verfügt selbstverständlich über seine eigene Legende: Während einer blutigen Schlacht soll er vom Himmel gefallen sein, um die streitenden Lager zu trennen. Seitdem versinkt er pro Jahrhundert angeblich um eine Daumenlänge im Boden – und wenn der Stein ganz in der Erde verschwunden ist, schlägt der Tag des Jüngsten Gerichts...
An der D 795 in Richtung Combourg

Mont-Dol
Bereits vor den Bischöfen galt Dol als heiliger Ort. Rund um den Granitfelsen von 65 Meter Höhe sollen in dunkler Vorzeit die Druiden ihre Rituale abgehalten haben. Damals war der Mont-Dol eine Insel, heute lockt die schöne Aussicht.

Nach einer alten Legende hat hier Saint-Michel gegen den Satan gekämpft. Die Sage nennt auch »Beweise« der Auseinandersetzung: Sowohl die Klauen des Dämons als auch Spuren des Schwertes von Saint-Michel sollen sich tief in den Fels gegraben haben. Ein Abdruck im Gestein soll vom Fuße des Heiligen stammen, der mit einem gewaltigen Sprung seinen Rivalen bis zum Mont-Saint-Michel verfolgte.
Rte. du Vivier-sur-Mer, 3 km nordöstlich von Dol

Saint-Samson
Streng und solide wie eine Burg wirkt die vom 13. bis zum 16. Jahrhundert errichtete Kathedrale. Beim Anblick des 93 Meter langen, 20 Meter hohen Innenraums merkt der Besucher auch heute noch, wie bedeutend das winzige Dol als Bischofsstadt einst war.

Sehenswert sind das **Chorgestühl** (14. Jahrhundert) mit seinen 77 Sitzen sowie das große **Chorfenster** aus dem 13. Jahrhundert, das älteste der Bretagne – es erzählt Episoden aus dem Leben von Saint-Samson, von Abraham, der heiligen Margarita und der heiligen Katharina.
Führungen Juli–Aug. tgl. 10–12 und 14–18 Uhr, außerhalb der Saison keine Führungen

Museen

Musée Historique – Trésorerie
Heimatmuseum mit Wachsfiguren, historischen Waffen, Fayencen und Skulpturen aus dem 13. bis 19. Jahrhundert.
4, pl. de la Trésorerie; Mai–Ende Okt. tgl. 9.30–18, März–April 9.30–12 und 14–18 Uhr, Nov.–Feb. geschl.; Eintritt 20 FF

Musée des Trésors du Mariage Ancien
Hier kann man Kopien traditioneller bretonischer Hochzeitskleider bewundern.
Beim Mont-Dol, 3 km nordöstlich von Dol; Ostern–Sept. tgl. 10–19 Uhr; Eintritt 17 FF

Essen und Trinken

La Bresche Arthur
Sympathisches Lokal mit guter Küche und günstigen Menüs. Im Vergleich dazu sind die À-la-carte-Gerichte sehr teuer.
36, boul. Derminiac; Tel. 02 99 48 01 44; tgl. außer So abends und Mo 12–14 und 19–21.30 Uhr; Mittlere Preisklasse (AE, EC, Visa)

Service

Fremdenverkehrsamt
Syndicat d'Initiative
3, grande rue des Stuarts; Tel. 02 99 48 15 37

Fougères

K 2

Majestätisch erheben sich die Türme und Zinnen des Schlosses über der Altstadt. Fast scheint es, als wären die letzten Ritter gerade erst ausgezogen und hätten das Gebäude schlüsselfertig den Besuchern der umliegenden Caféterrassen übergeben… Der Ort lag einst an der bretonisch-französischen Grenze und war schon deshalb eine strategisch wichtige Befestigung. Vom 13. bis zum 16. Jahrhundert lebte Fougères von der Weberei. Im 19. Jahrhundert wurde der Ort schließlich zum Modezentrum des französischen Damenschuhs: Um 1870 kamen die ersten Nähmaschinen nach Fougères, angeblich führte ein Industrieller namens Hyacinthe Cordier die neue Technologie in der Bretagne ein. Binnen 20 Jahren ließen sich daraufhin rund 30 Schuhfirmen in dem kleinen Dorf nieder. Bis zur Jahrhundertwende verdoppelte sich die Bevölkerung. Doch bereits nach dem Ersten Weltkrieg ging es mit der Schuhindustrie von Fougères langsam bergab. Heute widerstehen nurmehr wenige Firmen der ausländischen Konkurrenz – und selbst in Frankreich kennt kaum noch jemand die Qualitätsschuhe »Made in Bretagne« (→ 10x10, S. 8). 10x10

Sehenswertes

Beffroi
Der achteckige Turm (1397) überragt Altstadt und Stadtmauer. Die Glocke des Belfrieds warnte die Bürger von Fougères über Jahrhunderte hinweg vor Gefahren.

Château de Fougères
XL TOP 20
Raoul II., ein gefürchteter bretonischer Baron, erlitt hier im 12. Jahrhundert eine fürchterliche Niederlage. Heinrich II. Plantagenet, Herzog der Normandie und König von England, belagerte Fougères drei Monate lang und ließ die Festung anschließend schleifen. Doch Raoul gab nicht auf und begann, kaum waren die Belagerer abgezogen, mit dem Aufbau einer neuen, noch wehrhafteren Anlage. Im 13. Jahrhundert gelangte die Burg durch Heirat in den Besitz der Familie Lusignan, die sich rühmte, direkt von der Fee Mélusine abzustammen. Sie fügten einen besonders prächtigen Turm im Westteil der Burg hinzu, den sie nach der »Familiengründerin« **Mélusine** (schöner Blick) benannten. Insgesamt schützen 13 Türme und

solide Festungsmauern das romantische Château – die solidesten Mauerteile sind stolze sieben Meter dick, um selbst feindlichem Artilleriefeuer widerstehen zu können. Die Tour Mélusine hingegen verfügt »nur« über die halbe Mauerstärke. Sogar der Schloßgraben ist ein kleines Meisterwerk mittelalterlicher Strategen: Für stetige Wasserzufuhr wurde der Fluß Nancon umgeleitet. Kein Wunder, daß selbst Lawrence von Arabien von der Anlage begeistert war. »Nirgends gibt es eine schönere Fassade«, sagte er.

Übrigens: Die **Tour Raoul** beherbergt ein kleines Schuhmuseum.
Pl. Saint-Symon; Juni–Sept. tgl. 9–19 Uhr

Forêt de Fougères
Der Wald von Fougères wird von zahlreichen gutausgeschilderten Wanderwegen durchzogen. Wer den blauen Markierungen folgt, gelangt zum See von Saint-François, die gelben Zeichen führen durch den Wald zu einem kleinen Fluß. Beim **Carrefour de Chennedet** kann man einige Menhire entdecken.

Jahrhundertelang eine der größten Wehranlagen in Europa: Das Château de Fougères ist weit über die Landesgrenzen hinaus bekannt. Elf Türme krönen mehr als 30 Meter hohe Mauern.

Jardin Public
Der Stadtgarten von Fougères liegt bei der Kirche Saint-Léonard. Rund um die Grünanlage erstreckte sich früher das Viertel der Stoffärber.

Marché aux Bovins de l'Aumaillerie
Riesiger Rindermarkt für Frühaufsteher. Bevor der Rinderwahnsinn in die Schlagzeilen kam, wurden hier an einem »guten« Freitag um die 10 000 Tiere gehandelt.
Rte. d'Alençon; Fr 5.30–10.30 Uhr

Nouvelle Cristallerie de Haute Bretagne
Die Glasbläserei setzt eine uralte regionale Tradition fort. Bereits im 17. Jahrhundert öffnete in Fougères die erste Glashütte ihre Pforten. Neben Wein- und anderen Gläsern werden hier auch

kunstvolle Flakons für exklusive Parfums produziert.
17, rue du Chêne Vert;
Tel. 02 99 94 46 46; Besichtigung Mo–Fr vormittags, nur nach vorheriger Anmeldung

Rue Nationale

Die Fußgängerzone im historischen Zentrum prunkt mit vielen noblen Häusern aus dem 18. Jahrhundert. Besonders sehenswert sind das **Hôtel Danjou de la Garenne** mit Skulpturen des Künstlers Jean-Baptiste Barré aus Rennes sowie das **Musée Villéon**.

Saint-Léonard

In dieser Kirche aus dem 15. bis 17. Jahrhundert sollten Sie zunächst einen Blick auf die Fenster aus dem 16. Jahrhundert werfen und anschließend den Aufstieg auf den Turm wagen: Der Ausblick ist einfach umwerfend.

Sonnenstrahlen kämpfen sich mühsam durch die Zweige, ein Rauschen liegt in der Luft – der idyllische Forêt de Fougères ist wie geschaffen für aktive Entspannung.

Saint-Sulpice

Die gotische Kirche (15. bis 18. Jahrhundert) befindet sich in direkter Nachbarschaft der Burg. Sehenswert sind die beiden steinernen **Retabel** und die heute noch verehrte und angeblich wundertätige Holzstatue der **Notre-Dame-des-Marais**.
Rue le Bouteiller; tgl. 8–20 Uhr

Museum

Musée Emmanuel de La Villéon

Die drei Töchter des Landschaftsmalers La Villéon (1858 bis 1944) schufen dieses Museum mit rund 100 Gemälden, Zeichnungen und Aquarellen. Es ermöglicht dem Besucher einen hervorragenden Überblick über das Schaffen des Impressionisten – von seinem ersten, mit 17 Jahren gemalten Bild bis zu seinem letzten, von dem er selbst sagte, daß er es noch etwas verbessern wolle, »sobald es mir wieder besser geht«.
51, rue Nationale; 15. Juni–15. Sept. 9.30–12 und 14–18 Uhr; Eintritt frei

Hotel/Essen und Trinken

Les Voyageurs
Einfaches, nicht zu teures und gutgeführtes Hotel mit angeschlossenem Restaurant. Die Zimmer zur Straßenseite sind ein wenig laut.
10, pl. Gambetta, 35300 Fougères;
Tel. 02 99 99 14 17, Fax 02 99 99 99 04;
Hotel 21. Dez.–2. Jan. geschl.; Restaurant in der Saison tgl. geöffnet, sonst Sa geschl.; Mittlere Preisklasse (AE, DC, EC, Visa)

Essen und Trinken

Le Haute Sève
Freundliches Lokal mit guten Fischgerichten. Das Mittagsmenü ist günstig, am Wochenende ziehen die Preise jedoch ein wenig an. Nette Geste: Auch Kindermenüs sind im Angebot.
37, bd. Jean Jaurès; Tel. 02 99 94 23 39;
So abends, Mo, 1.–15. Jan. und 25. Juli–15. Aug. geschl.; Mittlere Preisklasse (AE, EC, Visa)

Service

Office du Tourisme
1, pl. Aristide-Briand; 35300 Fougères;
Tel. 02 99 94 12 20, Fax 02 99 99 42 41

Hédé

■ H 3

Falls Sie die Bretagne mit dem Hausboot durchqueren möchten, ist Hédé fast eine Pflichtstation. Die **Promenade der elf Schleusen**, von Hédé bis Les Iffs, gilt unter Hobby-Seefahrern als »Muß«. Die Schleusen überbrücken einen Höhenunterschied von 27 Metern. Jede einzelne wird nach wie vor von Hand betrieben.

Iles Chausey

■ H 1

Von Saint-Malo, Cancale oder Granville aus kann man auf die Inseln Chausey übersetzen. Hier befanden sich einst die Steinbrüche, aus denen das Material für den Mont-Saint-Michel, die Mauern von Saint-Malo oder die Quais von London stammt. Gerade mal zehn Personen leben heute das ganze Jahr über auf Chausey, dessen malerische Lage zwischen 52 winzigen Inselchen freilich weit mehr Touristen anzieht.

Kein Geheimtip mehr: die pittoresken Iles Chausey im »Inselgewirr« vor Saint-Malo.

Fangfrische Austern kann man in fast jedem Hafenort der Bretagne genießen.

Hotel

Hôtel du Fort et des Iles
Minimalkomfort, aber das mit Charme: ruhig gelegene Gästezimmer mit Garten und Blick auf die Insellandschaft.
La Ville, 50400 Iles Chausey;
Tel. 02 33 50 25 02; 8 Zimmer; Sept.–April geschl.; Mittlere Preisklasse (keine Kreditkarten)

La Guerche-de-Bretagne

K 4

Seit dem Jahr 1000 diente La Guerche als Festung. Der berühmte Ritter Du Guesclin kaufte 1379 gleich den ganzen Ort. Heute gilt La Guerche als dynamisches Städtchen: Auf dem wöchentlich stattfindenden **Markt** trifft sich die gesamte Region.

Sehenswertes

Notre-Dame
Sehenswert in dieser Kirche aus dem 16. bis 19. Jahrhundert sind die Glasfenster mit einer Vielzahl von religiösen Motiven (16. Jahrhundert).

Roche-Aux-Fées
Der »Feenfelsen« gehört zu den imposantesten Megalithbauten der Bretagne: 19,5 Meter lang, sechs Meter breit und vier Meter hoch, besteht der Dolmen aus nicht weniger als 41 Steinblöcken. Die sechs schwersten wiegen zwischen 40 und 45 Tonnen! Der Volksmund überliefert, daß Feen die schweren Brocken in ihrem Schleier transportiert haben.
Rte. Essé-Retiers, Richtung Le Theil

Einkaufen

Markt
Le Marché Hebdomadaire
Seit 1121 werden jeden Dienstag die Gassen im Zentrum rund ums Rathaus zum Markt. Zu den vielen Produkten vom Bauernhof, die hier angeboten werden, gehören auch lebende Ferkel.
Di 8–15 Uhr

Service

Fremdenverkehrsamt
Syndicat d'Initiative
Im Rathaus, pl. Charles-de-Gaulle,
La Guerche-de-Bretagne; Tel. 02 99 96 30 78

La Richardais

H 2

Der kleine Flecken mit nur 1800 Einwohnern wäre kaum eine Erwähnung wert, gäbe es hier nicht das Gezeitenkraftwerk der Rancemündung. Für den Unkundigen ähnelt das Bauwerk aus der Besucherperspektive zwar nur einer ziemlich tief liegenden Brücke, trotzdem ist die **Usine Marémotrice** nach offiziellen Statistiken eine der beliebtesten Sehenswürdigkeiten der Region.

Sehenswertes

Usine Marémotrice de la Rance
Das Anfang der sechziger Jahre konstruierte Kraftwerk greift das 700 Jahre alte Prinzip der Gezeitenmühlen auf: Per Tidenhub (der hier nicht weniger als 13,5 Meter beträgt!) wird Energie erzeugt. Die Usine Marémotrice arbeitet sowohl mit dem bei Ebbe abfließenden als auch mit dem bei Flut einströmenden Wasser und erzeugt so 550 Millionen Kilowattstunden pro Jahr, was in etwa dem Strombedarf der Stadt Rennes entspricht. Zur Anlage gehört ein Damm von 750 Metern Länge zwischen der Pointe de Briantais und der Pointe de la Brebis sowie ein 390 Meter langer Maschinensaal (Zugang bei der Schleuse), der für Besucher geöffnet ist (→ 10x10, S. 10).
10x10
Besichtigung Mo–Fr 8.30–20 Uhr

Montfort-sur-Meu

H3

Raoul I. gründete das Dorf 1091, als er hier eine Burg mit Namen Montfort errichtete. Heute lebt der Ort vom Tourismus und von der Landwirtschaft.

Museum

Tour de Papegaut – Ecomusée du Pays de Montfort
Im Folkloremuseum im vierstöckigen Papegaut-Turm aus dem 14. Jahrhundert stehen Bauerntrachten, Darstellungen des mittelalterlichen Montfort und die obligaten **coiffes** (Hauben) der Region auf dem Programm. Regelmäßig werden neue Stücke in die Sammlung aufgenommen, zahlreiche Themenausstellungen zur regionalen Geschichte machen den alten Turm auch für Bretonen interessant.
2, rue du Château; Juli–Sept. tgl. 10–12 und 14–18, So 14–18 Uhr; Eintritt 25 FF

Mont-Saint-Michel

I1

Detailplan → S. 93

XL TOP 20

Rechts verkauft ein Grüppchen junger Leute Softdrinks zu Preisen, als wäre in Frankreich gerade eine Cola-Prohibition ausgebrochen. Links lockt ein Stand Ihre Kinder mit Ritterrüstungen aus Plastik an. Vorn schreit Ihnen jemand zu, Sie sollten gefälligst das Wachsfigurenmuseum besuchen. Und rundum bringt **La Mère Poulard** Eßbares an den Mann und die Frau. Die mit einem simplen Omelette bekannt gewordene Auberge verkauft Hotelzimmer, Kekse, Kuchen, Kaffee und ein Rundum-Schnellmenü mit einem Omelette für 30 DM...

Nein, dies ist kein Freizeitpark und keine Kirmes. Dies ist der Mont-Saint-Michel, vom Ursprung her eigentlich eine Klosteranlage. Ein guter Rat: Vermeiden Sie die Hauptstraße und weichen Sie lieber auf die erste Treppe links aus. Sie führt direkt hoch zum Kloster – und weil die Stufen recht steil sind, wird es hier schon nach ein paar Metern wesentlich stiller.

Der Sage nach soll der Erzengel Michael im Jahr 708 dem Bischof von Avranches, Aubert, befohlen haben, eine Kiche auf dem Mont-Tombe zu errichten. Damals stand der 80 Meter hohe Granitfelsen wohl noch inmitten eines Waldes. Obwohl zuerst nur eine schlichte Kapelle errichtet wurde, zog der Berg bald Horden von Pilgern an. Benediktinermönche vergrößerten und verschönerten das Kloster permanent: Granitblöcke aus der Bretagne und von den Chausey-Inseln wurden hierher verschifft, präzise in Form gehauen und unter ungeheuren Anstrengungen auf den Gipfel geschafft. Das **Scriptorium**, die Klosterbibliothek, galt mit seinen zahlreichen Werken schon im 12. Jahrhundert als intellektuelles Zentrum. Vom 13. bis zum 16. Jahrhundert entstand die gotische **Abteikirche**. König Philippe-Auguste unterstützte die

Bauarbeiten mit einer großzügigen Finanzspritze, nachdem einige seiner Soldaten 1204 einen Brand gelegt hatten, der einen Teil der romanischen Anlagen unwiederbringlich vernichtete. Bereits zu dieser Zeit lebten die Bewohner des Mont-Saint-Michel sozusagen vom Tourismus, vermieteten Zimmer an Pilger und verkauften Sand aus der Bucht als Souvenir. Die Überfahrt per Boot war jedoch nicht immer ungefährlich: Zahlreiche Besucher ertranken kläglich in den Fluten. Noch bevor die Konstruktion der Anlage vollendet war, begann der Niedergang des Klosterlebens. Als letzter »Rettungsversuch« sollten im 17. Jahrhundert Mönche aus Saint-Maur das Kloster reformieren – vergebens. Zu Revolutionszeiten wurde die ehrwürdige Abtei schließlich sogar zum Gefängnis umgewandelt. Erst seit 1874 steht der Bau unter Denkmalschutz. Viollet-le-Duc, der auch Notre-Dame in Paris erneuerte, restaurierte den Mont-Saint-Michel und gab ihm seinen früheren Glanz zurück. Die 32 Meter hohe **Turmspitze von Frémiet**, mit 160 Metern über dem Meeresspiegel höchster Punkt des Berges, wurde 1897 aufgesetzt. Heute besuchen alljährlich rund zwei Millionen Menschen das Kloster. Seit 1969 können die Besucher der Abtei dabei auch wieder auf einige wenige Mönche treffen. Momentan ist die Bucht des Mont-Saint-Michel akut von Versandung bedroht: Rund eine Million Kubikmeter Sedimente lagert das Meer pro Jahr hier ab, einige Wissenschaftler schätzen, daß der Klosterberg im schlimmsten Fall bald wieder auf dem Festland liegen könnte. Als »Gegenmittel« soll der Straßendamm von 1877 durch eine Bahn oder einen Tunnel ersetzt werden – damit das Meer wieder frei um die Insel fließen kann. Trotz der fortdauernden Versandung sollten Sie die Kraft der Gezeiten nicht unterschätzen: Laut einem Sprichwort steigt die Flut hier »mit der Geschwindigkeit eines galoppierenden Pferdes«. Unterlassen Sie deshalb lieber größere Wattwanderungen.

Atemberaubend – und fast unwirklich schön: Mont-Saint-Michel, die »Pyramide der Meere«.

Sehenswertes

Abbatiale

Besonders gegen Abend bietet die lichtumflutete Abtei einen grandiosen Anblick: Die Kirche mit ihrem Respekt einflößenden gotischen Chor ruht auf drei Krypten – durch sie konnten die alten Baumeister die Lage am Hang ausgleichen. Eine Maßnahme, die unter anderem dadurch erforderlich wurde, daß die Benediktiner hier mit den Maßen spielten: Ihre Kirche sollte in der Länge möglichst genau der Höhe des Berges entsprechen (80 Meter).

Dem **Kreuzgang** mit seinem winzigen Garten sieht man noch heute an, daß er einst ein Ort von Frieden und Besinnung war. Ein Relief aus Rosetten und Ranken ziert die Arkaden aus Caen-Stein. Nebenan liegt die sogenannte **Merveille** (Herrlichkeit): Das Meisterwerk der Gotik (1211 bis 1228) besteht aus sechs Sälen auf drei Etagen; im Westflügel liegen der Keller, einst Nahrungslager, die **Salle des Chevaliers** (Rittersaal) mit den imponierenden Ausmaßen von 26 mal 18 Metern und der erwähnte Kreuzgang. Der Ostflügel gilt als Synonym der mittelalterlichen Ständegesellschaft: **Aumônerie** (Almosensaal), **Salle des Hôtes** (Gästesaal – in dem 35 Meter langen Raum empfing der Abt unter anderem Ludwig XI. und Franz I.) und das **Refektorium** der Mönche stehen für die Ordnung »Volk–Adel–Klerus«. Auch die Zeit, als die Abtei als Gefängnis genutzt wurde, hat ihre Spuren hinterlassen: Der **Monte-Charge**, eine Art Aufzug, konnte bis zu sechs Gefangene als »Motor« mißbrauchen: Sie verbüßten ihre Strafe wie Hamster im Laufrad.

Nicht versäumen sollten Sie einen Besuch des hübschen **Klostergartens** und der Kapelle **Saint-Aubert** **10x10**
(→ 10x10, S.11).

1. Jan–Palmsonntag tgl. 10–12 und 14–16.30 Uhr, Palmsonntag–15. Juni 9.30–12 und 14–17, 16. Juni–10. Sept. 9.30–18, 1. Okt.–31. Dez. 10–12 und 14–16.30 Uhr; Eintritt frei

Wunderwerk der Architektur: Der Kreuzgang des Klosters schließt – quasi als Krönung – die drei Stockwerke hohe Konstruktion am Hang ab.

Hotels und andere Unterkünfte

La Mère Poulard
Die hohen Preise lassen sich nur mit dem bekannten Namen von Mutter Poulard erklären; etwas abgewohnte Zimmer, aber höchst zentrale Lage.
Rue Principale, 50170 Mont-Saint-Michel; Tel. 02 33 60 14 01, Fax 02 33 48 52 31; 27 Zimmer; ganzjährig geöffnet; Obere Preisklasse (AE, DC, EC, Visa)

Le Motel Vert
Sehr einfaches Haus in der Nähe der Auffahrt zum Damm. Wegen der Entfernung zum Klosterberg sind die Preise halbwegs vernünftig geblieben.
Rte. du Mont-Saint-Michel, B.P 8, 50170 Mont-Saint-Michel; Tel. 02 33 60 09 33, Fax 02 33 68 22 09; 38 Zimmer; 11. Nov.–Feb. geschl.; Mittlere Preisklasse (AE, DC, EC, Visa)

Le Mouton Blanc
Der »Weiße Hammel« bietet einfache, aber für die Lage vergleichsweise günstige Zimmer. Zwei Restaurants – eines davon in einem hübschen Haus aus dem 14. Jahrhundert – verpflegen die Gäste routiniert für wenig Geld.
Rue Principale, 50170 Mont-Saint-Michel; Tel. 02 33 60 14 08, Fax 02 33 60 05 62; 26 Zimmer; Nov.–Dez. geschl.; Mittlere Preisklasse (AE, DC, EC, Visa)

Le Relais du Roy
Ordentliche, aber nicht allzu preiswerte Zimmer am Weg zum »heiligen Berg«. Ausflügler sollten etwa zwei Kilometer Fußmarsch einplanen.
Rte. de Pontorson, 50170 Mont-Saint-Michel; Tel. 02 33 60 14 25, Fax 02 33 60 37 69; 27 Zimmer; 1. Dez.–Ende März geschl.; Mittlere Preisklasse (AE, DC, EC, Visa)

Saint-Pierre
Denkmalgeschütztes Haus aus dem 15. Jahrhundert mit hübschen Zimmern. Mitten in der historischen Altstadt.
Rue Principale, 50170 Mont-Saint-Michel; Tel. 02 33 60 14 03, Fax 02 33 48 59 82; 21 Zimmer; Dez.–Jan. geschl.; Obere Preisklasse (AE, DC, EC, Visa)

Les Terrasses de la Mère Poulard
Eine Herberge der besseren Art mit höchst touristischer Atmosphäre und recht gutem Service; nur die Zimmer fallen für das Geld ein wenig zu klein aus.
Rue Principale, 50170 Mont-Saint-Michel; Tel. 02 33 60 14 09, Fax 02 33 60 37 31; 29 Zimmer; ganzjährig geöffnet; Obere Preisklasse (AE, DC, EC, Visa)

Essen und Trinken

La Mère Poulard
Eine Attraktion für sich: Seit Annette Poulard im Jahr 1875 ihre Gäste zum ersten Mal mit simplen Omelettes stärkte, hat sich das Haus zum wahren Tempel des Eierfladens entwickelt: Ausschnitte namhafter Zeitungen zieren die Front, selbst intellektuelle Blätter aus Deutschland rühmen Mutter Poulards Omelette als das beste der Welt. Das ist natürlich maßlos übertrieben – eher möchte man ihr den Preis für das teuerste Omelette zusprechen. Aber es ist nun mal etwas Besonderes, in ein Lokal zu pilgern, wo schon für François Mitterrand, Marcel Pagnol, Georges Clemenceau, Rita Hayworth und Maurice Chevalier aufgetischt wurde.
Tip: Belassen Sie es wirklich beim dreigängigen **Omelette-Menü** – alle anderen Speisefolgen sind maßlos überteuert.
Rue Principale; Tel. 02 33 60 14 01; tgl. 11–22.30 Uhr; Mittlere Preisklasse (AE, DC, EC, Visa)

Le Saint-Pierre
Das Restaurant ist hübsch rustikal, nur die Speisekarte verläßt sich auf die Touristenroutine, vom Lammkotelett bis zum Crêpe: Falls Sie hier essen möchten, sollten Sie unbedingt das günstige Menü wählen. Feinschmeckerische Versprechen löst die Küche nämlich nicht ein.
Rue Principale; Tel. 02 33 60 14 03; tgl. 12–14 und 18–22.30 Uhr, Dez.–Jan. geschl.; Mittlere Preisklasse (AE, DC, EC, Visa)

Les Terrasses de la Mère Poulard
Mit dem Namen von Madame Poulard läßt sich auch hier gutes Geld verdienen; übrigens ganz im Sinne der legendären Dame, die schon zur Jahrhundertwende

für ihren Geschäftssinn berühmt war. Nach den Hotels und dem Stammhaus hier also die **Brasserie**, die konventionelle Gerichte zu recht hohen Preisen anbietet – aber trotzdem beliebt ist.
Rue Principale; Tel. 02 33 60 14 09; tgl. 12–22.30 Uhr; Mittlere Preisklasse (AE, DC, EC, Visa)

Service

Office du Tourisme

Corps de Garde des Bourgeois, bd. Avancil; Tel. 02 33 60 14 30; tgl. geöffnet

Ausflüge

Mit dem Flugzeug über den Mont
Val-Saint-Père; Tel. 02 33 48 67 48 oder 02 33 58 02 91

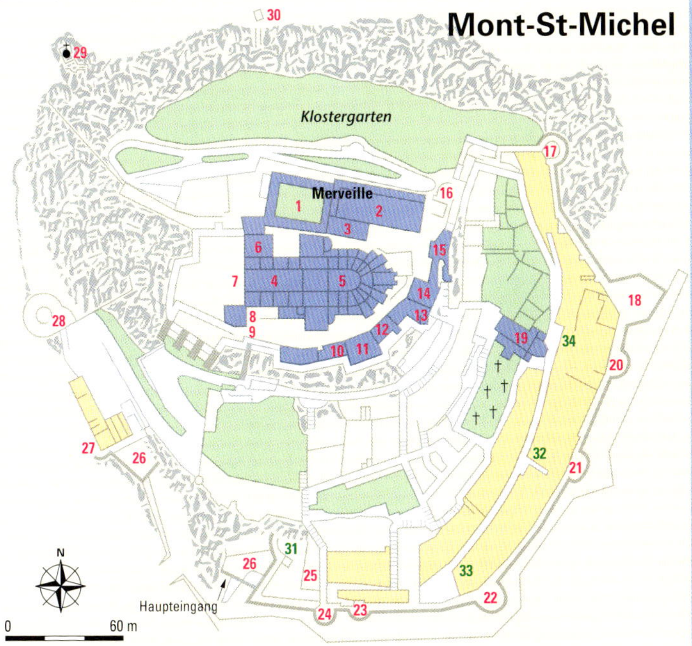

1 Keller (EG), Rittersaal/Scriptorium (1.OG), Kreuzgang (2.OG)
2 Almosensaal (EG), Gästesaal (1.OG), Refektorium der Mönche, später Schlafsaal (2.OG)
3 Galerie (1.OG), Küche (2.OG)
4 Notre-Dame-sous-Terre (EG, 1.OG), Romanisches Langschiff (2.OG)
5 Krypta der Dicken Pfeiler (1.OG), Gotischer Chor (2.OG)
6 Krypta (EG), Wandelhalle der Mönche (1.OG), Dormitorium (2.OG)
7 Galerie zu N.-D.-sous-Terre (EG), Galerie (1.OG), Terrasse (2.OG)
8 Friedhof/Beinhaus (1.OG), Terrasse (2.OG)
9 Monte-Charge
10 Küche des Abtes (EG), Unterkunft der Köche (1.OG), Klosterwohnung (2.OG)
11 Büro, später Pulverkammer (EG), Speisesaal des Abtes (1.OG), Wohnraum des Abtes (2.OG)
12 Büro des Verwalters, später Munitionslager (EG), Verwaltung (1. und 2.OG)
13 Bergfried (EG), Tour Perrine (1.und 2.OG)
14 Saal der Wachen (EG), Saal Belle-Chaise (1.OG), Gerichtssaal (2.OG)
15 Barbakane (Außenwerk) des Burgtors
16 Tour Claudine
17 Nordturm
18 Tour Boucle
19 Pfarrkirche St-Pierre
20 Tour Cholet
21 Tour Basse
22 Tour Beatrix
23 Tour Neuve
24 Tour du Roi
25 Wohnung/Tor des Königs
26 Bastion
27 Tour des Fanils
28 Tour Gabriel
29 Kapelle St-Aubert
30 Brunnen

Hotels/Restaurants:
31 La Mère Poulard
32 Le Mouton Blanc
33 Saint-Pierre
34 Les Terrasses de la Mère Poulard

Paimpont ■ G 3

Der ideale Ausgangspunkt, um die sagenumwobene Welt des »Artus-Waldes« **Brocéliande** zu erkunden. Nach offizieller Geschichtsschreibung sollen sich hier bereits im 7. Jahrhundert Mönche niedergelassen haben – der sagenhafte Ursprung des Dorfes am See ist jedoch weitaus imposanter: Gleich 50 Ritter hat hier – angeblich – ein gewisser Ponthus im Turnier besiegt, um die Liebe der schönen Sydoine zu gewinnen. Nach der Heirat machte er Paimpont zu seinem Herrensitz.

Sehenswertes

Château de Comper
Im Schloß – und der Legende nach auch im See – von Comper lebte nicht nur die sagenhafte Viviane (→ Fôret de Paimpont, S. 95). Auch die Montforts, Charettes, Laval und La Trémoille waren hier zu Hause. 1598 wurde das Château auf Geheiß Heinrich IV. geschleift. Ein Brand zu Revolutionszeiten zerstörte den Rest der Bausubstanz. Zwischen den verbliebenen vier Türmen richtet das **Centre de l'Imaginaire Arthurien** (Tel. 02 97 22 79 96) gelegentlich Veranstaltungen rund um die Artus-Sage aus.

Forêt de Brocéliande
Rund 7097 Hektar Wald umfaßt der sagenumwobene Brocéliande der berühmten **Artus-Legende** heute noch – und jeder einzelne Hektar scheint eine Geschichte zu erzählen: Da gibt es den »Jungbrunnen«, »Merlins Grab« oder das »Tal ohne Wiederkehr«…

XL TOP 20

Tatsächlich gehört die Artus-Sage zum gemeinsamen Kulturgut von Briten und Bretonen. Henry II Plantagenêt und Königin Aliénor von Aquitanien hatten im 12. Jahrhundert großes Interesse daran, die Hinterlassenschaft des legendären Herrschers in Frankreich zu orten: Henry gab sich sogar als leiblicher Nachkomme Artus' aus, um die Bretagne unter seinen Einfluß zu bringen. So wurde das **Château von Comper** zum Geburtsort der Fee Viviane. Aus Liebe soll Merlin höchstpersönlich ihr Lektionen in Sachen Magie erteilt haben. Viviane lernte schnell und wandte den Spruch zum ewigen Gefangenhalten eines Mannes prompt gegen ihren Meister an. Zwei Platten aus rotem Schiefer unter einer Stechpalme, am Ostrand des Waldes gelegen, gelten seitdem als Grab des Magiers. Es heißt, für einen Zauberer vom Schlage Merlins sollte es eine Kleinigkeit sein, sich von einem Fluch zu befreien – der Sage nach erträgt er die ewige Gefangenschaft jedoch aus Liebe zu Viviane.

Viviane erzog den späteren Ritter Lancelot in **Comper**; sie selbst soll als »Dame vom See« am Grund des Schloßteiches in einem prächtigen Kristallpalast gelebt haben.

Im **Val sans Retour**, dem Tal ohne Wiederkehr, hat die Fee Morgana der Sage nach untreue Ritter eingesperrt. Morgana war selbst von ihrem Liebsten Guyomard tief enttäuscht worden und hielt die Schwertschwinger als Gefangene. Imaginäre Flammenwände oder Drachen schienen den Ausgang des Tales zu bewachen. Erst Lancelot vom See, der seiner Dame Guinevère in Treue verfallen war, konnte den Bann brechen und die unglücklichen Adligen befreien. Morgana hingegen rächte sich, indem sie die Liaison von Lancelot mit der (ihrerseits ebenfalls untreuen) Guinèvere deren Gatten König Artus verriet…

Zu den legendären Orten gehört auch die **Quelle von Barenton**. Benetzt man den nahe gelegenen Stein **Perron de Merlin** mit ihrem Wasser, so provoziert man ein Unwetter, heißt es. Im 15. Jahrhundert wurde den Herren von Montfort exklusiv das Recht zugesprochen, sich dieses Wunders zu bedienen.

Forges de Paimpont
Zwischen zwei Seen südlich des Dorfes liegen die 1633 entstandenen Schmelzhütten von Paimpont. Im 15. und 16. Jahrhundert wurden hier Waffen geschmiedet, die damals in Frankreich einen hervorragenden Ruf besaßen. Die Schmieden ließen freilich auch den Wald von Brocéliande dahinschmelzen: Zu Tausenden wurden seine Baumstämme hier verfeuert.

Hotel/Essen und Trinken

Manoir du Tertre
Kleines Mittelklassehotel mit empfehlenswertem Restaurant im Stil eines bretonischen Landhauses, mit massiven Granitmauern und schmuckem Garten. Alle Zimmer sind absolut ruhig gelegen, individuell eingerichtet und bieten einen schönen Blick auf den Park. Mit einem Wort: ein Ort zum Wohlfühlen.
Plélan-le-Grand, 35380 Paimpont, im Südosten; Tel. 02 99 07 81 02, Fax 02 99 07 85 45; 8 Zimmer; Feb. geschl.; ab Mittlere Preisklasse (AE, DC, EC, Visa)

Service

Fremdenverkehrsämter
Pays d'Acceuil Touristiques de Brocéliande
Im Rathaus von Plélan-le-Grand;
Tel. 02 99 06 86 07

Syndicat d'Initiative de Paimpont
Salle Presbytère, 3, espace Brocéliande; Tel. 02 99 07 84 23; nur in der Hauptsaison geöffn.

Redon ■ H5

Redon erfreut sich des Rufes, ein kleines bretonisches Venedig zu sein: Die Vilaine, der Kanal Nantes–Brest und die Oust fließen hier zusammen. Auch wenn der Ort selbst kein touristisches »must« ist, so kann sich die Flußlandschaft der Umgebung doch sehen lassen: Das Tal der Oust mit dem Inselchen **Ile aux Pies** (zwölf Kilometer nordwestlich, zu erreichen über die D 65 und D 764) gehört zu den charmanten Ausflugszielen, ebenso wie das Tal der Aff, wo früher rund 1000 Wassermühlen gestanden haben sollen, oder die Wälder rund um die Isac.

Redon selbst verfügt über einige schöne **Altstadthäuser** aus dem 15. bis 18. Jahrhundert (viele liegen in der Grande-Rue, andere am Quai Duguay-Trouin), einen kleinen **Hafen** und eine **Abteikirche** aus dem 11. bis 18. Jahrhundert. In der Hauptsaison veranstaltet das Fremdenverkehrsamt am Donnerstagabend gelegentlich bretonische Volkstänze vor dem Gotteshaus, die zum Mitmachen einladen.

Sehenswertes

Saint-Sauveur
Die Abteikirche wurde bereits 832 gegründet, während ihrer Geschichte jedoch mehrfach zerstört. Der heute sichtbare Bau stammt aus dem 11. bis 18. Jahrhundert. Richelieu höchstselbst hatte hier 1622 den Posten des Abbé Commendataire inne.

Museum

Musée de la Batellerie de l'Ouest
Schlichtes Museum zur Geschichte des lokalen Hafens und zur Schiffahrt.
Quai Jean-Bart; 15. Juni–15. Sept. tgl. 9–12 und 15–18 Uhr, in der Nebensaison Mo, Mi, Sa und So 14–18 Uhr; Eintritt 11 FF, Kinder 6 FF

Hotel/Essen und Trinken

Jean-Marc Chandouineau
Familiäres Hotel mit angenehmem Komfort. Im Restaurant ißt man gutbürgerlich, Menüs reichen von halbwegs günstig bis ausgesprochen teuer. Eigener Parkplatz.
1, rue Thiers, 35600 Redon;
Tel. 02 99 71 02 04, Fax 02 99 71 08 81;
7 Zimmer; ab Mittlere Preisklasse (AE, DC, EC, Visa)

Essen und Trinken

Le Moulin de Via
Kurios-rustikales Flohmarkt-Interieur und rustikale Küche: Fische von der Küste, Jakobsmuscheln mit Cidre oder knusprig gebratener Schweinsfuß stehen auf dem Programm.
Rte. de La Gacilly; Tel. 02 99 71 05 16; tgl. außer So abends und Mo 12–14 und 19–21 Uhr, 15 Tage im Sept. geschl.; Mittlere Preisklasse (EC, Visa)

Service

Office du Tourisme du Pays de Redon
Pl. du Parlement, 35600 Redon;
Tel. 02 99 71 06 04; 9–19 Uhr in der Hauptsaison 10–12 Uhr, So 10–12 und 16–19, in der Nebensaison 15–18 Uhr;

Bahnhof
Gare S.N.C.F; pl. de la Gare;
Tel. 02 99 71 74 10

Rennes

I3

Stadtplan → S. 99

Die Hauptstadt der Bretagne ist alles andere als ein Ferienzentrum. Nach dem Brand des **Palais de Justice** – dem Justizpalast und ehemaligen Sitz des Parlaments – 1994 hat Rennes seine wichtigste Sehenswürdigkeit verloren. Die Innenstadt gleicht, trotz der hübschen Place des Lices und den historischen Häusern in der Rue du Chapitre, Rue Saint-Sauveur, Rue de la Psalette oder Rue Saint-Guillaume, eher einer grauen Industriemetropole, die obendrein noch ihr eigenes Schlechtwettergebiet gepachtet zu haben scheint: Rennes ist die typische Durchreiseetappe; eine Stadt, in der man Informationen über die Region einholt, vielleicht eine Nacht verbringt, um sich für die verbleibenden Kilometer bis zu den Küsten des Finistère zu stärken, oder sich ein **déjeuner** gönnt, um die 60 Kilometer nach Saint-Malo nicht mit leerem Magen anzutreten.

So gut wie nichts erinnert heute mehr an die großen Ereignisse der Stadtgeschichte: an Du Guesclin, der hier 1337 sein erstes Ritterturnier gewann, an Anne de Bretagne, die hier von den Truppen Karl VIII. belagert wurde, um sie zur Hochzeit zu zwingen. Ab 1561 lockte das Parlament der Bretagne zahlreiche Adlige hinter die Stadtmauern. Fast die gesamte Altstadt wurde 1720 von einem verheerenden Brand verwüstet. Nach der Zerstörung von rund 845 Häusern war Holz als Baumaterial fortan in Rennes tabu.

Innerhalb Frankreichs ist die Stadt heute vor allen Dingen für ihre **Universität** mit rund 45 000 Studenten bekannt, es gibt ein Citroën-Werk, und die Redaktion der Regionalzeitung »Ouest-France« hat hier ihren Sitz – die Besucher von außerhalb finden das alles wenig interessant und weichen lieber auf die vierspurige Straße nach Saint-Malo aus...

Sehenswertes

Hôtel de Ville c2
Jacques Gabriel, der Vater des Architekten der Pariser Place de la Concorde, gestaltete 1742 das Rathaus – und schuf sich damit nicht nur Freunde: Die Union zwischen der Bretagne und Frankreich wurde hier durch die Skulptur einer vor dem König knienden Dame dargestellt. Bretonische Separatisten sprengten das demütigende Denkmal im Jahr 1932 in die Luft.
Pl. de la Mairie; tgl. 9–17 Uhr, So und feiertags geschl.

In den lebendigen Altstadtgassen von Rennes, der Hauptstadt der Bretagne, findet man an jeder Ecke kleine Lokale. Hier treffen sich vorwiegend Studenten zu einem Café au lait, zum Zeitunglesen und Diskutieren.

CAFE
TRANSAT

Perfekt gestylt: Der Jardin du Thabor, früher Teil des Klosters Saint-Mélaine, ist von der Urwüchsigkeit »englischer« Gärten weit entfernt. In der Anlage gibt es auch einen Rosengarten und eine Voliere.

Jardin du Thabor ■ e 1/f 1
Der Obstgarten der Benediktiner von Notre-Dame-en-Saint-Mélaine wurde um 1866 zu einem symmetrischen Garten im französischen Stil umgewandelt: Hier werden die Pflanzen in streng geometrische Formen getrimmt, hier herrscht fast schon militärische Disziplin für die Natur. Besonders beliebt sind der Rosengarten und der Botanische Garten.
Eingang Pl. Saint-Mélaine oder Rue de Paris

Notre-Dame-en-Saint-Mélaine ■ e 1
Die Abteikirche stammt aus dem 11. Jahrhundert. Ihre Fassade wurde erst 1672 an den romanischen Turm angefügt.
46, rue Saint-Mélaine; tgl. 9–21 Uhr

Parlement de Bretagne/Palais de Justice ■ c 1/d 1
Das Meisterwerk aus dem 17. Jahrhundert wurde im Februar 1994 durch einen verheerenden Brand bis auf die Außenmauern zerstört. Das Parlament, geplant von Salomon de Brosse, dem Architekten des Pariser Palais du Luxembourg, verlor dabei seinen Dachstuhl und die Malereien großer Künstler aus der Zeit Ludwig XVI. Ursprünglich galten streikende Fischer als die Brandstifter; in der Stadt wird jedoch immer noch spekuliert, daß schlafende Nachtwächter für die Katastrophe verantwortlich sein könnten – oder daß interessierte Kreise den Streik der Fischer nutzten, um wichtige Papiere aus dem Justizpalast den Flammen zu überantworten. Nach dem Brand wurde spontan eine Restaurierung des Originalzustandes zugesagt. Bis dato hat man sich jedoch damit begnügt, die Ruine mit einem grauen Bauzaun zu umgeben. Auf die Rekonstruktion der Kunstschätze wird man voraussichtlich noch sehr lange warten müssen.
Pl. du Parlement de Bretagne; bis auf weiteres wegen Renovierungsarbeiten geschl.

Rennes
N
0
300 m
Jardin du Thabor
Cloître St-Mélaine
Notre-Dame-en-St-Mélaine
Pl. St-Mélaine
Préfecture
Ecole des Beaux-Arts, Conservatoire
St-Aubin
Pl. Ste-Anne
Hôpital Militaire A. Paré
Pl. St-Michel
Place des Lices
Marché des Lices
St-Etienne
Parlement de Bretagne
Pl. du Parlement de Bretagne
Le Palais
Palais St-Georges
Voirie Municipale
St-Sauveur
St-Pierre
Hôtel de Ville
Pl. de la Mairie
Le Piccadilly
St-Germain
Place Mal. Foch
Place de Bretagne
La Vilaine
Musée de Bretagne et des Beaux-Arts
Le Garden
Toussaints
De Nemours
Halles Centrales
Temple
Cité Administratif
Serv. Techn. Municipaux
Square du Pré Perché
Rue d'Echange
Rue Saint-Mélaine
Rue d. l. Visitation
Rue Bertrand
Rue des Fossés
Rue Hoche
R. d. Gal. M. Guillaudot
Rue Martenot
Rue de Paris
Rue V. Hugo
Rue Gambetta
Rue St-Georges
R. Corbin
Rue des Francs-Bourgeois
R. Sgt. Guihard
R. de Viarmes
Rue Louis Postel
Rue Kléber
Rue Paul Bert
All. J. Guihery
Quintaine
Rue de la Quintaine
Rue de Dinan
Rue St-Louis
R. St-Michel
Rue Leperdit
R. d. Chp. Jacquet
R. La Fayette
R. Le Bastard
R. Nationale
R. d' Estrées
R. de Brilhac
Rue de l'Horloge
R. F. Buisson
R. d. Coëtquen
R. d. Vau-St-Germain
R. Jaurès
Rue de la Monnaie
R. St-Sauveur
R. St-Guillaume
R. du Griffon
R. du Chapitre
R. d. Dames
R. St-Yves
Boulevard Mal. de Lattre de Tassigny
Boulevard de Chézy
Quai Saint-Cast
R. Salle Verte
R. Nantaise
Rue de Brest
R. du Père Grignion
Av. du Mail
Pont de Bretagne
Quai Duguay-Trouin
Quai Lamartine
Quai Chateaubriand
Quai Dujardin
Avenue Aristide Briand
Quai Lamennais
Pl. de la République
Quai Emile Zola
Quai Richemont
Avenue Sergent Maginot
Le Mans, Vitré
Ploërmel, Vannes
Quai Saint-Cyr
Quai de la Prévalaye
R. de la Chalotais
R. du Chp. Dolent
R. d. la Parcheminerie
Rue Poullain-Duparc
R. du Pré-Botté
Rue de Nemours
Rue J. Simon
R. Vasselot
R. Mal. Joffre
R. Dreyfus
R. Toullier
R. d. Carmes
R. St-Thomas
Avenue Jean Janvier
Rue Duhamel
R. H. Lucas
Rue Dupont - des - Loges
R. de Léon
R. Alain Gerbault
Rue Saint-Hélier
Gare SNCF
Ecomusée du Pays de Rennes
Boulevard de la Liberté
a
b
c
d
e
f
1
2
3
Sehenswürdigkeit, öffentl. Gebäude
Kirche
Information
Parkmöglichkeit
Hotel
Essen und Trinken
Museum
Theater
Markt
Post
Fußgängerzone

Saint-Germain ■ d2
In der gotischen Kirche aus dem 15. und 16. Jahrhundert schmücken Motive aus der Leidensgeschichte Christi ein prachtvolles Fenster aus dem 16. Jahrhundert.
Pl. Saint-Germain; tgl. 9–12 und 14–18.30 Uhr, So nur vormittags

Saint-Pierre ■ b2
Eine heilige Stätte aus alten Zeiten: Anstelle der Kathedrale stand einst ein gallorömischer Tempel. Von 1540 bis 1704 dauerten die Bauarbeiten, nur 58 Jahre danach stürzte das Gotteshaus teilweise ein. Von 1787 bis 1844 wurde Saint-Pierre in typisch französischer »Neogotik« wieder aufgebaut: Das Interieur fällt recht pompös aus und protzt mit Stuck und Blattgold.
Rue de la Monnaie; tgl. 9–12 und 14.30–16 Uhr

Museen

Ecomusée du Pays de Rennes
Landleben vom 16. Jahrhundert bis in unsere Tage kann man in der **Ferme de la Bintinais** sozusagen live erleben: Rekonstruktion alten Interieurs, historische Trachten und nicht zuletzt zehn Hektar Land, die nach alten Techniken bestellt werden.
8 km südlich über die Rue Maréchal Joffre, 1. April–15. Okt. tgl. außer Di und feiertags 14–19, 16. Okt.–31. März 14–18 Uhr; Eintritt 25 FF

Musée des Beaux-Arts ■ d3
Umfangreiche Sammlung von etwa 7000 Gemälden, Skulpturen und Zeichnungen vom 14. bis 20. Jahrhundert. Der **Nouveau-Né** (Neugeborene) von Georges de la Tour aus dem 17. Jahrhundert gilt als das Meisterwerk der Kollektion, doch auch sonst mangelt es im Museum der Schönen Künste nicht an großen Namen: Exponate von Rubens, Corot, Gauguin, Picasso, de Staël und anderen Berühmtheiten zählen ebenfalls zum Inventar (→ 10x10, S. 12). 10x10
20, quai Emile Zola; tgl. außer Di und feiertags 10–12 und 14–18 Uhr; Eintritt 15 FF

Musée de Bretagne ■ d3
Das Regionalmuseum belebt Heimatgeschichte von der Steinzeit bis zum Ersten Weltkrieg durch Skulpturen, Zeichnungen, Fayencen der Ostindienkompanie sowie Kostüme, Möbel und Gebrauchsgegenstände (→ 10x10, S. 12). 10x10

In naher Zukunft soll das Museum umziehen. Die neue Adresse war bei Redaktionsschluß noch nicht bekannt.
20, quai Emile Zola; tgl. außer Di und Fei 10–12 und 14–18 Uhr; Eintritt 15 FF

Hotels und andere Unterkünfte

Le Garden ■ e3
Gutgeführtes Haus mit Innenhof, nahe an den Quais der Vilaine.
3, rue Duhamel, 35000 Rennes;
Tel. 02 99 65 45 06, Fax 02 99 65 02 62;
Mittlere Preisklasse (AE, EC, Visa)

De Nemours ■ c3
Einfaches Haus im Zentrum mit einem Hauch von Marineatmosphäre.
5, rue de Nemours, 35000 Rennes;
Tel. 02 99 78 26 26, Fax 02 99 78 25 40;
Mittlere Preisklasse (EC, Visa)

Essen und Trinken

Auberge du Pont d'Acigné
Gute Küche ist rar in Rennes, schon deshalb sollte man den Umweg nach Noyal nicht scheuen: In der freundlichen Auberge kocht ein junges Paar, das früher in einem Pariser Drei-Sterne-Restaurant Erfahrung gesammelt hat. Phantasievolle Küche, humane Preise, äußerst günstige Mittagsmenüs (→ 10x10, S. 15). 10x10
Pont d'Acigné, 12 km östlich in Noyal-sur-Vilaine; Tel. 02 99 62 52 55;
tgl. außer So 12–14 und 19–21.30 Uhr;
Mittlere Preisklasse (EC, Visa)

Le Palais ■ d 2
Eines der wenigen besseren Restaurants der Stadt. Bei Monsieur Tizon tischt man Steinbutt, Langustinos und allerlei Maritimes mehr auf. Weil zahlungskräftige Gourmets in Rennes selten sind, bietet das Haus ein preiswertes Mittagsmenü.
7, pl. du Parlement; Tel. 02 99 79 45 01; tgl. außer So abends und Mo 12–14 und 19–22 Uhr; Mittlere Preisklasse (AE, DC, EC, Visa)

Le Piccadilly ■ c 2
Einfache Brasserie: Nichts für wirklich anspruchsvolle Esser, aber die Preise sind human, und das Haus ist auch spät abends noch geöffnet.
15, galerie du Théâtre; Tel. 02 99 78 17 17; tgl. 12–14 und 19–24 Uhr; Untere Preisklasse (EC, Visa)

Einkaufen

Lebensmittel
Boulangerie Hoche ■ d 1
Neben dem obligaten Baguette gibt es hier auch Bio-Brot und die irische Spezialität **barm brack** – ein Brot mit kandierten Orangen, Zitronen, Rosinen und Mandeln.
17, rue Hoche

Cellier Saint-Germain ■ d 2
Neben einem Sortiment mit allen großen Namen aus Burgund und Bordeaux findet man hier auch viele Entdeckungen aus kleinen Anbaugebieten zu noch kleineren Preisen.
3, rue de Vau-Saint-Germain

Philippe Bouvier ■ c 3/b 2
Feinste Schokoladen und leckere Kuchen. Eine hervorragende Adresse!
5, rue de la Parcheminerie und 19, rue de la Monnaie

Märkte
Les Halles Centrales ■ c 3
Am Freitag und Samstag bietet sich hier das bunteste Bild. Besuchen Sie unbedingt die Epicerie **Le Comptoir**, wo man Ihnen besten Tee und Kaffee, aber auch viele exotische Gewürze anbieten wird.
Pl. Honoré-Commeurec;
Mo–Sa 7–18.30 Uhr

Marché des Lices ■ b 1
Der große Markt von Rennes: An jedem Samstagvormittag wird hier alles gehandelt, was schmeckt: Rillettes, Butter, Eier, Geflügel, viel Gemüse und natürlich Käse. Einige der delikaten Sorten kommen sogar aus der Bretagne selbst – eine rare Ausnahme (→ 10x10, S.16). **10x10**
Pl. des Lices; Sa 7–13 Uhr

Service

Fremdenverkehrsämter
Comité Départemental du Tourisme d'Ille-et-Vilaine ■ d 2
4, rue Jean-Jaurès, 35000 Rennes;
Tel. 02 99 78 47 47, Fax 02 99 78 33 24

Comité Régional du Tourisme Breton östlich ■ f 1
74 D, rue de Paris, 35069 Rennes Cedex;
Tel. 02 99 28 44 30

Office du Tourisme ■ c 2
Pont de Nemours, B. P.2533, 35000 Rennes;
Tel. 02 99 79 01 98; tgl. außer So und Mo vormittags 9–18 Uhr

Autovermietung
Actuel Locations westlich ■ a 1
Natürlich finden Sie in Rennes auch alle großen Vermieter – aber der Laden von Monsieur Rose ist der einzige, der sieben Tage in der Woche geöffnet hat. Bei kleinen Unfällen sogar rund um die Uhr!
111, bd. de Verdun; Tel. 02 99 33 25 69

Bahnhof südlich ■ e 3
Gare S.N.C.F; pl. de la Gare;
Tel. 02 99 65 50 50

Flughafen
Aérogare de Rennes Saint-Jacques;
Tel. 02 99 29 60 00, Reservierung:
Tel. 99 65 10 00

Hauptpost ■ c 3
Pl. de la République; Mo–Fr 8–19, Sa 8–12 Uhr

Vermietung von Ferienhäusern ■ d 1
Gîtes de France
1, rue Martenot, B. P. 5096, 35061 Rennes Cedex; Tel. 02 99 02 97 41

Saint-Malo

H1

Stadtplan → S. 105

Die Stadt der Korsaren: Robert Surcouf, der berühmt-berüchtigte Freibeuter, der mit seinem Schiff »Renard« die anderen Seemächte das Fürchten lehrte, war hier zu Hause. Tatsächlich haben zahlreiche Seemannslegenden zuerst im Bretonischen Saint-Malo den Duft der weiten Welt geschnuppert: Jacques Cartier, der Entdecker Kanadas; Duguay-Trouain, der gefürchtete Korsar; La Bourdonnais, der Gouverneur von Mauritius und Réunion; Chateaubriand, der Literat…

XL TOP 20

Saint-Malo wurde bereits im 6. Jahrhundert gegründet und nach dem walisischen Mönch Maclow benannt, der im Ortsteil Saint-Servan den christlichen Glauben predigte. Die regelmäßigen Invasionen der Normannen zwangen die Bürger von Saint-Malo, auf eine kleine Insel – die heutige Altstadt – umzusiedeln. Ihre Blütezeit erreichte die Stadt im 16. Jahrhundert: Handel und Stockfischfang brachten ihre Bürger zu Geld und Ansehen, unter Heinrich IV. ernannte die Stadt sich 1590 sogar zur Republik: »Nicht Franzose, nicht Bretone, Bürger von Saint-Malo bin ich«, lautete damals die großspurige Devise der Hafenstadt. Auch wenn Saint-Malo bei der Anfahrt heute noch wie ein wehrhaftes Piratennest wirkt, so ist es im Grunde doch nur eine Rekonstruktion – und gerade mal 50 Jahre alt: Im August 1944 zerstörten alliierte Bomber über drei Viertel der historischen Bauten. Anhand von Fotos und alten Plänen wurde die Altstadt so originalgetreu wie möglich restauriert. Alle touristisch wertvollen Bauten sowie die Fassaden der Hauptstraßen wirken authentisch. Verirrt man sich jedoch in eine entlegene Seitengasse, verschwinden die liebevoll gepflegten architektonischen Details, und man merkt, daß viele Gebäude eher dem Stil der alten Zeit nachempfunden wurden.

Eine Stadt mitten im Meer: Saint-Malo, die alte Korsarenhochburg, wirkt wie ein Magnet auf die Besucher der Bretagne.

Spaziergang

Das Haupttor zum historischen Stadtkern liegt an der **Porte-Saint-Vincent**. Direkt nebenan, vor der Stadtmauer, breiten sich riesige Parkplätze aus, in der Nebensaison werden Sie Ihr Fahrzeug sogar im Zentrum abstellen können. Rechts von der Porte lockt eine Besichtigung des Schlosses; Sie können auch direkt über die **Porte-Saint-Thomas** zum Stadtbummel auf den Festungsmauern (12. bis 18. Jahrhundert) aufbrechen. Links sieht man die Statue des Korsaren Surcouf, rechts taucht die Festungsinsel **Fort National** auf. Wie viele andere Befestigungen in Frankreich wurde das Inselchen vom berühmten Baumeister Vauban zur Festung gemacht. Auch die **Ile du Grand Bé** mit dem Grab Chateaubriands bietet einen faszinierenden Anblick. Bei Flut kann man ihn nur mittels einem der fest installierten Fernrohre genießen – ein Abstecher zu den beiden Inseln ist lediglich bei Ebbe möglich. Schilder weisen die Besucher darauf hin, auch den Rückweg rechtzeitig vor der nächsten Flut anzutreten. Wer die Festung nicht ganz umrunden möchte, kann die Mauern bei der **Porte des Bés** verlassen: Über die Place des Frères Lamennais, die selbst bei kräftigem Touristenbetrieb weniger bevölkert ist als die restliche Stadt, geht es zur **Kathedrale Saint-Vincent**, wo heute die sterblichen Überreste von Korsar Duguay-Trouin und vom Kanada-Entdecker Jacques Cartier ruhen. Dann über die Grande Rue oder die Rue Porcon de la Barbinais zur Place de la Poissonnerie. Schauen Sie ruhig in die eine oder andere kleine Seitenstraße, falls Sie auf Souvenirjagd sind, denn in den großen Einkaufsmeilen drängeln sich vorwiegend internationale Marken und Andenkenläden der schlimmsten Sorte. Zurück zum Ausgangspunkt geht es über die Rue Saint-Vincent.

Sehenswertes

Château ■ c 1

Die Grafen der Bretagne ließen die massige Festung im 15. und 16. Jahrhundert errichten. Wie viele andere französische Befestigungen diente sie nicht nur zur Verteidigung, sondern auch zur Überwachung der Stadt. Neben Grand und Petit Donjon wird die Festung durch die massigen Türme **La Génerale** (1475), **des Dames, des Moulins** und **Quic-en-Groigne** (1498 bis 1501) »gestärkt«. Im Innern sind heute das **Musée d'Histoire** sowie ein **Wachsfigurenmuseum** untergebracht (→ 10x10, S. 11).

10x10

Fort National nördlich ■ c 1

Der große Festungsbaumeister Vauban vollendete diese mit dem Fels verbundene »Miniaturburg« 1689. Rund eine Viertelstunde braucht man für den Fußweg vom Strand hier herauf, dann darf man mit Königsblick auf Saint-Malo ausspannen. Während der Führung wird man reichlich mit Seemannslegenden versorgt.
Grand Plage, gegenüber der Porte Saint-Thomas; Ostern–Sept. tgl. nur bei Ebbe, Zeiten variieren

Hôtel de la Gicquelais ■ c 1

Das Geburtshaus von François Réné de Chateaubriand (1768 bis 1848), zehnter Sohn eines Reeders, der sich nach Studien in Dinan, Rennes, Dol und Brest als Schriftsteller einen Namen machte. Seine »Mémoires d'outre-tombe« erzählen von seinen Kindheitsjahren in Saint-Malo.
3, rue Chateaubriand

Ile du Grand-Bé westlich ■ a 2

Die umwerfende Aussicht auf die Smaragdküste (**Côte d'Emeraude**) ist die 25-Minuten-Wanderung – bei Ebbe – bis zur Insel wert. Hier findet man auch das schlichte Grab von Chateaubriand – ein Granitkreuz.

Steingewordene Phantasien eines Einsiedlers: Der Abbé Fouré hinterließ mit den Rochers Sculptés ein faszinierendes »Bilderbuch«.

Rochers Sculptés
Der »Eremit von Rothéneuf«, Abbé Fouré (1839 bis 1910), meißelte hier ab 1870 rund 300 bizarre Skulpturen in den Granit: Krieger, Piraten und Ungeheuer kosteten ihn insgesamt 25 Jahre Arbeit.
Im Vorort Rothéneuf, nordöstlich der Altstadt

Saint-Vincent ▪ b2
Bereits 816 soll hier ein Gotteshaus gestanden haben. Der Bau der heutigen Kirche begann im 12. Jahrhundert unter Jean de Chatillon. Ursprünglich wurde der Sakralbau von einer neogotischen Spitze, einer Stiftung Napoleon III., gekrönt. Sie wurde 1944 zerstört. Erst 1971 wurde die Restaurierung der Kathedrale aus dem 11. bis 18. Jahrhundert abgeschlossen. In der Nordkapelle befinden sich die sterblichen Überreste des Korsaren Duguay-Trouin.
Pl. Jean-de-Châtillon

Museen

Aquarium/Exotarium ▪ c1
Rund 100 verschiedene Aquarien mit Meeresbewohnern, vom Hummer bis zum Seepferdchen. Im benachbarten Exotarium gibt es Schlangen, Schildkröten und Krokodile zu sehen.
Pl. Vauban; tgl. 9.30–12 und 14–18 Uhr; Eintritt 19 FF

Maison Internationale des Poètes et des Ecrivains ▪ b1
Das Haus der Schriftsteller und Poeten, untergebracht in einem authentischen Gebäude von 1661, wird von namhaften Literaten finanziell unterstützt. Wechselnde Ausstellungen zu Fotografie, Malerei, Skulptur und Literatur.
5, rue du Pélicot; Di–Sa 15–18 Uhr (nur bei Ausstellungen oder Lesungen)

Musée des Cap-Horniers
Seefahrer aus Saint-Malo waren die ersten, die 1701 das gefürchtete Kap Hoorn Richtung Osten umrundeten.
In der 28 Meter hohen Dreiturmanlage Tour Solidor, erbaut 1382, erfährt man alles über die Kap-Hoorn-Fahrer von

den Zeiten Magellans bis zur Eröffnung des Panama-Kanals.
Tour Solidor, südlich der Altstadt (Zugang über Saint-Servan); tgl. 10–12 und 14–18 Uhr; Eintritt 21 FF

Musée d'Histoire de la Ville ■ c 1
Im Museum der Stadtgeschichte können Sie einen Rundgang von der Gründung Saint-Malos bis zur Zeit von Chateaubriand unternehmen, die in zahlreichen Dokumenten und Gemälden lebendig bleibt. Von einer Einführung in die seemännische Vergangenheit der Stadt (Erdgeschoß) geht es weiter ins Saint-Malo des 19. Jahrhunderts (2. Etage), bevor wir uns dem 17. und 18. Jahrhundert (3. Etage) und dem 16. Jahrhundert (4. Stock) zuwenden.
Château de Saint-Malo; tgl. 10–12 und 14–17.30 Uhr, Okt.–April Di geschl.; Eintritt 21 FF

Musée-Manoir Jacques Cartier
Der Entdecker Kanadas verbrachte in diesem Haus aus dem 15. und 16. Jahrhundert seinen Ruhestand. Ein kleiner Film über sein Leben erzählt auch eine ganz besondere Anekdote: Als der Seefahrer nach seiner Atlantiküberquerung zum ersten Mal wieder festen Boden betrat, ließ er die Eingeborenen fragen, wo er denn nun angekommen sei. »Canada«, antworteten diese – und meinten damit eigentlich nur ihr winziges Dorf.
Le Limoelou, Rue David-Macdonald-Stewart (im Vorort Rothéneuf, nordöstlich der Altstadt); Juli–Aug. tgl. 9–11 und 14–18 Uhr, Juni und Sept. Mo und Di sowie Okt.–Mai Sa und So geschl.; Eintritt 25 FF

Musée de la Poupée et du Jouet Ancien ▪ b 4
Etwa 300 Puppen aus Stoff, Holz und Keramik. Mehr etwas für Nostalgiker als für Kinder.
13, rue de Toulouse; Juli–Mitte Sept. tgl. 10–13 und 14–19 Uhr; Eintritt 20 FF

Hotels und andere Unterkünfte

Le Beaufort östlich ▪ c 1
Die schönsten Zimmer dieses gehobenen Mittelklassehotels bieten einen tollen Blick aufs Meer.
25, chaussée du Sillon, 35400 Saint-Malo; Tel. 02 99 40 99 99, Fax 02 99 40 99 62; 20 Zimmer; Obere Preisklasse (AE, EC, Visa)

Grand Hôtel des Thermes östlich ▪ c 1
Korrektes, aber etwas anonymes Haus in direkter Strandlage. Das angegliederte Thalassotherapie-Institut ist in Frankreich höchst beliebt, kann aber auf anspruchsvolle Gäste etwas steril wirken.
100, bd. Hébert, 35400 Saint-Malo; Tel. 02 99 40 75 40, Fax 02 99 40 76 00; 183 Zimmer; Obere Preisklasse (AE, DC, EC, Visa)

La Korrigane südlich ▪ c 4
Hübsch gelegenes Haus mit kleinem Garten. Die Zimmer sind geradezu exzentrisch mit Antiquitäten möbliert. Begrünter Innenhof.
Saint-Servan, 39, rue Le Pomellec, 35400 Saint-Malo; Tel. 02 99 81 65 85, Fax 02 99 82 23 89; 12 Zimmer; Jan. geschl.; Mittlere Preisklasse (AE, EC, Visa)

Quic en Groigne ▪ b 4
Bescheidenes Hotel in einer ruhigen Seitengasse des historischen Stadtkerns. Für die Lage günstig.
8, rue d'Estrées, 35400 Saint-Malo; Tel. 02 99 20 22 20, Fax 02 99 20 22 30; 15 Zimmer; Mittlere Preisklasse (AE, EC, Visa)

Essen und Trinken

Le Chalut ▪ b 1
Eines der besseren Lokale der Stadt. Hier gibt es frischesten Fisch, in perfekter Schlichtheit zubereitet. Noch ein Pluspunkt: Außer am Samstagabend offeriert Küchenchef Jean-Philippe Foucat Menüs für fast jeden Geldbeutel.
8, rue de la Corne de Cerf; Tel. 02 99 56 71 58; tgl. außer in der Nebensaison So und Mo abends, in der Saison Mo und 15.–30. Okt. 12–14 und 19–22.30 Uhr; Mittlere Preisklasse (AE, EC, Visa)

La Duchesse Anne ▪ c 1
Ein Ausflug in die kulinarische Vergangenheit der Stadt: In Saint-Malos Traditionslokal sind die Saucen etwas schwerer als anderswo, und günstig sind die Gerichte auch nicht gerade. Aber der Fisch schmeckt, und das reichlich bourgeoise Interieur lebt vom Charme der guten alten Zeit.
Pl. Guy La Chambre; Tel. 02 99 40 85 33; tgl. außer Mi und Dez.–Jan. 12.15–13.45 und 19.15–21.45 Uhr; Obere Preisklasse (Visa, EC)

Taverne Borgnefesse ▪ c 2
Das Gasthaus besteht seit 1608. Die ehemalige Piratenkneipe serviert solide Landküche zu kleinen Preisen. Sehr günstiges Mittagsmenü.
10, rue du Puits-aux-Braies; Tel. 02 99 40 05 05; tgl. 10–14 und 19–22 Uhr; Untere Preisklasse (EC, Visa)

Einkaufen

Antiquitäten

Olivier Delouche ■ b 2

Möbel verschiedener Epochen und Stilrichtungen. Gelegentlich kann man hier ein Schnäppchen machen.
2, pl. Gasnier Duparc

Lebensmittel

Le Comptoir ■ c 2

Vor Jahrhunderten brachten die Korsaren Säcke mit Baumwolle und exotischen Gewürzen nach Saint-Malo – die Händler wurden damit rasch sehr reich. Daß die Inhaberin dieser **épicerie** mit dem Verkauf von Niora, Sumach, Fenugrec und anderen duftenden Pülverchen ebenso reich wird, ist unwahrscheinlich. Aber ihr Sortiment mit verschiedenen Sorten Reis, altem Rum und Whisky und natürlich exotischen Gewürzen erinnert schon deutlich an die Tradition der Hafenstadt. Tip: Hier können Sie auch Produkte aus der Küche des Extra Spitzenkochs Roellinger in Cancale erstehen (→ S. 79/ → Extra, Olivier Roellinger – der Meisterkoch aus der Bretagne, S. 254), etwa ein raffiniertes 10x10 Chutney oder eine zünftige Mixtur für einen Grog (→ 10x10, S. 17).
5, rue des Merciers

Jean-Yves Bordier ■ c 3

Schöne Käsehandlung mit historischem Mosaikdekor und feinen **fromages** aus der Normandie und der Auvergne.
9, rue de l'Orme

J. Cheftel ■ b 2

Feine Adresse für Kuchen- und Tortenfans. Die schmackhaften Kreationen, oft kunstvolle Mischungen von Früchte- und Schokomousses, kann man auch im hauseigenen **Teesalon** genießen.
10, rue Porcon-de-La-Barbinais

Märkte

Halle aux Blés ■ c 3

Hübscher, kleiner Regionalmarkt, der neben dem Angebot von diversen Viktualien gelegentlich auch Themenausstellungen von Malern oder Bildhauern zeigt (in der »Mehlhalle«).
Rue de la Herse; Di und Fr 8–12 Uhr

Halles aux Poissons ■ c 2

Kleiner Fischmarkt im Zentrum der alten Festung. Frischeste Ware, aber die Auswahl ist für einen Ort, der so nah an der Küste liegt, doch erstaunlich beschränkt.
Pl. de la Poissonnerie
Di, Mi, Fr und So 9–12 Uhr geöffnet

Service

Office du Tourisme östlich ■ c 2

Esplanade Saint-Vincent; 35400 Saint-Malo; Tel. 02 99 59 64 48; im Sommer Mo–Sa 8.30–20, So 10–19 Uhr, sonst 9–12 und 14–18.30 Uhr

Fahrradverleih

Cycles Nicole; 11, rue Robert-Schumann; Tel. 02 99 56 11 06 (östlich der Altstadt)
Vélocation; 47, quai Dugay-Trouin; Tel. 02 99 40 31 63 (östlich ■ c 2)

Bahnhof östlich ■ c 2

Gare S.N.C.F; sq. Jean Coquetin; Tel. 02 99 65 18 65

Schiffsausflüge

Gare maritime du Naye; Tel. 02 99 40 64 41
Gare Maritime de la Bourse;
Tel. 02 99 82 83 84
Emeraude Lines; Tel. 02 99 40 48 40

Folgende Ausflüge werden angeboten:
Baie de Saint-Malo: 10. Juli–25. Aug. tgl. bis 20 Uhr; Dauer 1 Std.; Fahrpreis 50 FF, Kinder 30 FF
Cap Fréhel, Côte Ouest: Dauer 3 Std.; Fahrpreis 120 FF, Kinder 70 FF
Iles Chausey, Côte Est: Dauer 1 Tag; Fahrpreis 120 FF, Kinder 70 FF
Ile de Cézembre: Dauer 20 Min.; Fahrpreis 50 FF, Kinder 30 FF
Pointe du Grouin, Ile des Landes: Dauer 1,5 Std.; Fahrpreis 90 FF, Kinder 55 FF
Ausflug auf der Rance bis Dinan: April–Okt.; Fahrpreis 120 FF, Kinder 70 FF
Saint-Malo – Dinard – Saint-Malo: 6. April–22. Sept. und 10. Juli–25. Aug. tgl. 10–23 Uhr; Fahrpreis 30 FF, Kinder 20 FF

Korsaren, Freibeuter und Piraten

Erinnern Sie sich noch an »Das Wappen von Saint-Malo«? In dieser Vorabendserie aus der Zeit, als das Fernsehen noch ausschließlich öffentlich-rechtlich war, kämpfte ein heldenhafter Korsar namens Surcouf gegen Horden von Schurken, die Frankreich die Vorherrschaft auf den Weltmeeren streitig machen wollten. Meist waren die Bösen zahlreicher und schwerer bewaffnet als unser Surcouf – ab und zu mußte ihn seine treue Mannschaft sogar vor der sicheren Hinrichtung bewahren...

Keine Fiktion, sondern Historie: Den heldenhaften Kapitän gab es wirklich – und selbstverständlich war Robert Surcouf tatsächlich in Saint-Malo zu Hause. Seine Korsaren-Karriere dauerte allerdings kaum länger als die Fernsehserie – bereits mit 35 Jahren hatte der Held so große Reichtümer angehäuft, daß er in Rente gehen konnte. Dafür nimmt manch einer gerne eine Beinahe-Hinrichtung in Kauf... Zumal ein Korsar damals eigentlich nichts anderes als ein halbwegs legalisierter Pirat war: Seit einem Edikt aus dem Jahr 1681, erlassen von Finanzminister Colbert, erlaubte seine Majestät Ludwig XIV. gnädigst das Plündern von feindlichen Schiffen – französische mußten selbstverständlich verschont werden – und strich satte 50 Prozent aus dem Verkauf der Beute ein. Die meisten der holländischen und englischen Handelsschiffe waren zu schwer und zu unbeweglich, oft auch zu schlecht bewaffnet, um Surcoufs wendigem Schiff »Renard« (Fuchs) ernsthaft gefährlich werden zu können – zudem war die »Renard« so flink, daß sie bewaffneten Eskorten im Eiltempo davonsegeln konnte. Dank seiner königlichen »lettre de course«, sozusagen ein Freibrief zum Brandschatzen, blieb Surcouf stets von der Strafe für ordinäre Seeräuber – dem Erhängen – verschont. Der Korsar, ein ordentlicher Steuerzahler mit Lizenz zum Töten...

In Saint-Malo hat heutzutage eine regelrechte Surcouf-Verehrung eingesetzt: Touristen können sich in einer nachgebauten »Renard« herumschip-

Bretagne Extra

Die Legende lebt: In Saint-Malo sind die Freibeuter der Meere noch nicht ausgestorben.

pern lassen, das Surcouf-Denkmal und sein Grab auf dem Friedhof von Rocabey sind vielbesuchte Sehenswürdigkeiten. Trotzdem war der Kapitän alles andere als einer der zeitlebens säbelschwingenden Helden, wie man sie aus Errol-Flynn-Filmen kennt: Seine Karriere begann er als Sklavenhändler, nach seiner »Frührente« machte er sich als Waffenhändler selbständig und rüstete andere Korsaren aus.

René Duguay-Trouin (1673 bis 1736), ein anderer Bürger von Saint-Malo, stand dem großen Surcouf an Skrupellosigkeit gewiß nicht nach: Der wagemutige Seemann plünderte mit seiner Korsarencrew rund 300 Schiffe und – ganz nebenbei – auch noch die ferne Stadt Rio de Janeiro. Zum Dank wurde er in den Adelsstand erhoben, in den Rat der Ostindienkompanie aufgenommen und schließlich zum Marinekommandanten ernannt. Das einzige, was Duguay-Trouin von Surcoufschem Touristenruhm trennt, ist eben eine eigene Fernsehserie…

1856 schlug die letzte Stunde für die Nachfahren von Surcouf: Das Korsarentum wurde untersagt, die lettres de course abgeschafft. Das offene Meer wurde etwas sicherer – und die Kriege wieder etwas teurer. Frankreichs Finanzminister wird damals sicher ein paar leise Tränen vergossen haben.

Vitré

■ K3

Vom 15. bis zum 17. Jahrhundert war Vitré eine reiche Handelsstadt. Die sogenannten **canevas** (Stoffe) wurden nach Deutschland, England, Portugal, Spanien und Südamerika exportiert; bereits 1472 gründeten die reichen Kaufleute eine Art Exportgemeinschaft. Ein gewisser Pierre Landais avancierte sogar vom Schneider des Herzogs Franz II. zuerst zum Finanzminister und danach gar zum persönlichen Berater des Herrschers der Bretagne. Die prachtvollen Häuser der bretonischen Tuchhändler kann man heute noch in den Altstadtgassen bewundern.

Vitré gehört zu den am besten erhaltenen Orten der Bretagne: Ein Spaziergang durch die **Rue Baurdairie** (besonders schön sind die Gebäude mit den Hausnummern 5, 18, 25, 30), **Rue d'Embas** (beachten Sie die Häuser Nummer 10, 20, 30), **Rue Notre-Dame** oder **Rue Saint-Louis** gleicht einer Reise in die große Zeit der Stadt.

Sehenswertes/Museum

Château des Rochers-Sévigné
Die Marquise de Sévigné (1626 bis 1696), unter Literaten für die 267 Briefe an ihre Tochter berühmt, nutzte die Ruhe dieses Schlößchens regelmäßig zum Ausspannen vom Leben bei Hofe. Bis Mitternacht soll Madame hier Vorlesungen gelauscht oder eben geschrieben haben. In ihren Texten pries sie unter anderem das idyllische Landleben oder die Trinkfestigkeit der Bretonen (»In den Körper eines Bretonen paßt so viel Wein, wie Wasser unter eine Brücke...«).

Das spätgotische Schloß (15. bis 17. Jahrhundert) wirkt tatsächlich so elegant und ruhig wie in einem Brief der Madame de Sévigné beschrieben. Seine achteckige **Kapelle** wurde 1671

Unzählige runde Türmchen mit spitzen Dächern: Das Château de Vitré bietet dem Betrachter die Silhouette eines Märchenschlosses. Im Südturm ist ein sehenswertes Heimatmuseum untergebracht.

für den Abbé Coulanges, den Onkel der Marquise, errichtet. Auch wenn der Großteil des Mobiliars nicht aus dem Besitz der berühmten Schreiberin stammt, hat man einige persönliche Erinnerungsstücke bewahrt: Gemälde, Dokumente und natürlich ein Portrait. Im **Cabinet Vert**, dem grünen Zimmer, zieren den Kamin noch die Initialen des Mädchennamens der Marquise: Marie de Rabutin-Chantal.
Rte. d'Argentré du Plessis; gleiche Öffnungszeiten wie die Burg von Vitré; deren Eintrittskarte gilt auch für das Château

Château de Vitré
Die herrlich erhaltene Burg aus dem 13. bis 15. Jahrhundert wurde in kurioser Dreiecksform erbaut. Festungszinnen, Pulvertürme und massige Mauern ziehen die Besucherblicke auf sich, zwei spitze Türme säumen die Zugbrücke – hier könnten Mantel-und-Degenfilme gedreht haben. Im Südturm **Tour Saint-Laurent** versteckt sich ein kleines **Heimatmuseum** mit Skulpturen aus den schönen Altstadthäusern von Vitré, einem historischen Kamin, antiken Tapisserien und bretonischen Gemälden aus dem 19. und 20. Jahrhundert.
Pl. du Château; April–Juni tgl. 10–12 und 14–17.30, Okt.–März Sa, So und Mo vormittags und Di geschl.; Juli–Sept. 10–12.30 und 14–18.15 Uhr; Eintritt 25 FF

Notre-Dame
Besondere Aufmerksamkeit an dieser gotischen Kirche aus dem 15. und 16. Jahrhundert verdient die Südfassade.

Hotels und andere Unterkünfte

Le Chêne Vert
Äußerst schlichte, aber dafür auch preiswerte Auberge in Bahnhofsnähe, daher nicht unbedingt ruhig gelegen.
Pl. Général de Gaulle, 35500 Vitré;
Tel. 02 99 75 00 58; kein Fax; 22 Zimmer; Untere Preisklasse (EC, Visa)

Le Minotel
Einfaches Haus im Stadtzentrum, unweit des Château mit durchschnittlichem Komfort; trotz der historischen Lage wirken die Zimmer etwas unpersönlich.
47, rue Poterie, 35500 Vitré;
Tel. 02 99 75 11 11, Fax 02 99 75 81 26; 16 Zimmer; Mittlere Preisklasse (AE, EC, Visa)

Essen und Trinken

Le Petit Billot
Rustikale Dorfküche zu sehr günstigen Preisen. Besonders das kleine Menü ist empfehlenswert.
5, rue du Général Leclerc; Tel. 02 99 74 68 88; tgl. außer Sa 12–14 und 19–21 Uhr; Untere Preisklasse (EC, Visa)

Taverne de l'Ecu
Historische Gaststätte aus dem 16. Jahrhundert. Das Essen ist nicht eben Spitzenklasse, aber immerhin recht günstig. Verschmähen Sie die großen Menüs und halten Sie sich lieber an die günstigen Angebote.
12, rue Beaudrevue; Tel. 02 99 75 11 09; tgl. außer Di abends und Mi 12–13.30 und 19–21 Uhr; Untere Preisklasse (AE, EC, Visa)

Service

Office du Tourisme
Promenade Saint-Yves, 35500 Vitré;
Tel. 02 99 75 04 46

Mor-Bihan bedeutet im Bretonischen »kleines Meer«. Der Golf von Morbihan ist tatsächlich ein Miniaturozean – mit Horden von Inseln, kleinen Dörfern und charmanten Aussichtspunkten. Und wenige Kilometer weiter kann man beim Blick auf die Menhire von Carnac die Meisterleistung der Baumeister des Neolithikums bestaunen.

Nur durch eine schmale Öffnung mit dem Atlantik verbunden: Der Golf von Morbihan ist eine Welt für sich. Hier, in einem der größten Vogelreservate Europas, überwintern Tausende von Flugenten, Reihern und Möwen.

Das Morbihan ist auch eine Region, in der sich Legenden und Geschichte mischen: Die Wälder von Le Faouët wurden vor langer Zeit von einem weiblichen Robin Hood unsicher gemacht. Kein Kaufmann war vor ihr und ihrer Bande sicher, Marion de Faouët hatte ihre Mannen so gut im Griff, daß die Briganten an mehreren Orten gleichzeitig zuschlagen konnten.

In Sainte-Anne-d'Auray findet die wichtigste der bretonischen Wallfahrten statt. Dem Volksglauben nach soll die heilige Anna, Großmutter Christi, nämlich Bretonin gewesen sein – und 1623 einem Bauern aufgetragen haben, im heutigen Sainte-Anne eine Kapelle zu ihren Ehren zu errichten. Selbst Papst Johannes Paul II. war hier im September 1996 zu Gast.

Beim Cairn de Gavrinis oder rund um Carnac beeindrucken riesige Megalithdenkmäler aus schwerem Granit – auch wenn letztere seit einigen Jahren umzäunt sind, weil die Besuchermassen den soliden Stand der Menhire und die lokale Fauna bedrohten. Und noch immer weiß niemand, warum unsere neolithischen Vorfahren

die Mühe auf sich nahmen, Hunderte massiver Felsblöcke in die bretonische Landschaft zu stellen…

Wer noch nie in der Bretagne war, sollte vielleicht gerade das Morbihan besuchen, eine Region für fast jeden Geschmack: Kultur in der Altstadt von **Vannes**, im Museum der Ostindienkompanie in **Port-Louis** oder rund um die Menhire von **Carnac**. Landschaften wie gemalt auf der »schönen Insel« **Belle-Ile** oder im **Golf von Morbihan**. **Thalassotherapie** in **Quiberon**; wohnen wie ein Fürst im Château de Locguénolé in **Hennebont** oder dem Castel Clara in **Bangor**; Sandstrände an nahezu der gesamten Küste… Fast alles ist möglich!

Auray

F 4

Der beliebte Ferienort liegt am Golfe du Morbihan. Hier wurde 1364 der Erbfolgekrieg zugunsten der Montforts entschieden. Auch Du Guesclin, der für Charles de Blois focht, mußte sich nach heldenhaftem Kampf ergeben: »Dieser Tag ist nicht der Eure, Sire Bertrand, ein anderes Mal wird Euch das Schlachtenglück winken!« soll ihm der englische Kommandant zugerufen haben.

Als schönstes Viertel von Auray gilt die Hafengegend von **Saint-Goustan** mit ihren Häusern aus dem 15. Jahrhundert und malerisch schmalen Gassen. Hier konnte man 1776 einen illustren Gast begrüßen: Benjamin Franklins Schiff ging in Auray vor Anker, weil widrige Winde die Weiterfahrt nach Nantes verhinderten.

Sehenswertes

Saint-Gildas

Die Kirche mit ihrem schönem Renaissanceportal stammt aus dem 17. Jahrhundert. Als besonders sehenswert gilt das marmorne **Retabel** aus der Werkstatt von Olivier Martinet (1664).
Pl. Gabriel de Hayes

Das historische Hafenviertel Saint-Goustan ist der bezauberndste Teil des mittelalterlichen Städtchens Auray. Einen wunderschönen Blick auf seine Häuser genießt man von der Promenade du Loch aus.

Hotel und andere Unterkünfte

Hôtel du Loch
Etwas außerhalb gelegenes Haus mit Garten. Ruhig und recht gepflegt, aber die Bäder sind ziemlich klein.
La Forêt, 56400 Auray; Tel. 02 97 56 48 33, Fax 02 97 56 63 55; 30 Zimmer; Mittlere Preisklasse (EC, Visa)

Vermittlung von Ferienwohnungen
Relais Départemental des Gîtes Ruraux
2, rue du Château, 56400 Auray;
Tel. 02 97 56 48 12

Essen und Trinken

Closerie de Kerdrain
Gepflegtes Lokal in einem Haus aus dem 16. Jahrhundert, nahe der Kirche Saint-Gildas. Der Hummer mit Sellerie-Remoulade oder die Taube mit Rosmarin schmecken auf der Terrasse doppelt so gut. Günstiges Mittagsmenü.
20, rue Louis Billet; Tel. 02 97 56 61 27; tgl. außer So abends und Mo (in der Nebensaison) 12–14 und 19–21.30 Uhr; bis Obere Preisklasse (AE, DC, EC, Visa)

Service

Office du Tourisme
20, rue du Lait, Chapelle de la Congrégation, 56400 Auray; Tel. 02 97 24 09 75

Belle-Ile-en-Mer ▦ E5/E6

»Schöne Insel« – so wurde die Belle-Ile bereits von griechischen Seefahrern getauft. Und schön ist sie tatsächlich, so schön, daß sie der Sage nach nur von den Feen von Brocéliande erschaffen werden konnte: Die Belle-Ile sei die aufs Meer geworfene Blumenkrone der Feenkönigin, heißt es…

XL TOP 20

Eine majestätische Zitadelle, Grotten am Meer, felsige Küsten, malerische Dörfer, kleine Sandstrände, versteckte Wanderwege, Aussichtspunkte und zahllose winzige Häuser mit blauen Fensterläden – das alles ist Belle-Ile. Wenn irgend möglich, sollten Sie die Insel in der Vorsaison besuchen: Dann herrscht zwar noch kein Badewetter, aber die Idylle bleibt intakt.

Sehenswertes

Aiguilles de Port-Coton
»Felsnadeln« an der Steilküste. Ein beeindruckender Anblick.
Im Südwesten von Bangor

Citadelle Vauban
Die sternförmige Zitadelle von 1549 wurde an der Hafeneinfahrt von **Le Palais**, dem hübschen Hauptort der Insel, errichtet (→ 10x10, S. 8). Obwohl die Festung mit ihrem Graben und dem doppelten Mauerring fast uneinnehmbar wirkt, wurde die Zitadelle im 18. Jahrhundert von den Engländern besetzt. Türme, Kasematten und Pulverlager stehen zur Besichtigung frei, besonders interessant sind das **Musée Historique du Palais** (→ S. 115) und die Aussichtspunkte an der Ostseite (→ 10x10, S. 11).
Le Palais; Öffnungszeiten wie Museum

10x10

10x10

Grand Phare de Belle-Ile
Der 1835 konstruierte Leuchtturm darf sich einer Reichweite von etwa 60 Seemeilen rühmen. Wer die Sicht bis nach Lorient genießen will, muß jedoch erst mal 256 Stufen bewältigen.
Bangor; Führungen Ostern–Sept. tgl. 10–12 und 14–16 Uhr

Grotte de l'Apothicairerie
Nur von oben, 40 Meter über dem Meeresspiegel, kann man die Grotte bewundern, wenn sich das Wasser an den Felsen bricht. Der Zugang ist strikt untersagt. Kormorane nisten an diesem Teil der Steilküste: Die Einwohner von Belle-Ile erinnerte die Anordnung ihrer Nester an Gefäße in einer Apotheke, daher der Name.

Menhire Jean und Jeanne
Laut der Volkssage sind die Menhire Jean und Jeanne zwei Liebende, die es tatsächlich wagten, sich vor ihrem Hochzeitstag näher zu kommen und deshalb versteinert wurden – Strafe muß sein...

Plages des Grands Sables
Der größte Strand von Belle-Ile, feinsandig und 1800 Meter lang.

Pointe des Poulains
Die Steilküste eröffnet eine faszinierende Aussicht. Hinter dem Leuchtturm steht das Fort de Sarah Bernhardt, der Rest des Anwesens der großen Schauspielerin auf Belle-Ile. Die beeindruckende Villa der Aktrice wurde während des Zweiten Weltkrieges von den deutschen Besatzern zerstört. Das Heimatmuseum in der Zitadelle verfügt über einige persönliche Erinnerungsstücke der Schauspielerin

10x10 (→ 10x10, S. 10).

Museum

Musée Historique du Palais
Hübsches Regionalmuseum mit »wildem Durcheinander« von Erinnerungsstücken an mehr oder minder prominente Inselbesucher: Arletty, Fouquet, Monet und Vauban – und natürlich Sarah Bernhardt. Neben den Operngläsern, einem medusenähnlichen Portrait und einigen persönlichen Fotos der Schauspielerin wurden andere Ausstellungsstücke von den Seeleuten der Insel hergestellt. Eine Vitrine erinnert an die ehemalige Museumsführerin Anne-Marie Clement, die selbst 85jährig noch die Besucher durch die Festung geleitete und – laut den Einheimischen – »alle Geheimnisse unserer Insel kannte«.
Citadelle Vauban, Le Palais;
Ostern–Ende Sept. tgl. 9–19, Okt–April tgl. 9–12 und 14–18 Uhr; Eintritt 26 FF

Hotels und andere Unterkünfte

Castel Clara
Von den hellen, freundlichen Zimmern aus genießt man den Blick auf die wilde Küste, im Untergeschoß kann man sich in einem Institut für Thalassotherapie pflegen lassen. Selbst Morgenmuffel sollten sich zum Frühstück in den kleinen Saal begeben: Dort gibt es eine Riesenauswahl an Köstlichkeiten, von traditionellen Konfitüren über diverse Tees (von Mariage Frères in Paris!) zu Charcuterie, Rührei und verschiedensten Sorten Brot. Sehr freundlicher Service. Fitneßraum (→ 10x10, S. 14).

10x10

Port Goulphar, 56360 Belle-Ile-en-Mer;
Tel. 02 97 31 84 21, Fax 02 97 31 51 69;
43 Zimmer; 15. Feb.–15. Nov. geöffnet;
Luxusklasse (AE, EC, Visa)

La Désirade
Das besonders malerisch gelegene Hotel mit komfortablen Zimmern, Garten und Schwimmbad verlangt realistische Preise, nur das Frühstück ist überteuert. Relais de Silence.
Le Petit Cosquet, Bangor,
56360 Belle-Ile-en-Mer; Tel. 02 97 31 70 70,
Fax 02 97 31 89 63; 24 Zimmer; Mittlere bis Obere Preisklasse (AE, DC, EC, Visa)

Manoir de Goulphar
Etwas schlichter als das Castel Clara, aber ebenso schön gelegen. Die Zimmer mit Aussicht auf den Garten sind günstig, Blick auf die Küste schlägt wie immer kostensteigernd aufs Budget.
Port Goulphar, 56360 Belle-Ile-en-Mer;
Tel. 02 97 31 80 10, Fax 02 97 31 80 05;
57 Zimmer; Nov.–15. März geschl.;
Obere Preisklasse (AE, DC, EC, Visa)

Essen und Trinken

Contre Quai
Ob gefüllter Taschenkrebs, cotriade (Fischsuppe) oder warme Austern auf Haferplätzchen – hier werden einfache Genüsse freundlich aufgetischt. Schlichtes Ambiente.
Rue Saint-Nicolas; Tel. 02 97 31 60 60, Fax 02 97 31 66 70; tgl. außer Di mittags und Mo (außer in der Hochsaison) 12–14 und 19–21.30 Uhr; Mittlere Preisklasse (EC, Visa)

Le Resto
Tex-Mex-Bar für alle, die auch in der Bretagne nicht auf ihr Corona-Bier verzichten möchten. Im Zeichen des springenden Schwertfisches gibt es hier Tapas, Chilis und Variationen von Muscheln und Fritten.
2, pl. République; Tel. 02 97 31 59 42; tgl. 12–14 und 19–23 Uhr; Untere Preisklasse (EC, Visa)

Einkaufen

Lebensmittel
La Maison du Pêcheur
Fischsuppe, Anchovis, Sardinen und **pouce-pieds**, eine Muschelart – nature, als Suppe oder als Butter. Und alles selbst gefischt und selbst eingedost (→ 10x10, S. 17).
10x10
9, rue de l'Eglise, Le Palais

Service

Office du Tourisme
Gare Maritime;
56 360 Le Palais; Tel. 02 97 31 81 93 und Quai Macé; Tel. 02 97 31 80 01

Überfahrt ab Quiberon
Falls Sie auf der Insel Ihren PKW nutzen möchten, sollten Sie unbedingt rechtzeitig reservieren. Die Kapazitäten der Fähre sind höchst begrenzt, Preise werden nach der Länge des Wagens berechnet. Selbst wenn Sie bereits die stolze Transportgebühr für das Auto entrichtet haben, müssen Sie danach außerdem noch Personenfahrscheine für sich und alle Familienmitglieder lösen. Kurz: Der Ausflug kann sehr teuer werden.
Compagnie Morbihannaise de Navigation; Tel. 02 97 31 80 01
Navix; Tel. 02 97 46 60 00

Bignan ■ F4

Bignan ist das Heimatdorf von Pierre Guillemot, einem der Anführer der Chouannerie, dem berühmten Bauernaufstand (→ Geschichtlicher Überblick, S. 40). Von hier aus kommandierte der Leutnant die aufständischen Bauern von 20 Gemeinden der Umgebung.

Sehenswertes

Allée Couverte/Dolmen von Kergonfalz
Das Ganggrab aus zwölf Megalithen stammt aus der Zeit etwa 3000 v. Chr.

Château de Kerguehennec,
Das »bretonische Versailles« wird das 1715 von Oliver Delourme erbaute Schloß manchmal genannt; selbst die Chouans, die aufständischen Bauern, ließen das Schmuckstück unangetastet. Ein Teil des Gebäudes wird derzeit renoviert – im Park werden jedoch regelmäßig Skulpturen zeitgenössischer Künstler ausgestellt.
April–Okt. tgl. außer Mo 10–19 Uhr, Gruppenführungen auf Anfrage; Eintritt 25 FF

Carnac ■ E5

Seine unübersehbaren **alignements**, wahre Horden von Menhiren, machten Carnac weltberühmt. Das Dorf selbst ist wenig bemerkenswert und gleicht mehr einem Vermarktungsverein des größten Menhirfeldes der Bretagne. Hier ist alles etwas teurer – und manchmal auch etwas häßlicher – als anderswo. Weil Carnac in der Hauptsaison buchstäblich überrannt wird, mußte der Zugang zu den Menhiren mittlerweile auf unbestimmte Zeit gesperrt werden. Jetzt darf man die Steinriesen nur noch durch einen grünen Zaun bestaunen. Hübsch ist die weitgeschwungene Badebucht von **Carnac-Plage**, einem beliebten, recht schicken Ferienort (→ 10x10, S. 9) 10x10

Sehenswertes

Alignements
Drei große Bereiche bilden das Menhirfeld von Carnac. Am bekanntesten sind die **Alignements du Ménec** mit 1099 Menhiren in elf Reihen. XL TOP 20

Das Feld ist 100 Meter breit und 1167 Meter lang und beginnt mit einem **Cromlech**, einem Kreis von Menhiren. In Carnac beeindrucken die Menhire nicht durch ihre Höhe, sondern durch ihre Anzahl: Kein einziger Menhir von Ménec ist höher als vier Meter.

Die **Alignements de Kermario** bestehen aus 982 Menhiren in zehn Reihen, auf einer Fläche von 1250 mal 100 Metern. Etwa 650 Steine wurden vom Zahn der Zeit umgeworfen.

Die **Alignements de Kerlescan** im Osten schließlich werden von 540 Menhiren in 13 Linien und einem Cromlech aus 39 Steinen (auf 880 mal 139 Metern) gebildet (→ Extra, Menhire – ein ewiges Rätsel?, S. 120). Ein Informationszentrum befindet sich bei den Alignements von Kermario (→ 10x10, S. 11).

Extra

10x10

Tumulus Saint-Michel

Auf dem »Gipfel« des 15 Meter hohen Grabhügels thront eine Kapelle. Grabkammer und Seitenkammer stammen aus dem 4. Jahrtausend v. Chr. Archäologische Funde aus dem Tumulus sind im Prähistorischen Museum von Carnac und dem Archäologischen Museum von Vannes (→ S. 142) zu besichtigen.

Museum

Musée de la Préhistoire J. Miln – Z. Le Rouzic

Der schottische Archäologe James Miln und sein bretonischer Mitarbeiter Zacharie Le Rouzic bauten diese Sammlung auf. Die Ausstellungsstücke stammen aus verschiedenen Epochen vom Paläolithikum bis zum Mittelalter, die neolithische Abteilung ist weit über die Grenzen der Bretagne hinaus bekannt. Selbstverständlich lernt man hier auch alles Wissenswerte über Menhire, Dolmen und Cromlechs (→ 10x10, S. 12).

10x10

10, pl. de la Chapelle; Juli–Aug. tgl. 10–18.30 Uhr; Juni und Sept. tgl. 10–12 und 14–18 Uhr, Okt.–Mai tgl. außer Di 10–12 und 14–17 Uhr; Eintritt 32 FF

Hotels und andere Unterkünfte

Diana
Modernes Hotel für gehobene Ansprüche, direkt am Strand von **Carnac-Plage**. Garten, Schwimmbad, Zimmer mit Ausblick.
21, bd. de la Plage, 56340 Carnac;
Tel. 02 97 52 05 38, Fax 02 97 52 53 54;
30 Zimmer; Ostern–Sept. geöffnet; Obere Preisklasse bis Luxusklasse (DC, EC, Visa)

Plancton
Das Mittelklassehaus wurde ebenfalls am Strand erbaut. Zimmer mit Meeerblick.
12, bd. de la Plage, 56340 Carnac;
Tel. 02 97 52 13 65, Fax 02 97 52 87 63;
23 Zimmer; März–Sept. geöffnet; Mittlere bis Obere Preisklasse (AE, EC, Visa)

Essen und Trinken

La Côte de Boeuf
Simples Bistro mit Garten. Die Küche ist hier besser als anderswo in Carnac, die Preise sind trotzdem human geblieben. Besonders günstiges Mittagsmenü.
Menhirs de Kermario; Tel. 02 97 52 02 80;
Untere Preisklasse (EC, Visa)

Service

Office du Tourisme
74, av. des Druides, 56340 Carnac;
Tel. 02 97 52 13 52

Golfe du Morbihan ■ F5

Rund 40 Inseln und Inselchen verstekken sich im Binnenmeer des Golfs von Morbihan; besonders sehenswerte sind in diesem Kapitel unter ihrem Namen aufgeführt und näher beschrieben. Von Vannes aus kann man den Golf mit dem Boot erkunden, in Séné sogar mit einem **Sinagot**, einem alten Fischerboot, hinausfahren und unter vollen Segeln die Aussicht auf die **Ile-aux-Moines** oder **Ile d'Arz** genießen.

Hennebont

■ E4

Das hübsche Dorf breitet sich am Flußlauf des Blavet aus. Besonders an den Ufern und rund um die Festungsmauern (13. bis 15. Jahrhundert) nebst Garten geht es recht idyllisch zu. Ein kleines Ecomusée zeigt das Arbeitsleben in den alten Schmieden von Hennebont.

Hotel

Château de Locguénolé
Rund 120 Hektar Park umgeben das Schlößchen aus dem 19. Jahrhundert: Da überqueren schmale Pfade kleine Bäche, neben einem Meeresarm gibt es ein paar Ruinen zu entdecken, und vor dem Château liegt der alte Schiffsfriedhof. Vor langer Zeit ließen die Fischer ihre ausgemusterten Boote hier einfach verrotten – noch heute liegen die Reste eines Rumpfs wie ein Walskelett im Sand.

Im Zimmer wird man zum Schloßherrn für eine Nacht: wertvolle Tapisserien und Antiquitäten, wohin das Auge fällt, Whirlpools in der Hälfte der Zimmer, dazu ein Speisesaal mit Blick aufs Wasser. Lobenswert: Außer teuren Suiten gibt es auch Zimmer für das durchschnittlich gefüllte Portemonnaie. Im Sommer werden beim Schwimmbad einfache Gerichte für Badegäste serviert (→ 10x10, S. 14). **10x10**
Rte. de Port-Louis, 56700 Hennebont;
Tel. 02 97 76 29 04, Fax 02 97 76 39 49;
28 Zimmer; Jan.–Anfang Feb. geschl.;
Obere Preisklasse bis Luxusklasse;
Restaurant 15. Okt–Mai Mo und Di mittags geschl.; Mittlere bis Obere Preisklasse (AE, DC, EC, Visa)

Service

Office du Tourisme
9, pl. du Maréchal-Foch, 56700 Hennebont;
Tel. 02 97 36 24 52

Bahnhof
Gare S.N.C.F; rue de la Gare;
Tel. 02 97 36 20 08

In der Ville Close von Hennebont fühlt man sich um Jahrhunderte zurückversetzt. Dazu tragen auch die regelmäßig stattfindenden Vorführungen im Harras Nationaux, dem Nationalgestüt, bei.

Ile-aux-Moines ■ F5

Mit sechs Kilometern Länge ist sie die größte Insel des Golfs von Morbihan. Zwischen Mimosen, Kamelien, Oliven- und Zitronenbäumen gedeiht vor allen Dingen der Tourismus. Megalithen, Dolmen, ein Kalvarienberg, naturbelassene Wälder, ein hübscher Strand – die Bretagne en miniature!

Hotel/Essen und Trinken

San Fransisco
Ruhige Zimmer mit Aussicht, am Hafen. Garten.
56780 Ile-aux-Moines; Tel. 02 97 26 31 52, Fax 02 97 26 35 59; 8 Zimmer; Mittlere Preisklasse (AE, EC, Visa)

Service

Office du Tourisme
Am Hafen; Tel. 02 97 26 32 45

Ile d'Arz ■ F5

Die drei Kilometer lange Ile d'Arz ist etwas weniger touristisch, aber nicht weniger sehenswert als ihre Nachbarin Ile-aux-Moines. Besonders das Dorf mit seinen Häusern aus dem 17. Jahrhundert hat viel vom alten Charme bewahrt. Megalithen gibt es an der

10x10 **Pointe-Louise** zu sehen (→ 10x10, S. 8).

Ile de Gavrinis ■ F5

Ein Megalithgrab ist **die** Sehenswürdigkeit der »Ziegeninsel« (**Gavr'inis**) im Golf von Morbihan.

Sehenswertes

Tumulus/Cairn de Gavrinis
Eines der beeindruckendsten Monumente des Neolithikums: Durch einen 14 Meter langen Gang gelangt man in die 2,5 mal 2,5 Meter kleine Grabkammer. Rund 23 der 29 tragenden Steine werden von kuriosen Mustern geziert: Spiralen, Halbkreise, Kreise, Äxte, Schlangenlinien... Wegen des prachtvollen Wandschmucks vermuten viele Wissenschaftler hier ein wichtiges Zentrum der Megalithkultur, ohne freilich eine genauere Erklärung zu seiner Funktion liefern zu können. Unsere neolithischen Vorfahren müssen allerdings Schwerarbeiter gewesen sein: Archäologen schätzen, daß rund 10 000 Tonnen Baumaterial in Gavrinis verwendet wurden – eine Hundertschaft von Arbeitern wäre demnach drei Jahre lang ausschließlich mit dem Cairn beschäftigt gewesen
März–Okt. tgl. außer Di 15–18 Uhr, Juni–Sept. tgl. 10–12 und 14–18 Uhr; Eintritt 55 FF, Kinder bis 12 Jahre 18 FF

Ile de Groix ■ D5/E5

Gerade mal 15 Quadratkilometer mißt diese Nachbarinsel der Belle-Ile. Sehenswert sind die »Hauptstadt« **Groix** und das malerische **Locmaria**, zwei noch relativ ursprüngliche bretonische Dörfer. Badegäste treffen sich an der **Plage des Grands-Sables**.

Museum

Ecomusée de l'Ile de Groix
Der Thunfischfang war früher der ganze Reichtum der Insel. In einer alten Fabrik für Thunfischkonserven ist denn auch das Ecomusée untergebracht: historische Trachten, bretonisches Mobiliar, Fotos und Bilder – rund 80 Prozent der Ausstellungsstücke wurden von den Inselbewohnern gestiftet. Zahlreiche **Wanderwege** zweigen vom Museum ab – sie führen zu Menhiren, zum Strand **Plage des Grands-Sables** und zu einem Vogelreservat.
Port Tudy; Mitte April–Ende Mai tgl. 10–12.30 und 14–17, Juni–Sept. 9.30–12.30 und 15–19, Okt.–Mitte April Di–So 10–12.30 und 14–17 Uhr; Eintritt 22 FF, Kinder 16 FF

Menhire – ein ewiges Rätsel?

Man sieht sie an der Küste, auf Bergkuppen oder inmitten von Wiesen- und Heidelandschaften: die berühmten Menhire, stolz aus dem Boden ragende Felsriesen. Vor 4000 bis 7000 Jahren wurden sie unter enormem Aufwand von Kraft und Arbeit scheinbar zufällig in der Landschaft verstreut. Warum die Menschen des Neolithikums, die mit Jagen, Sammeln, Töpfern und dem Anbau von Getreide sicherlich mehr als ausgelastet waren, die Mühsal auf sich nahmen, tonnenschwere Blöcke aus dem Fels zu hauen und kilometerweit zu transportieren, kann bis heute niemand mit Sicherheit erklären. Kultstätten könnten es gewesen sein oder Observatorien. Bereits 1794 vertrat Jacques Chambry, der Gründer der keltischen Akademie, die Meinung, die Alignements von Carnac (→ S. 116) hätten astronomischen Zwecken gedient. Gegen Anfang des Jahrhunderts fand ein gewisser Alfred Devoir heraus, daß die Hauptreihen der Menhire und ihre Senkrechten nach Sonnenwende sowie Tagundnachtgleiche ausgerichtet sind. Die imposanten Steinreihen von Carnac wären demnach nichts anderes als ein simpler, aber riesiger Kalender.

Alexander Thon und René Merlet erstellten ein ähnliches, jedoch komplizierteres System rund um den großen Menhir von Locmariaquer. Doch selbst wenn die astronomische Theorie auf die Menhirreihen in Carnac zutreffen sollte, erklärt sie noch lange nicht den Überfluß an freistehenden Menhiren in der restlichen Bretagne. Sicher ist jedenfalls, daß die Felsblöcke noch lange Zeit nach dem Neolithikum zu kultischen Handlungen genutzt wurden. Denn warum sonst hätten die ersten Missionare die Menhire eilends »christianisieren« sollen: Viele wurden zerstört, auf einige Blöcke setzte man kurzerhand ein Metallkreuz, bei anderen wurde das obere Viertel zu einem Kreuz umgemeißelt, wieder andere wurden mit christlichen Symbolen bedeckt... Der Ursprung der heidnischen Riten, die die ersten Missionare zu Hammer und Meißel greifen ließen, ist trotzdem nicht im Neolithikum zu suchen: Zu viele unterschiedliche Kulturen und Religionen lagen zwischen dem Aufrichten der Menhire und der Ankunft der frommen Männer. Das Geheimnis der Steinriesen wird also in absehbarer Zeit nicht zu lüften sein.

Bretagne Extra

Faszinierende Denkmäler der Vorgeschichte: Menhire, das geheimnisvolle Erbe der heidnischen Urbevölkerung.

Doch selbst wenn man den ursprünglichen Zweck der Menhire nicht kennt, so weiß man doch immerhin einiges über ihre Herstellung: Nach Möglichkeit verwendeten die unbekannten »Architekten« natürliche Felsblöcke, die manchmal unter Ausnutzung natürlicher Risse grob zurechtgehauen wurden. Quarz, Quarzit oder Schieferplatten wurden verwendet, das bevorzugte Material war jedoch der Granit. Einige Menhire, wie der von Dol-de-Bretagne mit stolzen 9,5 Metern Höhe oder sein Kollege von Saint-Samson-sur-Rance (sieben Meter), sind von besonders gleichmäßiger Form und deshalb offensichtlich rundum behauen worden. Manchmal mußten die Steine aus nahen Felsmassiven »gesprengt« werden: Wahrscheinlich trieben die frühen Baumeister dafür Holzkeile in Risse und ließen sie durch Wasser aufquellen. Einige Menhire wurden drei oder vier Kilometer weit transportiert, wahrscheinlich mit Hilfe von Rollen und hölzernen Hebeln. Andere beförderte man auf riesigen Flößen. Um den Menhir aufzurichten, wurde zuerst ein Loch ausgehoben. Um ihn hineinzukippen, wurde er auf eine hohe Aufschüttung gerollt (die man nach dem Aufrichten beseitigte). Abschließend wurde der Menhir mit kleineren Steinen in der Erde festgekeilt. Eine regelrechte Pharaonenarbeit muß der große Menhir von Locmariaquer gewesen sein: Mit 20 Metern Höhe und 300 Tonnen Gewicht ist er ein wahrer Gigant.

Hotel/Essen und Trinken

Hôtel de la Marine
Einfaches, aber gepflegtes Hotel mit Garten. Für die gute Insellage nicht überteuert. Auch das Restaurant bietet günstige Menüs.
7, rue du Général-de-Gaulle, 56590 Ile de Groix; Tel. 02 97 86 80 05, Fax 02 97 86 56 37; 22 Zimmer; im Jan. geschl.; Mittlere Preisklasse, Restaurant tgl. außer So abends und Mo 12–13.30 und 19–21.30 Uhr; Untere Preisklasse (EC, Visa)

Service

Office du Tourisme
Im Rathaus, 56590 Ile de Groix;
Tel. 02 97 86 53 08

Überfahrt
Compagnie Morbihannaise et Nantaise de Navigation
Bd. Adolphe-Pierre, 56100 Lorient;
Tel. 02 97 64 77 64, Fax 02 97 64 77 69

Das Château Rohan in Josselin liegt ausgesprochen malerisch am Fluß und zeigt den zahlreichen Besuchern zuerst seine wuchtige Wehrfassade.

Ile d'Hoëdic ■ F5/F6

Die kleine Insel östlich der Belle-Ile wird von weniger als 140 Menschen bewohnt. Ein Drittel lebt vom Fischfang, der Rest von den Touristen, die hier im Sommer unter den Feigenbäumen Ruhe suchen: Auf Hoëdic kann man für eine moderate Summe eines von elf Ferienhäusern mieten.

Service

Fremdenverkehrsamt
Syndicat d'Initiative
Im Rathaus, 56170 Ile de Hoëdic;
Tel. 02 97 30 68 32

Ile d'Houat ■ F5

Dies ist eine sympathisch schlichte Insel, recht romantisch mit den weiß gekalkten Häuschen im Dorf. Wenn die Fischer ihren Fang an Land bringen, hat man tatsächlich das Gefühl, in einer ursprünglichen bretonischen Idylle gestrandet zu sein… Genau wie die »Nachbarin« Hoëdic kann man Houat problemlos zu Fuß kennenlernen.

Service

Fremdenverkehrsamt
Syndicat d'Initiative
Im Rathaus, 56170 Ile d'Houat;
Tel. 02 97 30 68 04

Ilot d'er Lannic ■ F5

Das Inselchen liegt südlich von Gavrinis im Golf von Morbihan. Der doppelte **Cromlech** in Form einer Acht, gebildet von 49 Menhiren, steht teilweise unter Wasser. Archäologe Zacharie Le Rouzic, einer der Stifter des Museums von Carnac (→ S. 117), unternahm hier in den zwanziger Jahren Ausgrabungsarbeiten.

Josselin ■ G4

Malerisch schmiegt sich die historische Altstadt an die Gärten des **Château**. Das Dorf am Ufer der Oust verfügt noch über zahlreiche Häuser aus dem 16. und 17. Jahrhundert. Hier fand mitten im Erbfolgekrieg 1351 die »Schlacht der Dreißig« statt. Der Kampf zwischen 30 englischen und französischen Rittern wurde durch den Tod des englischen Kommandanten zugunsten von Jean de Blois entschieden.

Sehenswertes

Château
Jean II. de Rohan ließ die Anlage in ihrer heutigen Erscheinungsform im 15. Jahrhundert errichten. Mit seinen drei 60 Meter hohen Türmen und den massiven Mauern aus Granit wirkt das Château eher wie eine Festung. Die inneren Fassaden im Stil der späten Gotik sind da wesentlich verspielter und reich mit diversen Ornamenten verziert. Hinter den Mauern kann man ein **Puppenmuseum** sowie zahlreiche persönliche Erinnerungsstücke an die Familie Rohan bewundern. Für Hobbyfotografen: Der schönste Schnappschuß des Schlosses gelingt von der nahen Brücke **Pont Sainte-Croix**!

Notre-Dame-du-Roncier
Die gotische Basilika stammt aus dem 12. Jahrhundert, wurde aber mehrfach verändert. Bemerkenswert ist das **Mausoleum** Olivier de Clissons (15. Jahrhundert) und seiner Frau Marguerite de Rohan. Der Legende nach soll ein Bauer im 8. Jahrhundert hier eine Statue der Jungfrau Maria gefunden haben. Der Mann transportierte das Stück zu seinem Hof, konnte es aber am nächsten Morgen nicht mehr finden: Das Marienbildnis war in den Wald zurückgekehrt. So beschloß man, an dieser Stelle eine Kapelle zu errichten. In einem Reliquienschrein wird ein Stück der Marienstatue verwahrt.
Ein **pardon** findet hier alljährlich am 8. September statt.
8, rue des Devins; Juli–Aug. tgl. 10.30–12.30 und 14–18 Uhr, außerhalb der Saison Mo–Sa 8–18.30 Uhr

Museum

Musée des Poupées
Auch eine Herzogin hat einmal mit Puppen gespielt: Die rund 1000 Holz- und Wachspuppen (17. bis 20. Jahrhundert) in den ehemaligen Ställen des beeindruckenden Château stammen aus einer Privatsammlung, deren Grundstock die Duchesse de Rohan 1880 legte.
Im Château, 3, rue des Trente;
Tel. 02 97 22 36 45, Fax 02 97 75 68 16;
Juni–Sept. tgl. 10–12 und 14–18, April–Mai und Okt. Mi, Sa und So und Schulferien 14–18 Uhr; Eintritt 29 FF, Kinder 21 FF

Service

Office du Tourisme
Pl. de la Congrégation, 56120 Josselin;
Tel. 02 97 22 36 43

Kernascléden

E 3

Die Kirche ist die einzige Sehenswürdigkeit dieses kleinen Ortes. Liebhaber der sakralen Kunst sollten sich den Totentanz auf ihrem Fresko nicht entgehen lassen.

Sehenswertes

Eglise de Kernascléden
Die Wände der Kirche aus dem 15. Jahrhundert sind mit Fresken zu Leben und Auferstehung Christi bedeckt. Am eindrucksvollsten sind jedoch die **danse macabre** und die Darstellung der Hölle samt teuflischer Kreaturen und Folterinstrumenten.

Larmor-Plage

E 4

Nicht umsonst trägt der Ort den Namen »Plage« (Strand), denn tatsächlich verfügt die Gemeinde über mehrere schöne Strände. Selbst Bretonen aus dem nahen Lorient lassen sich hier gern die Sonne auf den Rücken scheinen. Larmor-Plage gilt außerdem als Treffpunkt für Wassersportler.

Service

Office du Tourisme
Rue des Quatre-Frères-Leroy-Queret, 56260 Larmor-Plage; Tel. 02 97 84 26 24

La Roche-Bernard

G 5

Wer das Dorf von der Brücke über die Vilaine aus betrachtet oder die 23 Stufen zum Belvedére erklimmt, gewinnt den schönsten Eindruck von La Roche-Bernard: ein ruhiges Dorf mit historischem Stadtkern (Häuser aus dem 16. und 17. Jahrhundert) und beschaulichem Yachthafen. Ein Ort, ideal zum Ausspannen abseits der Ferienzentren.

Hotel/Essen und Trinken

L'Auberge Bretonne
Der Weinkeller gleicht einem Museum: 38 000 Bouteillen warten hier im riesigen Lager auf wahre Kenner – der libanesische Château Musar fehlt ebenso wenig wie ein japanischer Wein aus Sapporo. Im Speisesaal mit Aussicht auf den Gemüsegarten zeigt der Chef des Hauses, Jacques Thorel, mit Gerichten wie Jakobsmuscheln in Spargelbouillon oder Steinbutt mit Rindermark, daß er auch kochen kann – und wie! Günstiges Mittagsmenü. Schöne Zimmer im Haus (→ 10x10, S. 15). **10x10**
2, pl. Duguesclin; Tel. 0 29 99 60 28, Fax 02 99 90 85 00; 8 Zimmer; Luxusklasse; Restaurant tgl. außer Do und Fr mittags 12–14 und 19–21 Uhr; Obere Preisklasse (AE, DC, EC, Visa)

Museum

Musée de la Vilaine Maritime
Wissenswertes über das Leben der Fischer und Seeleute in der guten alten Zeit, dazu Dokumente und Modelle zum – im 17. Jahrhundert durchaus renommierten – Schiffbau in La Roche-Bernard. Sehenswert präsentiert in einem Gebäude aus dem 16. und 17. Jahrhundert.
Château des Basses-Fosses; Ende Juni–Mitte Sept. tgl. 10–13 und 15–19, Mai–Ende Juni Sa und So und feiertags 10.30–13 und 14–18 Uhr, im Winter 14.30–18 Uhr; Eintritt 20 FF

Service

Office du Tourisme
Pl. du Pilori, 56130 La Roche-Bernard; Tel. 02 99 90 67 98

Bootsausflug auf der Vilaine
Arzal; Tel. 02 97 45 02 81

Le Faouët

D3

Gleich eine ganze Gruppe von Malern ließ sich in Le Faouët inspirieren: Ende des 19. Jahrhunderts waren Oscar Chauveau, Charles Riviere, Auguste Leroux, David Nillet und Artur Midy hier regelmäßig zu Gast, stiegen in einem Hotel namens »La Croix d'Or« ab und beobachteten aufmerksam das Landleben. Gelegentlich werden ihre Werke im **Musée des Ursulines**, einem Kloster aus dem 17. Jahrhundert, ausgestellt.

Ein Meisterwerk der gotischen Schnitzkunst: Der farbenprächtige Holzlettner der Kirche Saint-Fiacre hat den verschlafenen Ort Le Faouët touristisch attraktiv gemacht.

Sehenswertes

Les Halles

Die Markthallen aus dem 16. Jahrhundert mit ihren Granitsäulen und Schieferdächern gehören zu den am besten erhaltenen – und schönsten – Markthallen der Bretagne. Auf dem Weg zum Markt mußten sich die Kaufleute im 18. Jahrhundert von einer Art weiblichem Robin Hood ausnehmen lassen: Die gar nicht damenhafte Marion du Faouët soll den »Pfeffersäcken« 15 Jahre lang das Leben zur Hölle gemacht und ihre Beute unter den Armen verteilt haben, bevor sie 1755, im Alter von 38 Jahren, auf der Place Saint-Corentin in Quimper hingerichtet wurde (→ Extra, Der Stoff, aus dem Romane sind: Marion du Faouët, S. 126).

Extra

Sainte-Barbe

Die Kapelle liegt besonders schön oberhalb dem Lauf der Ellé. Der Legende nach suchte hier einst der Adlige Jean de Toulbodou vor einem Gewitter Zuflucht und gelobte, an eben dieser Stelle eine Kapelle zu errichten, sollte er den Tag lebendig überstehen. Sire Toulbodou überlebte natürlich – und wählte für die Bauarbeiten kurzerhand eine leichter zugängliche Stelle flußaufwärts. Doch seine Handwerker konnten sich mühen, wie sie wollten – stets verschwand ihr Werk über Nacht. Nur durch den Bau der Kapelle an der exakten Stelle seines Gelübdes konnte Toulbodou seinen Schwur schließlich einlösen. Die Bauarbeiten dauerten von 1498 bis 1512; zur Kapelle führt eine prächtige Treppe aus dem 18. Jahrhundert. Die Renaissancefenster erzählen von den Wundertaten der heiligen Barbara, auch die Geschichte des unglücklichen Sire Toulboudou ist in Bildern festgehalten.

Links hinter der Kapelle zweigt ein Weg zur Quelle der heiligen Barbara, zur **Fontaine Sainte-Barbe**, ab. Heiratswillige Bretoninnen pflegten hier früher beim Vorbeigehen eine Nadel in den Brunnen zu werfen, um möglichst bald einen zukünftigen Ehemann zu finden.

Ende Mai–Mitte Sept. tgl. 10–12 und 14–19; Mitte Sept.–Ende Mai Mi, Sa und So 10–12 und 14–18 Uhr

Der Stoff, aus dem Romane sind: Marion du Faouët

»Geld oder Leben!« – Reiche Kaufleute, die im frühen 18. Jahrhundert auf dem Weg zum Markt oder zur nächsten Wallfahrt die Wälder rund um Le Faouët durchquerten, werden vor diesen Worten gezittert haben: Schließlich trieb sich hier die Bande von Marion du Faouët herum, schlagkräftige Briganten mit Knüppeln und Forken…

Die bretonische Version von Robin Hood, mit bürgerlichem Namen Marie-Louise Tromel, trat ihr Banditenleben 1735, im Alter von erst 18 Jahren, an – und sie war eine Frau!

Selbstbewußt hatte Marion ihren Mann Henry Pezron schon vor der Anwerbung weiterer Mitglieder zum Leutnant ernannt und verfügt, daß beim Diebstahl kein Blut fließen dürfe. Die bunte Truppe rund um das junge Mädchen, **Compagnie de Finefond** genannt, glich zunächst einem Familienbetrieb: Neben Ehemann Henry wurden ihr Bruder, ihr Stiefvater und ihre Mutter rekrutiert. Doch der Erfolg ließ auch dieses »Unternehmen« rasch wachsen. Getarnt als harmlose Händler, nahmen Marions Leute auf **pardons** und Messen die wohlhabenden »Pfeffersäcke« aus, während die Chefin im Dörfchen Kerhoel ihre Tochter Alice hütete und die Aktivitäten der Bande koordinierte.

Von den Reichen zu nehmen und es den Armen und Bedürftigen zu geben – eine bekannte Devise, die auf Marion du Faouët allerdings nur bedingt zutraf: Die einzigen Bedürftigen, die Madame und ihre Bande am Anfang ihrer Laufbahn kannten, waren sie selbst. Erst während der großen Hungersnot von 1740/1741 begann Marion, ihre Beute unter den Armen zu verteilen. Ihrer Truppe befahl sie, nur noch Auswärtige zu bestehlen. Schutzbedürftigen wurde ein Anstecker mit einem »M« und einem Kreuz verliehen – ein sicherer »Laisser-passer« für Wälder, Märkte und pardons.

Nur einmal in acht Jahren, im März 1743, konnten Bogenschützen Marions Ehemann Henry und einige Kameraden festnehmen. Mit Hilfe des adligen Abenteurers René Gabriel de Robien befreite Marion jedoch ihren Mann – und fortan war zwischen Quimper und Vannes kaum noch ein reisender Kaufmann sicher. Die Bande der Finefonds zählte

Bretagne Extra

In den Wäldern rund um Le Faouët mußte man mit der räuberischen Bande von Marion du Faouët rechnen.

mittlerweile um die 80 Mann und verfügte über mehrere Pferde.

Doch inzwischen begann auch die Justiz, sich verstärkt für die Brigantin zu interessieren: Im Dezember 1746 werden Marion und ihr Ehemann erneut festgenommen. Der unglückliche Henry fällt im März 1747 dem Henker zum Opfer, Marion selbst wird nackt auf dem Marktplatz von Rennes ausgepeitscht, mit einem glühenden »V« (für voleur = Dieb) auf der Schulter gebrandmarkt und aus der Region verbannt. Doch von Reue keine Spur: Zusammen mit De Robien nimmt die Räuberlady ihr Banditenleben wieder auf. Der alte Elan ist freilich gebrochen: Die Bande raubt Kirchen aus, Marion wird in Vannes festgenommen, nach Intervention von De Robien wieder freigelassen, um im Juli 1752 erneut eingekerkert zu werden. Noch einmal kann sie fliehen, aber allmählich wird es einsam um Marion. Die Justiz ignoriert fortan den Einfluß ihres adligen Kameraden De Robien, ihre Gefolgsleute enden einer nach dem anderen im Gefängnis – und selbst die Bürger von Le Faouët haben ihrer einstigen Wohltäterin die Unterstützung entzogen.

Im Oktober 1754 erkennt sie ein Nachbar in Nantes; am 2. August 1755 wird Marion du Faouët nach langer Folter auf der Place Saint-Corentin in Quimper gehängt. Bis zuletzt hatte sie sich geweigert, die Namen ihrer Kameraden zu nennen... Kein Wunder, daß diese Frau zu einer Legende wurde!

Saint-Fiacre
Die Kapelle aus dem 15. Jahrhundert, erbaut auf Anweisung der Familie Boutteville, ist berühmt wegen ihres **Lettners**, der Trennwand zwischen Chor und Mittelschiff, der ein Werk des Schnitzers Olivier Le Loergan ist (1480). Experten halten ihn für den schönsten der ganzen Bretagne. Hinter einer eindrucksvollen Kreuzigungsszene sind (auf der Rückseite) auf phantasievolle Weise die sieben Todsünden dargestellt.

Der Legende nach wurde diese Kapelle gleichzeitig mit der Kirche von Kernascléden errichtet: Engel sollen die Handwerker von der Baustelle der Bouttevilles zur Baustelle der rivalisierenden Familie Rohan getragen haben...
Mitte Juni–Mitte Sept. tgl. 9–12 und 14–19, 1. März–Mitte Juni und Mitte Sept.–Mitte Nov. tgl. 10–12 und 14–18, Mitte Nov.–Ende Feb. Sa und So, Mo und feiertags 14–17 Uhr

Service

Office du Tourisme
Rue de Quimper, 56320 Le Faouët;
Tel. 02 97 23 23 23 (im Sommer) bzw. 02 97 23 07 68 (Rathaus)

Lizio ■ G 4

Ein Musterdorf längst vergangener Zeiten. In diesem Ecomusée werden traditionelle Berufe vorgestellt, es gibt eine Cidrerie, eine Wildschweinzucht, eine Brauerei und vieles mehr.

Museum

Ecomusée de la Ferme et des Vieux Métiers
Alte Geschäfte zeigt dieses Ecomusée, vom Friseur bis zum Hutmacher. Insgesamt werden rund 60 Berufsgruppen vorgestellt – darunter natürlich ein authentischer Tante-Emma-Laden.
Bob-Huet; tgl. 10–12 und 14–19 Uhr; Eintritt 20 FF

Ziel in der Umgebung

Fabrication de la Cervoise/ Manoir de Guermahia ■ G 4

Hier gibt es **Cervisia** – das Bier, das jeder eifrige Asterix-Leser kennt (→ 10x10, S. 17). **10x10**
In Saint-Servant-sur-Oust; tgl. außer So 9–12 und 14–18 Uhr; Eintritt frei

Locmariaquer ■ F 5

Ursprünglich waren hier Fischer und Austernzüchter zu Hause, heute ist das Dorf einer der beliebtesten Badeorte der Region.

Sehenswertes

Grand Menhir Brisé
Der größte Menhir der Welt: 20,3 Meter hoch und rund 345 Tonnen schwer! Leider steht der Grand Menhir jedoch nicht mehr aufrecht, sondern liegt, in vier Stücke zerbrochen, darnieder. Wie bei allen Menhiren ist auch die Bedeutung dieses Prachtexemplars nicht geklärt (→ Extra, Menhire – ein ewiges Rätsel?, S. 120). **Extra** Wissenschaftler haben errechnet, daß die Kraft von 1200 Mann nötig war, um den riesigen Granitblock zu bewegen.
Eintritt 25 FF, Kinder 6 FF

Menhir de la Table des Marchands
Das Langgrab wird in die Zeit um 3500 v. Chr. datiert. Die große Deckenplatte, versehen mit Ritzzeichnungen einer Hacke, gilt als Teil des **Grand Menhir**.

Notre-Dame-de-Kerdro
Die romanische Kirche wurde im 11. Jahrhundert errichtet. Der Boden unter dem Gotteshaus hat sich mehrfach gesenkt, heute liegt das Gewölbe rund 1,2 Meter unterhalb seiner ursprünglichen Höhe.
Pl. de l'Eglise; tgl. 9–19 Uhr

Tumulus de Mané-Lud
Rund 4000 Jahre alt ist dieser Dolmen. Die beiden Reihen Menhire sollen bei ihrer Entdeckung von Pferdeschädeln gekrönt gewesen sein. **Mané Lud** heißt übrigens »Gebirge der Asche« – und tatsächlich wurden in der 2,25 Meter langen **Krypta** eingeäscherte menschliche Überreste gefunden.

Service

Office du Tourisme
Pl. de la Mairie, 56740 Locmariaquer; Tel. 02 97 57 33 05

Schiffsverbindungen
Bootstouren durch den Golf, Überfahrten nach Belle-Ile, Houat, Hoëdic: **Vedettes Navix**; pl. E.-Frick; Tel. 02 97 57 36 78

Lorient E4

Der wichtigste Fischereihafen Frankreichs präsentiert sich als schmucklose moderne Metropole. Während des Zweiten Weltkrieges wurde die Stadt ab September 1940 häufig von den Alliierten bombardiert. Über 80 Prozent der Stadt wurden zerstört, bevor sich am 8. Mai 1945 die letzten deutschen Truppen ergaben.

Vom Reichtum der Stadt Lorient im 17. Jahrhundert ist deshalb kaum noch etwas zu sehen: Damals gründete Colbert hier zum Zwecke eines schwunghaften Handels mit den Kolonien die zweite Ostindienkompanie Extra (→ Extra, Die Ostindienkompagnie, S. 26). Das Ziel der Flotte gab der Stadt den Namen: l'Orient – der Orient…

Im 18. Jahrhundert investierte der Finanzier Law in eine neue »Indische Kompanie«, die Geschäfte liefen besser als je zuvor. Erst der Verlust der Kolonien machte dem florierenden Kommerz ein Ende: 1770 mußte die Kompanie ihre Aktivitäten einstellen, Lorient wurde zum Militärhafen.

Essen und Trinken

L'Amphitryon
Das beste Restaurant der Stadt liegt ein wenig außerhalb – doch der Weg lohnt sich: Hummer im Geflügeljus, Schweinsfuß und -ohren mit Trüffeln oder Milchlamm mit Bohnen gehören zu den Spezialitäten. Günstiges Mittagsmenü.
127, rue Colonel-Jean-Müller, (etwa 3,5 km nordöstlich); Tel. 02 97 83 34 04; tgl. außer Sa mittags und So 12–14, 19–22.30 Uhr; Untere bis Obere Preisklasse (EC, Visa)

Le Jardin Gourmand
Das Haus verfügt tatsächlich über eine winzige Gartenterrasse (**jardin**): Hier schmecken die rustikalen Gerichte wie das **andouille de Guémené** mit Kartoffelpüree am besten. Sehr humane Preise.
46, rue Jules Simon; Tel. 02 97 64 17 24; tgl. außer So 12–14, 19–22 Uhr; Untere Preisklasse (EC, Visa)

Le Pic
Schlichte Genüsse aus dem Meer, frisch aufgetischt gegenüber dem Bahnhof.
Wer beim Menü nicht arm werden will, ist hier gut aufgehoben. Günstige Weine.
2, bd. du Maréchal-Franchet-d'Esperey; Tel. 02 97 21 18 29; tgl. außer Sa mittags und So 12–14 und 19–23 Uhr; Untere Preisklasse (EC, Visa)

Einkaufen

Lebensmittel
La Lorientaise
Die guten **galettes bretonnes** – knusprige Butterkekse – überstehen leicht die Heimfahrt. Auch das bekannte Pariser Feinkosthaus Fauchon ordert hier seine Galettes (→ 10x10, S. 17). 10x10
In Le Bel-Air, Lanester (5 km nördlich)

Marsaudon
Bio-Brot und feine Baguettes.
17, rue Ducouëdic

Au Pavé du Roi
Feine Pâtisserie: Neben leckerem Schoko-Kuchen empfehlen sich hier die vielen Spezialitäten mit Früchtemousses.
4, rue Joseph-Rollo

Märkte

Halles de Merville
Fast 80 Händler versorgen in der modernen Markthalle die Bedürfnisse der Gaumen von Lorient. Feine Auswahl von Fisch bei Madame Auffret.
Pl. des Halles; tgl. 8–13 Uhr

Service

Office de Tourisme du Pays de Lorient
Maison de la Mer, quai de Rohan, 56100 Lorient; Tel. 02 97 21 07 84

Bahnhof
Gare S.N.C.F; rue Edouard Beauvais; Tel. 02 97 42 50 50

Flughafen
Aérogare de Lann-Bihoué-en-Ploëmeur; Tel. 02 97 87 21 50

Schiffsverbindungen
Gare Maritime; Tel. 02 97 64 77 64 (Ile de Groix), Fax 02 97 64 77 69

Muzillac

G 5

Der Teich von Pen-Mur nahe der kleinen Gemeinde ist ein beliebtes Naherholungsgebiet. Die schützende Festung ist inzwischen verschwunden, in der Mühle kann man sich jedoch in die Kunst der Papierherstellung einweisen lassen.

Sehenswertes

Moulin de Pen-Mur
Hier widmet man sich der Herstellung von luxuriösem Papier nach alten Methoden. Herzog Franz II. war der erste Besitzer dieser Mühle, in der damals noch ganz konventionell Korn gemahlen wurde.
Juli–Sept. tgl. 10–12.30 und 14–18 Uhr, sonst nur am Wochenende, feiertags und in den Schulferien; Eintritt 17 FF

Pontivy

F3

Früher ein Lehen der Rohans, zog Pontivy wegen seiner strategisch günstigen Lage an der Blavet die Aufmerksamkeit Napoleons auf sich. Der große Korse ließ hier ein neues Viertel mit schachbrettartig angeordneten Straßen errichten; bis 1814 wurde die Stadt deshalb Napoléonville genannt.

Sehenswertes

Château
Zwei massige Türme und 20 Meter hohe Mauern schützen die beeindruckende Festung von 1482. Im Sommer finden hier wechselnde Themenausstellungen statt.
Rue du Général-de-Gaulle; Juni–Sept. tgl. 10.30–19, Okt.–Mai tgl. außer Mo und Di 10–12, 14–18 Uhr; Eintritt Juni–Sept. 25 FF (inklusive Ausstellung), in der Nebensaison 5,50 FF

Vieille Ville
Rund um die Place du Martray, die Rue du Fil oder die Rue du Pont, also in der historischen Altstadt, säumen zahlreiche Häuser aus dem 16. und 17. Jahrhundert die Straßen.

Service

Office du Tourisme
Am Château Féodal, 56300 Pontivy; Tel. 02 97 25 04 10

Beeindruckend erhebt sich die Zitadelle von Port-Louis aus dem Meer. Der Ort, ein ehemaliger Thunfischhafen, lohnt einen ausgiebigen Spaziergang.

Port-Louis

E4

Stolz thront die **Zitadelle** vor der Stadt. In Port-Louis ist die Geschichte der Region noch sichtbar; einfache Fischerhäuser und luxuriöse Residenzen, die im 17. Jahrhundert die Direktoren der Ostindienkompanie beherbergten, wechseln sich ab. Schlendern Sie beispielsweise in der Altstadt durch die Grande Rue oder die Rue des Dames – und besuchen Sie unbedingt die Museen in der alten Festung! Durch eine Pforte in den Festungsmauern gelangt man auch zum Strand, der **Plage des Grands-Sables**.

Museum

Musée de la Compagnie des Indes
Ein zarter Duft von exotischen Gewürzen scheint immer noch durch die **Zitadelle** (Bauzeit 1591 bis 1636) zu wehen. Die früher wohl recht abschreckende Festungsanlage beherbergt heute das Museum der Ostindienkompanie. Neben Kunstwerken aus den Kolonien und den Ländern des Orients, unter anderem eine japanische Samurai-Rüstung, gibt es hier verblüffend genaue Seekarten aus vergangenen Jahrhunderten zu bewundern (wie haben die alten Kartographen das ohne Luftaufnahmen geschafft?). Zahlreiche **Schiffsmodelle** zeigen die Entwicklung der Handelsmarine – und ganz nebenbei stellt man fest, daß diese Schiffe zu den technischen Meisterwerken ihrer Zeit zählten: Frachtraum mußten sie en masse aufweisen, außerdem gegen Korsaren und Piraten bewaffnet sein (schließlich konnte man denen wegen der schweren Ladung nicht einfach davonsegeln!), und natürlich mußte auch noch Platz für die Besatzung bleiben. Kein Wunder, daß die »Praxis« des Bordmediziners (Schiffsapotheken werden ebenfalls ausgestellt) da nur ein winziges Kabuff unten im Frachtraum war...

XL TOP 20

Übrigens: Wegen der zahlreichen Schiffsmodelle macht der Besuch hier auch kleinen Urlaubern Spaß. Und in den Nebengebäuden gibt es noch eine **Waffensammlung** (Torpedos, Säbel, Messer, Minen) und eine **Bootsausstellung**, die zwar nicht besonders sehenswert, aber im Eintrittspreis enthalten sind (→ 10x10, S.12).

10x10

Citadelle de Port-Louis; April–Sept. tgl. 10–19 Uhr, Okt.–März 13.30–18 Uhr, 1. Nov.–15. Dez. Di sowie 1. Mai, Weihnachten und 1. Jan. geschl.; Eintritt 26 FF; Kinder (5–12 Jahre) 12 FF

Service

Office du Tourisme
47, Grande-Rue, 56290 Port-Louis;
Tel. 02 97 82 52 93

Questembert

G4

Der Name des freundlichen kleinen Ortes im Hinterland mit einigen Häusern aus dem 16. und 17. Jahrhundert stammt aus dem Bretonischen: **kistin** heißt Kastanien.

Sehenswertes

Le Marché
Die schöne überdachte Markthalle von 1552 (restauriert 1675), eine der ältesten Frankreichs, ist zwar gut zehn Meter hoch, wirkt mit ihren 55 Metern Länge aber dennoch ein wenig düster. Hier kann man in die Atmosphäre des mittelalterlichen Questembert eintauchen.

Hotel/Essen und Trinken

Le Bretagne/Résidence des Châteaux
Von hier aus zog eine kulinarische Revolution durchs Land: Das »Le Bretagne« war unter Küchenchef Georges Paineau eines der ersten Spitzenrestaurants der Region. Heute bekocht sein Schwiegersohn Claude Corlouer die Feinschmecker – zum Beispiel mit gedämpften Austern in Estragonbutter,

Krustentier-Consommé mit Bohnen und Seeigeln, Seezunge mit Muschelragout oder Kalbsnieren im Fleischjus mit Schalottenkompott. Das Ambiente ist recht eigenwillig: Sie haben die Wahl zwischen einem rosa Wintergarten mit Zirkuspferd und einem düsteren Saal im Marinestil mit kuriosen Gemälden aus der Feder des Hausherrn... Zimmer im Hause

10x10 (→ 10x10, S. 15).

Rue St-Michel; Tel. 02 97 26 11 12, Fax 02 97 26 12 37; Jan. geschl.; Mittlere bis Obere Preisklasse (AE, DC, EC, Visa)

Service

Office du Tourisme
15, rue des Halles, 56230 Questembert; Tel. 02 97 26 56 00

Groupement d'Intérêt Touristique de Brocéliande
Fremdenverkehrsamt für den Wald von Brocéliande.
Rue de la Salle, 56230 Questembert; Tel. 02 97 73 33 33

Quiberon

E5

Der Badeort ist vor allen Dingen bei Fans der **Thalassotherapie** beliebt: Mit Wassermassagen und rigoroser Diät kann man hier ein paar Pfunde abspecken. In der Umgebung gibt es einige schöne Strände (→ 10x10, S. 9).

10x10

Hotels/Essen und Trinken

La Bellevue
Der Name täuscht nicht: Einige Zimmer verfügen tatsächlich über einen schönen Ausblick. Kleiner Garten rund um das Schwimmbad. Gutes Restaurant.
Rue Tiviec, 56170 Quiberon; Tel. 02 97 50 16 28, Fax 02 97 30 44 34; 38 Zimmer; März–15. Okt.; Mittlere bis Obere Preisklasse (AE, EC, Visa)

Sofitel Thalassa
Konventionelles Thalassotherapie-Institut in schöner Lage. Besucher, die einige Pfunde verlieren wollen, lassen sich auch durch die hohen Preise nicht abschrecken.
Pointe du Goulvars; Tel. 02 97 50 20 00, Fax 02 97 50 46 32; 133 Zimmer; Luxusklasse (AE, DC, EC, Visa)

Einkaufen

Geschenke
Boutique du Rétro
Schiffsmodelle, auf alt getrimmte Werbeschilder und originelle bis kitschige Souvenirs, die Dependance einer Crêperie aus der Nachbarschaft.
15, rue Port-Maria sowie im Nebenhaus hinter dem Hafen

Duchesse Anne
»Maritime Kleidung« wirbt das Schild. Schöner als die Klamotten fanden wir allerdings den Kasten mit historischen Postkarten neben der Kasse. Hoffentlich sind die noch da, wenn Sie vorbeischauen.
Gare Maritime Port-Maria

Lebensmittel
La Quiberonnaise
Von Hand entgrätete, in gutem Öl gegarte und dann eingedoste Sardinen – wäre das kein passendes Souvenir? Zu den Spezialitäten gehört auch die Thunfischsorte **thon germon**, die unter Feinschmeckern als die schmackhafteste überhaupt gilt (→ 10x10, S. 17). 10x10
– 30, rue du Port de Pêche; tgl. geöffnet
– 5, Quai de Houat, Port-Maria; nur in der Hauptsaison tgl. geöffnet

Service

Office du Tourisme
14, rue de Verdun, 56170 Quiberon; Tel. 02 97 50 07 84, Fax 02 97 30 58 22

Schiffsverbindungen
Gare Maritime et Compagnie Morbihannaise de Navigation
Überfahrt nach Belle-Ile, Houat, Hoëdic; Tel. 02 97 31 80 01

Ziel in der Umgebung

La Côte Sauvage ■ E5

Zwischen den »wilden« Abschnitten der felsigen Westküste der Halbinsel von Quiberon verstecken sich auch einige Sandstrände.
An der Route Côtière von Port-Maria kommend

Rochefort-en-Terre ■ G4

So wie hier muß die Bretagne vor 300 Jahren ausgesehen haben. Um die Schönheit ihrer Fachwerkhäuser aus dem 16. und 17. Jahrhundert zur Geltung zu bringen, haben die Stadtväter jedenfalls keinen Aufwand gescheut: Plakatwerbung wurde aus der Innenstadt verbannt, Stromleitungen und Fernsehantennen sorgfältig versteckt. Einige Häuser werden von Blumenkaskaden überwuchert. Besuchen Sie unbedingt die **Rue des Douves**, **Rue du Porche**, die **Place des Halles** und vor allem die **Place du Puits** mit dem ehemaligen Gerichtsgebäude.

Sehenswertes

Château
Die eigentliche Burganlage wurde 1793 zerstört. Der amerikanische Maler Alfred Klots kaufte 1908 die Ruinen, um sie Schritt für Schritt zu verschönern. Das Château de Keralio in Noyal-Muzillac wurde zum »Ersatzteillager« für sein Schloß, Tore, Türme und Lukarnen aus Keralio wurden hier in Rochefort-en-Terre verbaut. Auch das Mobiliar der vier zur Besichtigung freistehenden Zimmer wurde von Klots mit Liebe zum Detail ausgewählt. Ein **Regionalmuseum** zeigt Erinnerungsstücke an die Vergangenheit von Rochefort.
Juli–Aug. tgl. 10.30–18.30 Uhr, Juni/ Sept. 10.30–12 und 14–18, April/Mai und Okt. Sa und So 10.30–12 und 14–18 Uhr; Eintritt 20 FF

Die Côte Sauvage trägt ihren Namen zu Recht: Hier stürzen die Wellen fast immer meterhoch in die sandigen Buchten. Schilder weisen darauf hin, daß Baden absolut verboten ist.

Notre-Dame-de-la-Tronchaye
Das Gotteshaus wurde vom 12. bis zum 17. Jahrhundert immer wieder verändert. Sehenswert ist die hölzerne Empore, ein Rest des ehemaligen Lettners sowie das Renaissanceretabel von 1610.
Tgl. 9–12 und 14–18 Uhr

Parc de Préhistoire de la Bretagne
Frühgeschichte in der Art eines Wachsfigurenkabinetts. Lebensgroße Figuren zeigen die Entwicklung der Menschheit vom Paläolithikum bis zum Neolithikum.
In Malansac, 5 km südöstlich; April–Mitte Okt. tgl. 10–19, Mitte Okt.–Mitte Nov. So 14–18 Uhr; Eintritt 35 FF

Hotel

Château de Talhouët
Imposantes bretonisches Landhaus aus dem 16. Jahrhundert nebst Park am Waldrand. Komfortabel und stilvoll.
56220 Rochefort-en-Terre;
Tel. 02 97 43 34 72, Fax 02 97 43 35 04;
8 Zimmer; Obere Preisklasse bis Luxusklasse (AE, EC, Visa)

Service

Fremdenverkehrsamt
Syndicat d'Initiative
Pl. des Halles, 56220 Rochefort-en-Terre;
Tel. 02 97 43 33 57

Saint-Cado

■ E4

Das höchst romantische Dörfchen im Binnenmeer (»ria«) der Etel ist ein winziges Inselchen mit höchstens zwei Dutzend – meist weißen – Häuschen. Nur eine schmale Brücke verbindet Saint-Cado mit dem Festland, Horden von kleinen Booten sind an beiden Seiten des Ufers festgezurrt. Früher lebten hier Sardinenfänger, heute werden vor Saint-Cado Austern gezüchtet (→ 10x10, S. 8).

10x10

Der Beiname »Petite Cité de Caractère« ist wohlverdient: Rochefort-en-Terre ist das älteste Blumendorf in Frankreich. Überall blühen leuchtend rot Geranien.

Von Fischmenschen und verdammten Seelen: Bretonische Legenden

Ob es an den langen Winterabenden, dem kräftigen Rum der Seeleute oder dem keltischen Erbe liegt? Die Bretagne ist eine Region der Legenden – und die Bretonen sind stolz auf ihr historisches Erbe. In Gesellschaft von Einheimischen sollte man sich jedenfalls nicht über das versunkene Ys oder den »Sensenmann« Ankou lustig machen…

Die Fischmenschen der Ile d'Aise Nicht weit von Quiberon soll die Ile d'Aise einst in den Fluten versunken sein. Die Bewohner lehnten es ab, ihre Stadt zu verlassen, und wurden mit der Zeit zu Fischmenschen: Es heißt, sie leben in Unterwasserhöhlen, ernähren sich von Muscheln und besuchen am 23. November, in Mäntel aus Feuer gehüllt, das **pardon** von Saint-Colomban.

Die Bucht der verdammten Seelen Nahe bei Plougrescant und Jaudy trägt eine Bucht den Namen **Baie d'Enfer** (Höllenbucht). Bei Sturm soll man hier die Schreie der armen, im Höllenfeuer schmorenden Seelen hören können. Und steuert ein wackerer Seemann sein Schiff auf Hörweite heran, muß er damit rechnen, von den Toten in die Tiefe gezogen zu werden…

Sirona, die Nymphe Im Museum von Dinan kann man heute noch einen Altar bewundern, der der keltischen Gottheit Sirona gewidmet ist. Sie steht für Fruchtbarkeit und Unsterblichkeit; ihr Name leitet sich direkt vom keltischen Wort für »Stern« ab. An einem kleinen Fluß bei den Ruinen des Château de Montafilan, nordwestlich der Stadt, soll Sirona jede Freitagnacht ein Bad nehmen, stets begleitet von einem weißen Hirsch.

Ys – das Atlantis der Bretagne Einst, so berichtet die Legende, lebte der »gute König« Gradlon in einer prächtigen Stadt: Sein wahrhaft majestätisches Ys soll an der Küste vor Douarnenez gelegen haben. Starke Schleusentore schützten die Stadt vor Flut und Unwettern. Doch seine Tochter Dahud war der Sünde verfallen, lebte ebenso wie alle anderen Einwohner von Ys in Dekadenz. Eines Tages erschien der frevelhaften Dahud Satan höchstpersönlich – in Form eines besonders schönen jungen Mannes. Die Prinzessin, die sich sonst im Wald von Huelgoat ihrer Liebhaber entledigte, verfiel dem teuflischen Liebhaber. Doch Satan verlangte einen

Bretagne Extra

Wenn Ankou, der Sensenmann, auftaucht, dann wird es gefährlich …

Beweis ihrer Zuneigung: die Schleusenschlüssel von König Gradlon! Dahud zögerte nicht und bestahl ihren eigenen Vater – und der Teufel lieferte Ys den Wassern aus. König Gradlon wurde vom heiligen Corentin gewarnt und versuchte, sich zu Pferde zu retten. Doch auch Dahud schwang sich auf sein Roß, die Fluten drohten, Vater und Tochter zu verschlingen. »Schüttelt die Sünde ab, die Ihr hinter Euch tragt«, wies der heilige Corentin König Gradlon an. Aber der Herrscher wollte seine Tochter trotz all ihrer Untaten nicht dem sicheren Tod überlassen. Da berührte Corentin mit seinem Bischofsstab die Prinzessin, die augenblicklich im Meer versank. Gradlon jedoch war gerettet und gründete in Quimper einen neuen Hof. Doch auch mit Dahud war es noch nicht zu Ende: sie verwandelte sich in die Sirene Morgane und lockte fortan unschuldige Seeleute in die Tiefe. Nur derjenige, der eine Messe in der Kirche der versunkenen Stadt feiert, kann Ys – und Dahud – von ihrem Fluch befreien…

Ankou, der Sensenmann

Ankou ist der bretonische Name für den Gevatter Tod. Der »Sensenmann« verfügt zwischen Brest und Rennes offenbar über einen besonders schwarzen Humor: Dem ehrlichen Schmied Fanch ar Floc'h erschien er am ersten Weihnachtstag als Kunde, ließ ein Hufeisen an seinem Pferd festschlagen. Der Lohn der Arbeit war ein Rat von Ankou: »Gehet zu Bett, und wenn Eure Frau von der Mitternachtsmesse heimkehrt, dann sagt ihr, einen Priester zu holen. Denn diese Arbeit war Eure letzte…« Natürlich verstarb Fanch ar Floc'h tatsächlich am kommenden Morgen – für die Bretonen ein sicheres Zeichen, daß Gott die Arbeit des Schmiedes zur Weihnachtszeit bestraft hat.

Sainte-Anne-d'Auray

F4

Der wichtigste Wallfahrtsort der Bretagne: Hier soll dem Bauern Yves Nicolazic 1623 die heilige Anna erschienen sein. Die Mutter der Jungfrau Maria bat ihn, auf seinen Feldern eine Kapelle zu ihren Ehren zu errichten. Zwei Jahre später entdeckte Nicolazic genau am beschriebenen Ort eine Statue der Heiligen. Zwischen dem 7. März und dem ersten Sonntag im Oktober finden hier mehrere Wallfahrten statt. Das **Pardon de Sainte-Anne** am 26. Juli zieht jeden Sommer gleich mehrere zehntausend Pilger an. Bisheriger Höhepunkt des Anna-Kultes war ein Besuch des Papstes in Sainte-Anne-d'Auray im September 1996.

»Tot oder lebendig« sollte jeder Bretone wenigstens einmal hier gewesen sein – so jedenfalls will es das Sprichwort: Sainte-Anne-d'Auray, die meistbesuchte Wallfahrtsstätte des Landes.

Sehenswertes

Basilique
Die Fenster der von 1860 bis 1877 erbauten Kirche erzählen die Geschichte der heiligen Anna und des Bauern Nicolazic, der in der Basilika seine letzte Ruhe gefunden hat. Berühmt ist der **Klosterschatz** mit Votivtafeln aus dem 17. bis 19. Jahrhundert und zahlreichen Geschenken der Anne-Pilger – vom Spitzenschal der Kaiserin Marie-Louise bis zum gelben Tour-de-France-Trikot des Radsportlers Jean Robic.
9, rte. de Vannes

Museum

Musée du Costume Breton
Die traditionellen bretonischen Trachten, die hier zu bewundern sind, wurden in den zwanziger bis vierziger Jahren von ihren Trägern selbst hergestellt.
Basilique Sainte-Anne-d'Auray; Galerie und Museum Anfang März–Anfang Okt. tgl. außer So vormittags 10–12 und 14–18 Uhr; Eintritt jeweils 10 FF

Hotels/Essen und Trinken

L'Auberge
Im rustikalen Speisesaal bieten die kleinen Menüs das beste Preis-Leistungs-Verhältnis. Einige Gästezimmer.
56, rte. de Vannes, 56400 Sainte-Anne-d'Auray; Tel. 02 97 57 61 55, Fax 02 97 57 69 10; 6 Zimmer; tgl. außer Di abends und Mi (in der Nebensaison) 12–14, 19–21.30 Uhr; Untere bis Mittlere Preisklasse AE, EC, Visa)

La Croix Blanche
Recht komfortable Zimmer, ein hübscher Garten und ein günstiges Restaurant
25, rue de Vannes, 56400 Sainte-Anne-d'Auray; Tel. 02 97 57 64 44, Fax 02 94 57 50 60; 23 Zimmer; Feb. geschl.; Mittlere Preisklasse (AE, DC, EC, Visa)

Saint-Gildas-de-Rhuys ■ F5

Die Geschichte von Héloise und Abélard begründete den Ruf von Paris als Stadt der Liebe: Sie galt im 12. Jahrhundert als schönste und gebildetste Frau des ganzen Königreichs, er war ein adliger Theologe und Philosoph. Heimlich traf sich das Paar an den Seinequais, bis Héloises eifersüchtiger Onkel von der Romanze erfuhr. Der Unmensch ließ den unglücklichen Abélard kastrieren und verbannte die Liebenden – natürlich getrennt voneinander – ins Kloster. Abélard verschlug es hierher, nach Saint-Gildas, wo der gelehrte Adlige freilich nicht annähernd so populär wurde wie in Paris: Er selbst verstand kein Bretonisch und verspottete die Bretonen als »wildes Volk«, seine Mönchsbrüder verachteten ihn als Besserwisser und versuchten mehrfach, sich des verhaßten Parisers zu entledigen: gelegentlich mit Gift, einmal sogar mit einem großen Messer. Der Theologe entkam schließlich durch einen Geheimgang im Souterrain. Abélards Abtei wurde 1772 verlassen, ist heute in Privatbesitz und beherbergt eine Pension.

Sehenswertes

Saint-Gildas
Die Abteikirche aus dem 11. Jahrhundert, rekonstruiert im 16. und 17. Jahrhundert, birgt im Innern einen romanischen Chor, Grabmäler des heiligen Gildas und des heiligen Goustan. Der Kirchenschatz bewahrt unter anderem Reliquien des heiligen Gildas.
Tgl. 8.30–20 Uhr

Saint-Marcel ■ G4

Die bretonischen Résistancekämpfer machten das Dorf bekannt: Am 18. Juni starteten sie hier einen Angriff gegen die deutschen Truppen. Das historische Zentrum fiel den Kämpfen zum Opfer. Ein Museum erinnert an das Ereignis.

Museum

Musée de la Résistance Bretonne
Uniformen, Waffen, Fotos, Dokumente und andere Erinnerungen an den Zweiten Weltkrieg im allgemeinen und die Rolle der bretonischen Résistancekämpfer im besonderen.
15. Juni–15. Sept. tgl. 10–19, sonst 10–12 und 14–18 Uhr, 16. Sept.–14. Juni Di geschl.; Eintritt 30 FF

Sarzeau ■ F5

Das Heimatdorf des Schriftstellers Alain René Lesage gilt als Hauptstadt der Halbinsel von Rhuys und obligate Etappe am Golf von Morbihan. Einige Häuser stammen noch aus dem 17. und 18. Jahrhundert.

Museum

Château de Suscinio
Das Regionalmuseum mit Möbeln, Büchern und Gemälden ist in der ehemaligen Lieblingsresidenz der Herzöge der Bretagne (13. bis 14. Jahrhundert) untergebracht. Wesentlich prächtiger

als die Ausstellungsstücke ist der **Kachelboden** in einem der Säle: Rund 33 000 Keramikkacheln wurden hier während der Bauzeit des Schlosses verarbeitet – und erst 1975 bei Renovierungsarbeiten wiederentdeckt.
Südöstlich an der D 198; Juli–Aug. tgl. 10–19 Uhr, April–Juni und Sept. 10–12 und 14–19 Uhr, Okt.–März Do, Sa, So und feiertags 10–12 und 14–17 Uhr, Mo, Mi und Fr 14–17 Uhr, Di geschl.; Eintritt 20 FF

Tréhorenteuc ■ G 3

Die kleinste Gemeinde der Diözese von Vannes liegt am Rand des sagenumwobenen Waldes **Brocéliande**. Vom einstigen Château stehen nur noch Ruinen.

Sehenswertes

Eglise
Die Kirche aus dem 17. Jahrhundert wurde zwischen 1942 und 1962 von Abbé Henri Gillard reich geschmückt und restauriert. Sein Schriftzug »**la porte est en dedans**« (Die Tür ist im Innern) weist auf die reiche Symbolik seiner Arbeit hin. Die Fenster erzählen die Geschichte der Sainte-Onenne, die ihr Leben aus Bescheidenheit mit dem Hüten von Gänsen verbrachte, sowie die Legende des Heiligen Grals. Auch das Mosaik widmet sich der wundertätigen Schale und einigen Geschichten der Tafelrunde um König Artus. Gillard hat hier keltische Legenden wie die der Fee Morgana recht phantasievoll mit dem Evangelium verknüpft.

Château de Trécesson
Das Innere des wuchtigen »Spukschlosses« (15. Jahrhundert) mit soliden Mauern nebst Pechnasen aus rotem Granit ist leider nicht zu besichtigen, trotzdem empfiehlt es sich für einen ausgiebigen Blick vor einer Wanderung durch den Wald von Brocéliande.
D 312 Richtung Campénéac

Ziel in der Umgebung

Val Sans-Retour ■ G 3/H 3

Forêt de Brocéliande → S. 94

Vannes ■ F 4/F 5

Stadtplan → S. 143

Hinter stolzen Festungsmauern verstecken sich die Fachwerkhäuser der Altstadt von Vannes. Vorn am Hafen liegen kleine Boote und schicke Yachten festgetäut, sorgfältig beobachtet von den Gästen der Cafés um die Place Gambetta…

Vannes ist die wohl sympathischste Metropole der Region Morbihan – eine gleichzeitig moderne und traditionsreiche Stadt, ein wenig bourgeois, mit einem Gewirr von Fachwerkhäusern im Zentrum und einem Park »à la française«, der Hecken, Gräsern und Bäumen militärische Disziplin aufzwingt. Leider ist Vannes (von bretonisch **Gwened** – die Weiße) alles andere als ein Geheimtip – und deshalb in der Hochsaison entsprechend gut besucht.

Ursprünglich wurde die Stadt vom mächtigen keltischen Stamm der Veneter gegründet. Nach dem Sieg Julius Cäsars übernahmen die Römer die Siedlung. Mehrfach entschied sich die Geschichte der Bretagne hier in Vannes: Im 9. Jahrhundert wurde der spätere König Nominoë zuerst von Karl dem Großen zum Graf von Vannes ernannt, unter Ludwig dem Frommen stieg er zum Herzog der Bretagne auf. Nach dem Tod Ludwigs einte Nominoë die Bretagne zum Königreich – und wählte Vannes zu seiner Hauptstadt.

Die Metropole der Unabhängigkeit wurde später einer der Schauplätze des Anschlusses an Frankreich: Im August 1532 stimmten die bretonischen Landstände hier für eine dauerhafte Union des Herzogtums Bretagne mit der französischen Krone (→ 10x10, S. 8). **10x10**

Spaziergang

Parken Sie nach Möglichkeit am **Hafen**, und betreten Sie die Stadt über die Place Gambetta und die Porte Saint-Vincent. Über die Rue Saint-Vincent

10x10 geht es, vorbei an **Fischhalle** und **Markt** (→ 10x10, S.16), zur **Place des Lices**. Zur Feier der »Wiedervereinigung« der Bretagne mit Frankreich fanden an dieser Stelle 1532 zahlreiche Turniere statt. Über die Rue Rogue, die Place Valencia, die Rue des Halles und die Rue Saint-Salomon geht es zur **Cohue**, einer ehemaligen Markthalle, die auch als Gericht und Theater diente. Vergessen Sie nicht, auf dem Weg über die Rue Rogue einen Blick auf das berühmte Haus linker Hand zu werfen: Die dort angebrachte Plastik »Vannes und seine Frau« – zwei hölzerne Büsten mit grimassierenden Gesichtern – gehört zu den **Wahrzeichen der Stadt**.

Wir umrunden die Kirche **Saint-Pierre** auf der Rue Saint-Guenaël und verlassen die Altstadt über die **Porte Prison**, das Gefängnistor. Im 18. Jahrhundert diente der Bau tatsächlich als Kerker. Die Rue F. Decker bietet schönste Aussicht auf die Gärten und Festungsmauern. Die **Tour de Connétable** von 1425 und die **Lavoirs** (Waschhäuser) mit ihrer sehenswerten Fachwerkkonstruktion sind begehrte Fotomotive. Vorbei am **Château de l'Hermine**, wo einst die Residenz der Herzöge der Bretagne stand, geht es über die Rue A. Le Pontois zum Stadttor **Porte Calmont**. Nur ein paar Schritte nach links, und man findet sich am Hafen, dem Ausgangspunkt unseres Spaziergangs, wieder. Zeit für einen Kaffee auf einer Terrasse der Place Gambetta!

Dauer: 3 Std.

In der Altstadt von Vannes sieht man noch viele Fachwerkbauten, unter anderem die »lavoirs«, ehemalige Waschhäuser, direkt am Ufer der Marle.

Sehenswertes

Aquarium Océanographique et Tropical südlich ■ b3
In diesem Aquarium kann man Fische aus allen Gewässern der Welt bewundern. Zu den »Stars« des Hauses 10x10 gehören die Haie und die Nachbildung eines Korallenriffs (→ 10x10, S. 12).
Parc du Golfe; Juni–Aug. 9–19, Sept.–Mai 9–12 und 13.30–18.30 Uhr; Eintritt 45 FF

Cohue ■ b2
Die Markthallen stammen aus dem 13. Jahrhundert, umgebaut wurde sie im 17. Jahrhundert. Bis ins Jahr 1840 wurden hier Waren feilgeboten, im Obergeschoß war zeitweilig der Gerichtshof der Bretagne zu Hause. Heute beherbergt der Bau wechselnde Themenausstellungen sowie das **Musée des Beaux-Arts**.

Lavoir ■ c3
Die Waschhäuser von Vannes wurden im 17. Jahrhundert in Fachwerktechnik errichtet und faszinieren durch ihre kuriose Dachkonstruktion. Bis ins 19. Jahrhundert hinein waren die **lavoirs** am Ufer der Marle in Gebrauch.

Pointe d'Arradon
Der Aussichtspunkt erlaubt einen schönen Blick über den Golf de Morbihan nebst Ile d'Arz und Ile aux Moines.
5 km südwestlich über die D 101

Porte Prison ■ c2
Die »Gefängnispforte« war ursprünglich keine Haftanstalt, sondern Teil der mittelalterlichen Befestigungen. 1795, nach der Revolution, wurden hier Royalisten eingekerkert. So kam die Porte, die damals noch über zwei Türme verfügte, zu ihrem wenig gastfreundlichen Namen.

Presqu'Ile de Conleau ■ c2/c3
Von der Halbinsel südlich von Vannes genießt man eine wunderbare Aussicht auf den Golf von Morbihan und seine zahlreichen Inseln.

Remparts
Die herrliche Anlage erlaubt einen Blick in die Vergangenheit von Vannes: solide Festungsmauern, geziert von den **lavoirs** und der **Tour Connétable** (15. Jahrhundert), davor ein prächtiger Garten und die Wasser der Marle. Das **Château de l'Hermine** XL TOP 20 stammt ursprünglich von 1347 und präsentiert sich seit 1800 in seiner heutigen Gestalt.

Saint-Pierre ■ c2
Vom 13. bis 19. Jahrhundert wurde dieser eindrucksvolle Sakralbau errichtet. Die **Kapelle** (Saint-Sacrement, 1537) ist im Stil der italienischen Renaissance gehalten. Hier steht das Grabmal des Saint-Vincent Ferrier, eines spanischen Mönchs, der 1419 in Vannes verstorben sein soll. Bilder und Tapisserien künden von seinen Wundertaten. Auch die Bischöfe Sébastien de Rosmadec und François d'Aergouges sind hier zur letzten Ruhe gebettet.
Im **Kirchenschatz** der Kathedrale von Vannes kann man eine Hochzeitstruhe und ein Reliquienkreuz, beide aus dem 12. Jahrhundert, bewundern. Der Chor verfügt über einen Altar aus weißem Marmor (1776) und diverse Holzschnitzereien aus dem 18. Jahrhundert.
Pl. Saint-Pierre; Juni–Sept. 8–19 Uhr

Museen

Musée Archéologique du Morbihan ■ b2
Im ehemaligen Sitz des Parlaments der Bretagne (15. Jahrhundert) werden heute vornehmlich keltische Objekte aus Fundstätten bei Carnac oder Locmariaquer ausgestellt: Colliers, Armbänder, aber auch Äxte, geheimnisvolle

Scheibenringe und vieles mehr. Ein weiterer Saal ist dem Kunsthandwerk vom 13. bis 18. Jahrhundert gewidmet.
Château Gaillard, 2, rue Noë; April–Okt. tgl. 9.30–12 und 14–18 Uhr, So und feiertags geschl.; im Winter tgl. 14–18 Uhr; Eintritt 20 FF

Musée des Beaux-Arts ■ b2

»Die Kreuzigung« von Delacroix (1835) ist das bekannteste Werk des Museums der Schönen Künste. Daneben präsentiert man hier zahlreiche Bilder zum Leben in der Bretagne (viele regionale Künstler aus dem 19. und 20. Jahrhundert), Radierungen von Goya, Corot und Millet sowie eine Sammlung von Holzskulpturen (14. bis 16. Jahrhundert) aus den umliegenden Kapellen.
La Cohue, 9–15, pl. St-Pierre; tgl. 10–12 und 14–18 Uhr, feiertags geschl.; Eintritt 25 FF

Musée de la Cohue – Musée du Golfe et de la Mer ■ b2

Wechselnde Themenausstellungen finden heute in den alten Markthallen (13. Jahrhundert, verändert im 17. Jahrhundert) statt. In den riesigen Sälen erfährt man außerdem Wissenswertes über den Golf von Morbihan, die Fischerei im allgemeinen und Austern im besonderen, und man kann religiöse Skulpturen (14. bis 16. Jahrhundert) sowie regionale Gemälde bewundern.
9–15, pl. Saint-Pierre; Juni–Sept. tgl. 10–12 und 14–18 Uhr, Okt.–Mai tgl. außer So vormittags und Di 10–12 und 14–18 Uhr; Eintritt 25 FF

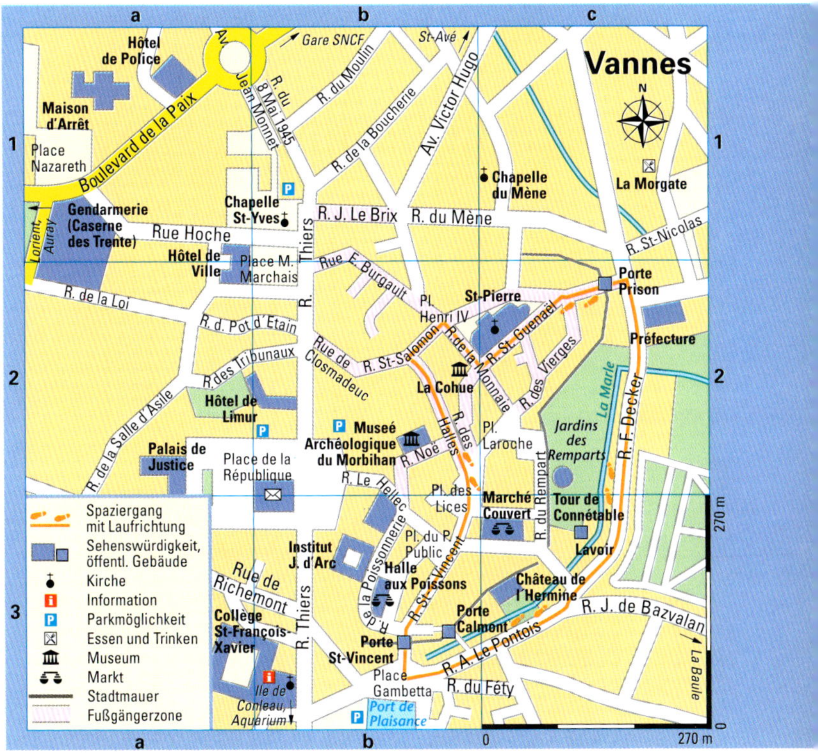

Unverkennbar eine »Ville d'Art et d'Histoire«, eine Stadt der Kunst und der Geschichte: Die malerische Altstadt von Vannes entzückt jeden Besucher.

Hotels

Aquarium südlich ■ b 3
Modernes Hotel mit Blick auf die Hafenausfahrt von Vannes.
Parc du Golfe, rue Daniel Gilard, 56000 Vannes; Tel. 02 97 40 44 52, Fax 02 97 63 03 20; 48 Zimmer; Mittlere Preisklasse (AE, DC, EC, Visa)

La Marébaudière östlich ■ c 2
Solides Mittelklassehotel, etwas abseits vom Zentrum, nahe am Park.
4, rue Aristide Briand, 56000 Vannes; Tel. 02 97 47 34 29, Fax 02 97 54 14 11; 41 Zimmer; Mittlere Preisklasse (AE, EC, Visa)

Le Roof
Schön an der Spitze einer Halbinsel gelegenes Haus mit modernen Zimmern.
4,5 km südwestlich in Conleau, 56000 Vannes; Tel. 02 97 63 47 47, Fax 02 97 63 48 10; 41 Zimmer; Mittlere Preisklasse (AE, DC, EC, Visa)

Essen und Trinken

La Morgate ■ c 1
Das günstige Preis-Leistungs-Verhältnis bei den Menüs zieht die Esser in Scharen in das schlichte Lokal. Viel Frischfisch.
21, rue de la Fontaine; Tel. 02 97 42 42 39; tgl. außer So abends und Mo 12–14 und 19–21.30 Uhr; Untere Preisklasse (EC, Visa)

Le Pressoir
Sechs Kilometer, die sich lohnen: ein hübsch rustikales Lokal mit regional inspirierten Spezialitäten **à la andouille** mit **foie gras** oder Kuchen von Kartoffeln und Rotbarben. »Weil mein Lokal abseits der Touristenströme liegt, muß ich um so mehr auf meine Küche achten«, sagt Patron Bernard Rambaud völlig zu Recht. Seine schmackhaften Menüs, besonders das nur werktags servierte Mittagsmenü, sind ausgesprochen preiswert (→ 10x10, S. 15). 10x10
7, rue Hôpital, Saint-Avé (6 km nördlich); Tel. 02 97 60 87 63; tgl. außer Di mittags und So abends und Mo 12–14 und 19–21.30 Uhr; Mittlere bis Obere Preisklasse (AE, DC, EC, Visa)

Régis Mahé nordöstlich ■ c 1
Wenig gastlich gegenüber dem Bahnhof gelegen, aber trotzdem ein Treffpunkt für Gourmets: Mahé verfeinert Meeresfrüchte mal mediterran, mal orientalisch – und manchmal hält er sich schlicht und einfach an bretonische Klassiker. Das Mittagsmenü ist besonders günstig (→ 10x10, S. 15). 10x10
Pl. de la Gare; Tel. 02 97 42 61 41; tgl. außer So abends, Mo bis 21.30 Uhr; Mittlere bis Obere Preisklasse

Einkaufen

Geschenke/Souvenirs
Coutellerie Per Chemereau ■ b 2
Neben Klassikern wie der **Laguiole** gibt es in dieser sehenswerten Messerhandlung auch eigene Kreationen wie den **Petit Nantais**. Zu den schönsten Exemplaren gehören die Messer von den Forges de Laguiole mit der aufgeklappten Klinge im Logo.
13, rue Emile Burgault

Gallery ■ b 3
Maritime Bilder und Poster, ästhetischer als das übliche Repertoire.
10, rue St-Vincent

Le Gréal ■ b 3
Fayencen aus Quimper, Postkarten und mehr oder minder kitschige Geschenke.
6, rue St-Vincent

Lebensmittel
Les Chais Saint-François östlich ■ c 2
Recht gute Selektion von Weinen aus ganz Frankreich. Auf die Bordeaux-Auswahl kann man sich verlassen.
28, av. Edouard-Herriot

Desplousse ■ c 1
Gepflegte Pâtisserie mit vielen Schoko-Spezialitäten, sogar Schokoladenaustern.
9, rue Saint-Nicolas

Escola ■ b 3
Frische Früchte, Gemüse, Weine und Spirituosen in einem schönen alten Fachwerkhaus. Eine kleine Sehenswürdigkeit!
19, pl. du Poids-Public

La Fromagerie de Kérouzine ■ b 3
Feinste Käse aus ganz Frankreich in Spitzenqualität. Bei Yann Auger gibt es nur bestens gereifte Ware (→ 10x10, S. 17).
10x10
3, pl. du Poids-Public

Honoré Le Brun ■ b 3
Campaillou heißt die hiesige Brotspezialität. Doch auch die bretonischen Kuchen wie der **Kouign Amann** schmecken.
9, rue St-Vincent

Michel Pierre ■ b 3
Ein schöner Anblick, der ganze Reichtum der **criée**, des Fischmarkts: Bei Monsieur Pierre gibt es stets die frischesten Seezungen, die prächtigsten Hummer…
2, pl. du Poids-Public

La Tapenade ■ b 2
Wider Erwarten gibt es hier keine **tapenade** (Olivenpaste), sondern andere regionale Spezialitäten.
23, rue des Halles

Märkte
Jeden Mi und Sa findet in den Altstadtgassen der **Marché de Plein Air** statt (→ 10x10, S. 16).
10x10

Marché Couvert ■ c 3
Hübscher kleiner Markt in historischen Hallen von 1912.
Pl. des Lices; Mi und Fr 7–13.30, Sa 6–13.30 Uhr

Halle aux Poissons ■ b 3
Kommen Sie am besten an einem Samstag zum Fischmarkt: Dann erledigen die bretonischen Familien in der Halle von 1880 ihre Einkäufe, und das Markttreiben ist am lebendigsten. Austern, Petersfische, Makrelen – frisch aus dem Meer, oft am frühen Morgen aus Lorient angeliefert, und vieles mehr sind im Angebot. Allerdings kann hier wie überall ein bretonischer Hummer zum Beispiel bis zu 220 FF kosten (→ 10x10, S.16).
10x10
Pl. de la Poissonnerie; Di–Sa 7–13 Uhr

Am Abend

Bar de l'Océan ■ b 3
»Strategisch günstige« Aussichtsterrasse mit Hafenausblick.
4, pl. Gambetta

Service

Fremdenverkehrsämter
Comité Départemental du Tourisme du Morbihan
Hôtel du Département, B. P. 400, 56009 Vannes Cedex; Tel. 02 97 54 06 56, Fax 02 97 42 71 02

Office du Tourisme ■ b 3
1, rue Thiers, 5600 Vannes;
Tel. 02 97 47 24 34

Bahnhof nordöstlich ■ c 1
Gare S.N.C.F
Tel. 02 97 42 50 50

Hafen ■ b 3
Port de Plaisance; Tel. 02 97 54 16 08
Fähren und Bootsfahrten:
Navix Atlantique; Gare Maritime, Parc du Golf; Tel. 02 97 46 60 00

Das Land der Heiligen

Kein Ort ohne seinen Heiligen: Unzählige bretonische Dörfer sind entweder direkt nach ihrem himmlischen Schutzherrn benannt, tragen ihn mit im Ortsnamen oder verfügen doch zumindest über eine Kirche, die dem örtlichen »Saint« gewidmet ist. In **Vannes** heißt diese Kirche **Saint-Patern**. Patern soll im 5. Jahrhundert der erste Bischof der Stadt gewesen sein. Die junge Gemeinde kannte unter seiner Führung auch Schwierigkeiten; Patern legte daraufhin sein Amt nieder und starb einige Jahre später im benachbarten Frankreich. Nach seinem Tod trafen gleich drei Hungersnöte die Bretagne. Die frommen Vannetaiser glaubten an eine göttliche Strafe – schließlich hatten sie ihren Heiligen verjagt – und betteten zum Zeichen der Sühne seine Gebeine an den Ort der heutigen Kirche um.

Locronan bedeutet soviel wie »Ort des Ronan«. Der Heilige, der im 10. Jahrhundert lebte, vermochte mit einer simplen Geste Wölfe und wilde Hunde zu beruhigen, ließ angeblich sogar ein Kind wieder auferstehen. Nach seinem Tod stritten die Grafen von Vannes, Rennes und der Cornouaille darum, wer dem frommen Mann ein gebührendes Begräbnis ausrichten dürfe. Wie so oft konnten sich die hohen Herren nicht einigen: In einem kuriosen »Losverfahren« wurde Ronans Leichnam auf einen Karren gelegt, zwei Ochsen sollten ihn zu seiner künftigen Grabstätte ziehen – doch der Weg der Tiere führte in eine andere Richtung: direkt nach Locronan.

Saint-Samson heißt der Schutzheilige von **Dol**. Er wurde von Saint-Ildut unterrichtet, heilte die Tochter und die Frau des Privatus von der Lepra und erhielt als Gegenleistung das Gelände der heutigen Kathedrale.

Saint-Malo hingegen wurde in der walisischen Klosterschule von Llancahvan auf seine Aufgaben vorbereitet. Nahe bei der Stadt, die heute seinen Namen trägt, riet ihm der Eremit Aaron, die Umgebung schnellstens zu evangelisieren: Jahrelang heilte er die Kranken der Region, bis ihn die Einheimischen vertrieben, weil er gegen die Heirat innerhalb ein und derselben Familie predigte. Kaum hatte Saint-Malo die Stadt verlassen, brachen Pest und Hungersnöte über die Einwohner herein. Erst als die Städter »ihren« Heiligen

Bretagne Extra

Ein Jurist wird zum Heiligen: der 1253 geborene Saint-Yves, wie er nach seiner Heiligsprechung genannt wurde.

anflehten zurückzukehren, legte sich das Unheil von selbst.

Die wichtigste Wallfahrt der Region findet zu Ehren von **Sainte-Anne** statt: Lokale Legenden machen aus der Großmutter Christi eine Bretonin, die von Engeln nach Nazareth befördert wurde, wo sie die Jungfrau Maria gebar. Natürlich kehrte Sainte-Anne in die Heimat zurück, wo sie fortan besonders den Bauern reiche Ernten bescherte.

Zum populärsten Heiligen der Bretagne entwickelte sich ausgerechnet ein Jurist: **Saint-Yves**, Schutzherr der Richter und Anwälte, Besieger des Unrechts und Tröster der Armen. Während man wohl nur einer Handvoll der heutigen Rechtsgelehrten solch hohe Eigenschaften zubilligen kann, machte der 1253 in Minihy-Tréguier geborene Yves Helori schon kurz nach seinem Studium in Paris durch seinen ausgeprägten Gerechtigkeitssinn auf sich aufmerksam, wurde zum Advokaten der Armen. Auch als Richter fanden seine weisen Urteile Respekt. Eines davon hat die Jahrhunderte überdauert: Nachdem sich ein reicher Bürger über einen Bettler beschwert hatte, der sich täglich vor seiner Küche an den Düften der feinsten Gerichte labte, nahm Saint-Yves ein Geldstück aus seiner Börse. Der Heilige ließ die Münze mit lautem Klingen auf den Richtertisch fallen und erläuterte ebenso feinsinnig wie lakonisch: »Dieser Klang bezahlt den Duft«…

Finis terrae – das Ende der Welt… Der lateinische Name der Region ist die exakte Übersetzung des bretonischen Penn-ar-Bed. Die alten Seefahrer haben die rauhen Küsten des Finistère wirklich gefürchtet: »Qui voit Ouessant, voit son sang, qui voit Sein, voit sa fin«, lautet ein altes Sprichwort. Frei übersetzt: »Wer die Insel Ouessant sieht, wird sein Blut sehen, wer die Insel Sein erblickt, schaut seinem Ende entgegen.«

Heute erhellen die Lichtkegel der Leuchttürme die »kritischen« Küsten. Ganz ohne Furcht kommen die Seeleute freilich nicht um die Region herum: Hier ereignete sich 1978 das berüchtigte Tankerunglück der Amoco Cadiz.

Das Finistère ist vielleicht die ursprünglichste der bretonischen Regionen: Die Flußtäler der **Abers**, die rauhe Landschaft des Hinterlandes, die zahllosen prachtvollen Kirchen und Kalvarienberge, authentische Fischerdörfer, ein kleiner Pfad zwischen dem Küstenort **Carantec** und einer kleinen Inselkapelle – das ist die eine Seite der Region. Die prächtige Innenstadt von **Quimper**, die sich elegant um einen Flußlauf schmiegt, die historische **Ville Close** von **Concarneau**, das Meeresmuseum **Océanopolis** in **Brest** oder das ewig überbesuchte **Pont-Aven** bilden das andere Gesicht des Finistère. Ein Abstecher nach **Douarnenez** empfiehlt sich für verhinderte Seebären. In der Bucht des Fischerdorfes kann man seit 1993 ein einzigartiges Bootsmuseum bewundern. Die alten Segelboote, Feuerwehrschiffe und Fischkutter erwecken fast die Illusion, als wären sie jederzeit zum Auslaufen bereit…

Mitunter glaubt man sich tatsächlich am Ende der Welt im Finistère…

Audierne ▦ B3

Das besonders authentische Fischerdorf liegt an der Flußmündung der Goyen. Wenn die Boote zur Jagd auf Hummer und Langusten aufbrechen, schauen auch Besucher von außerhalb gerne zu. Ein guter Tip ist auch die anschließende **criée** (→ 10x10, S. 16). Die **Pointe de la Torche** bietet einen schönen Ausblick auf das Umland. Neben dem Strand aus feinem Sand gehört die Fähre zur **Ile de Sein** (→ S. 166) zu den Attraktionen des Dorfes. Lohnend ist außerdem ein Abstecher zum Aussichtspunkt **Pointe du Raz** oder der **Pointe du Van** (→ 10x10, S. 10).

10x10

10x10

Hotels/Essen und Trinken

Le Goyen
Früher einmal, da war das Goyen ein einfaches Lokal in einer Fischkonservenfabrik, doch Junior Adolphe Bosser wollte höher hinaus, ließ die Konservenfabrik niederreißen und begann, statt Sardinen feinste Krustentiere aufzutischen. Einige Zimmer sind recht groß und modern, viele verfügen über besondere Entspannungsbäder (→ 10x10, S. 14).
1, pl. Jean Simon (am Hafen), 29113 Audierne; Tel. 02 98 70 08 88, Fax 02 98 70 18 77; 24 Zimmer; tgl. außer Mo 12–14 und 19–21 Uhr; Mittlere Preisklasse (AE, EC, Visa)

10x10

Hôtel de la Plage
Die Dependance des »Le Goyen« ist etwas bescheidener, etwas moderner, liegt aber sehr schön am Strand. Einige Zimmer bieten entsprechende Aussicht. Stimmiges Preis-Leistungs-Verhältnis.
La Plage, 29113 Audierne;
Tel. 02 98 70 01 07, Fax. 02 98 75 04 69;
27 Zimmer; Mittlere Preisklasse (EC, Visa)

Service

Überfahrt zur Ile de Sein
Service Départemental;
Tel. 02 98 70 02 38

Bénodet ▦ C4

Der beliebte Badeort mit Yachthafen und Kasino breitet sich am Ästuar der Odet aus. Wer möchte, kann mit dem Boot zum gegenüberliegenden Dorf **Sainte-Marine** übersetzen. Der Aussichtspunkt an der Avenue de Kercréven bietet einen wahren Königsblick auf das bunte Treiben im Hafen (→ 10x10, S. 9).

10x10

Hotels

Domaine de Kéréven
Ruhig gelegen, mit Park, gut zwei Kilometer außerhalb des Ortes. Je nachdem, ob Sie im Haupthaus oder in der Dependance unterkommen, können die Zimmer recht unterschiedlich ausfallen. Zeigen lassen!
Rte. Quimper, 29950 Bénodet;
Tel. 02 98 57 02 46, Fax 02 98 66 22 61;
16 Zimmer; Mittlere Preisklasse (AE, DC, EC, Visa)

Gwel-Kaër
Das gutausgestattete Haus mit Meerblick verfügt über einen Garten und ein schlichtes (aber nicht gerade günstiges) Restaurant.
Av. de la Plage, 29950 Bénodet;
Tel. 02 98 57 04 38, Fax 02 98 57 14 15;
23 Zimmer; Mittlere bis Obere Preisklasse (EC, Visa)

Hostellerie Abbatiale
Die Zimmer des einfachen Hotels bieten teilweise Aussicht auf den Hafen.
4, av. Odet, 29950 Bénodet;
Tel. 02 98 57 05 11, Fax 02 98 57 14 41;
60 Zimmer; Mittlere bis Obere Preisklasse (EC, Visa)

Le Minaret
Gutes Mittelklassehotel mit tollem Blick auf die Flußmündung. Gepflegter Garten.
Corniche de l'Estuaire, 29950 Bénodet;
Tel. 02 98 57 03 13, Fax 02 98 66 23 72;
20 Zimmer; Mittlere Preisklasse (Visa, EC,)

Essen und Trinken

La Ferme du Letty
In dem rustikalen Bauernhof kann man bei einem jungen Kochtalent reinschmecken:

Jean-Paul Guilbault setzt auf rustikale regionale Genüsse, etwa Hummer mit Jus von weißen Rübchen oder **fête du cochon** (Schweinefest) mit Koteletts, Blutwurst und Speck. Klingt rustikal, schmeckt raffiniert – und ist momentan noch bezahlbar. Neben dem teuren Degustationsmenü gibt es derzeit noch ein kleines Menü für rund 100 FF (→ 10x10, S. 15)!

10x10

Le Letty Izella; Tel. 02 98 57 01 27; tgl. außer Mi und Do mittags 12–14 und 19–21.30 Uhr, 15. Okt.–24. Feb. geschl.; Mittlere Preisklasse (AE, DC, EC, Visa)

Service

Office du Tourisme
Pl. de la Mairie, 29950 Bénodet;
Tel. 02 98 57 00 14

Schiffsausflüge
Ab Quimper oder Bénodet:
Vedettes de l'Odet; Tel. 02 98 50 72 12; Mai–Juni 2–3 Abfahrten tgl., Juli–Sept. 3–4 Abfahrten tgl., März–April auf Anfrage

Der kleine Ort Bénodet mit seinem hübschen Hafen, jeder Menge Restaurants, einem Kasino und einigen flachen Sandstränden kann über Besuchermangel nicht klagen.

Brest

B2

Selbst bei strahlendem Sonnenschein wirkt Brest ungastlich und unfreundlich wie ein verregneter bretonischer Novembertag. Die Hafenstadt, die auf einer römischen Gründung des 3. Jahrhunderts beruht, diente im Zweiten Weltkrieg als deutsche U-Boot-Basis. Von 1940 bis 1944 verbrannte die Altstadt fast vollständig im alliierten Bombenhagel. Vom Brest des 17. Jahrhunderts, als Richelieu und Colbert hier eine wahrhaft majestätische Kriegsflotte auf Kiel legten, blieb daher so gut wie nichts erhalten. Während dieser Blütezeit stand die Stadt für die maritime Macht Frankreichs: Gigantische 5000-Tonner, bestückt mit mehr als 100 Kanonen, die von Absolventen einer speziellen Kanoniersschule bedient wurden, stachen hier in See.

Auch heute noch ist der **Hafen** ein wichtiger Wirtschaftsfaktor, dementsprechend gut sind die Verkehrsanbindungen. Wenn Sie mit dem Flugzeug in die Bretagne reisen, werden Sie wahrscheinlich hier landen.

Sehenswertes

Arsenal Maritime/Base Navale
Der Hafen aus der Zeit von Richelieu und Colbert lag einst im Vallée de la Penfeld und war mit 80 Metern Breite, zwölf Metern Tiefe und seiner vor Wind und Wetter geschützten Lage geradezu ideal für die damaligen Schiffskonstruktionen. Inzwischen ist **le port** weit über die damaligen Grenzen hinaus gewachsen, und Minister Colbert würde nicht einmal mehr die Landschaft rund um seinen Hafen wiedererkennen. Der Port de Laninon ist ein moderner Militärhafen; meistens (aber nicht immer) kann man hier Schiffe der französischen Kriegsmarine besichtigen. Über den Cours Dajot gelangt man zum Handelshafen **Port de Commerce**.
Porte de la Grande Rivière; 15. Juni–15. Sept. und in den Schulferien tgl. 9–11 und 14–16 Uhr

Château
Das letzte Überbleibsel des historischen Brest ist ein gedrungenes graues Kastell aus dem 12. bis 17. Jahrhundert. Unter anderem half der berühmte Festungsbauer Vauban, den Platz zu befestigen. Heute beherbergt das alte Gemäuer die Hafenverwaltung und das **Marinemuseum** (→ S. 152).

Conservatoire Botanique National de Brest
Seltene Pflanzenarten kann man in diesem riesigen Garten bewundern. Das »Konservatorium« widmet sich der Erhaltung bedrohter Flora.
52, allée du Bot; April–Okt. tgl. 9–20, Okt.–März 9–18 Uhr; Eintritt in den Garten frei, Gewächshäuser 20 FF

Cours Dajot
Die 1769 von Sträflingen erbaute, 600 Meter lange Promenade bietet den besten Blick auf das geschäftige Treiben im **Port de Commerce**, dem Handelshafen.

Océanopolis
XL TOP 20
»Die Krabbe« wird das Gebäude von Jacques Rougerie in den Prospekten des Fremdenverkehrsamtes liebevoll genannt. Nüchterner ausgedrückt könnte man es freilich auch als plattgetretene Pyramide bezeichnen... Sehenswert ist das Museum trotzdem: Nicht nur, daß mehrere riesige **Aquarien** (insgesamt 420 Kubikmeter Inhalt!) die Besucher mit dem Ökosystem Meer vertraut machen und hier regelmäßig diverse ozeanographische Themenausstellungen stattfinden; von einer Kommandobrücke aus darf man auch Schiffsmodelle steuern, über Bildschirme flimmern live übertragene Satellitenbilder, in Computerspielen kann man beispielsweise sein Wissen über die Vogelarten der Küste prüfen (→ 10x10, S. 12). In den nächsten Jahren soll Océanopolis einem umfangreichen Facelifting unterzogen werden. Einzelne Abteilungen des Museums können während der Umbauten vorübergehend geschlossen werden.
10x10
Yachthafen von Moulin Blanc;
Tel. 02 98 34 40 40; 15. Juni–Sept. tgl. 9.30–18, 1. Okt–14. Juni Mo 14–17, Di–Fr 9.30–17, Sa und So und feiertags 9.30–18 Uhr; Eintritt 50 FF, Kinder (4–17 Jahre) 30 FF

Tour Tanguy
In der Festung derer zu Quilbignon, erbaut im 14. Jahrhundert, ist heute das **Musée du Vieux Brest** zu Hause.

Museen

Musée des Beaux-Arts
Sehr nüchterner Museumsbau mit Werken aus der Schule von Pont-Aven sowie italienischen und französischen Gemälden aus dem 17. und 18. Jahrhundert.
22, rue Traverse; tgl. außer So vormittags, Di und feiertags 10–11.45 und 14–18 Uhr; Eintritt frei

Musée de la Marine
Die alten Festungsmauern beherbergen zahlreiche Schiffsmodelle, hölzerne Skulpturen, maritime Gemälde und Navigationsinstrumente.
Château de Brest; tgl. außer Di 9.15 – 12 und 14–18 Uhr; Eintritt 29 FF; Kinder (5–12 Jahre) 19 FF

Musée du Vieux Brest
In der Tour de la Motte Tanguy (16. Jahrhundert) erlebt man Dioramen zur Stadtgeschichte; von Richelieu über die Revolution bis zur Zerstörung von Brest. Im Programm: die Seeschlacht von Hervé de Portzmoguer (1512), die Ankunft des Botschafters von Siam (1686) und das Seemannsleben im historischen Brest.
Tour Tanguy, gegenüber Musée de la Marine; Okt.–Mai Mi und Do 14–17, Sa und So 14–18 Uhr und in den Schulferien 14–18 Uhr, Juni–Sept. tgl. 10–12 und 14–19 Uhr; Eintritt frei

Hotels

La Corniche
Kleines, rustikales Haus. Abseits vom Zentrum, nördlich des **Arsenal Maritime** gelegen. Garten und günstiges Restaurant.
11, rue Amiral Nicol, 29200 Brest;
Tel. 02 98 45 12 42, Fax 02 98 49 01 53;
16 Zimmer; Mittlere Preisklasse (EC, Visa)

Mercure Continental
Gutgeführtes Kettenhotel. Modern und unpersönlich, aber zentral gelegen.
24, rue de Lyon, 29200 Brest;
Tel. 02 98 80 50 40, Fax 02 98 43 17 47;
75 Zimmer; Obere Preisklasse (AE, DC, EC, Visa)

Océania
Sehr zentral gelegen, nahe dem Marinemuseum und der Place de la Liberté.
Der beste Tip für Leute, die Brest zu Fuß erkunden wollen!
82, rue Siam, 29200 Brest;
Tel. 02 98 80 66 66, Fax 02 98 80 65 50;
82 Zimmer; Mittlere bis Obere Preisklasse (AE, DC, EC, Visa)

Essen und Trinken

La Chaumine
Crêpes von süß bis salzig in guter Qualität.
16, rue J. Bart; Tel. 02 98 45 10 70; tgl. 12–14 und 19–22 Uhr; Untere Preisklasse (EC, Visa)

Frère Jacques
Nach den Maßstäben des kulinarisch nicht gerade verwöhnten Brest ist dies ein ambitionierteres Restaurant. Schmackhafte Meeresfrüchte.
15 bis, rue de Lyon; Tel. 02 98 44 38 65; tgl. außer Sa mittags und So 12–14 und 19–21.30 Uhr; Untere bis Mittlere Preisklasse (EC, Visa)

Le Nouveau Rossini
Das Lokal ist im Stil eines bretonischen Landhauses gehalten, mit begehrter Sommerterrasse. Die Küche liebt es konservativ bis klassisch, die Preise sind (gerade noch) annehmbar.
22, rue du Comandant Drogou;
Tel. 02 98 47 90 00; tgl. außer So abends und Mo 12–14 und 19–22 Uhr; Mittlere Preisklasse (AE, DC, EC, Visa)

Einkaufen

Die Shopping-Meile von Tout-Brest ist die **Rue Jean Jaurès**. Glanz und Glamour sollten Sie hier nicht erwarten – dafür werden Sie wahrscheinlich fündig, wenn Reisewecker oder Rasierer versehentlich zu Hause geblieben sind.

Lebensmittel
L'Aquarium
Bretonische Hummer, Austern, Barben, Seezungen, Steinbutt, Petersfisch und Lottebäckchen – eine bretonische Fischhandlung, wie sie sein sollte.
63, rue Louis Pasteur; tgl. 9–12 Uhr, So, Mo geschl.

L'Histoire du Chocolat
»Geschichte der Schokolade« – so ein Name verpflichtet zu Qualität! Probieren Sie unbedingt die **ganaches**: Sie schmekken nach Zimt, Ingwer, Zitrone, Melone, Banane und anderen Köstlichkeiten.
60, rue de Siam

Märkte

Halles Saint-Louis

Der Markt mit den besten Waren: frischester Fisch bei **Bougeant**, feine Käse in der **Maison du Fromage**.

Nähe rue de Siam; tgl. 8–12.30, Sa 8–13 Uhr

Halles Saint Martin

Früchte, Gemüse, Käse, Fische oder Erdbeeren aus Plougastel. Viele Händler aus Saint-Luis verfügen hier über einen Zweitstand, der Samstag gilt als bester Einkaufstag.

Tgl. 7–13Uhr

Service

Office du Tourisme

Pl. de la Liberté, 8, av. Gerge-Clemenceau, 29200 Brest; Tel. 02 98 44 24 96; tgl. geöffnet

Bahnhof

Gare S.N.C.F; 10, pl. 19ème RI; Tel. 02 97 42 50 50

Flughafen

Aéroport de Guipavas; Tel. 02 98 32 01 00

Französische Inlandsflüge

Air Inter; Tel. 02 98 84 73 33

Finist-Air; Tel. 02 98 84 64 87

Camaret-sur-Mer

B2

Bevor Camaret zum Ferienort wurde, lebte die hiesige Bevölkerung vorwiegend vom Langustenfang. Die größten Ereignisse der Stadtgeschichte waren sämtlich militärischer Art: 1694 griff die englisch-holländische Flotte den Fischerort an – und wurde von den Vaubanschen Befestigungsanlagen aus buchstäblich in Stücke geschossen. Nach der Schlacht zählte man 1200 tote Invasoren – und nur 45 verletzte Franzosen. 1801 ließ der Ingenieur Fulton in der Bucht von Camaret ein erstes U-Boot zu Wasser, das Sprengladungen an feindlichen Schiffen anbringen konnte. Die Premiere des mit fünf Mann besetzten Unterseebootes scheiterte, der frustrierte Fulton kehrte nach Amerika zurück.

Einst ein bedeutender Hafen für Langustenfang, ist Camaret-sur-Mer heute in erster Linie Urlaubsort. Die Feriengäste schätzen besonders die maritime Atmosphäre, die hier längst nicht so mondän ist wie anderswo.

Sehenswertes

Notre-Dame-de-Rocamadour
Die Kapelle stammt aus dem 16. Jahrhundert. Pilger aus Skandinavien gingen damals regelmäßig in Camaret an Land, bevor sie ihren Weg nach Quercy fortsetzten. Seeleute stifteten zahlreiche Votivbilder. Ein **pardon** findet alljährlich am ersten Sonntag im September statt.
Le Sillon (bei der Tour Vauban)

Pointe de Penhir
Eindrucksvoller Aussichtspunkt. Zwischen wilden Felsformationen schaut man auf den Menez-Hom und die Küste (→ 10x10, S. 10).
10x10
3,5 km südwestlich von Camaret

Tour Vauban
Der Festungsturm nach Plänen des berühmten Baumeisters Vauban wurde gegen Ende des 17. Jahrhunderts errichtet. Die Anlage errang 1694 einen großen Sieg über die anglo-holländische Flotte. Im Innern sind ein kleines **Marinemuseum** und Handschriften des in Camaret bestatteten Poeten Saint-Pol-Roux untergebracht.
La Pointe; 15. Juni–Sept. tgl. 10–12 und 14–19, Juli–Aug. durchgehend geöffnet

Hotel/Essen und Trinken

La France
Von den Zimmern dieses bescheidenen, aber gutgelegenen Hauses genießt man einen hübschen Ausblick auf den Fischereihafen. Im Restaurant wird klassische französische Küche aufgetischt.
19, quai Gustave Toudouze, 29570 Camaret; Tel. 02 98 27 93 06, Fax 02 98 27 88 14; 20 Zimmer; Nov.–März geschl., sonst tgl. geöffnet; Mittlere bis Obere Preisklasse, Restaurant Untere bis Mittlere Preisklasse (AE, DC, EC, Visa)

Service

Office du Tourisme
Quai Kléber, B. P. 16, 29570 Camarel; Tel. 02 98 27 93 60, Fax 02 98 27 87 22; 15. Juni–15. Sept. tgl. geöffnet, in der Nebensaison tgl. außer So 9–12.30 und 14–18.30 Uhr

Eines der »wildesten« Kaps der Bretagne ist die Pointe de Penhir.

Carantec ■ D1

Einer der schönsten und idyllischsten Badeorte der Bretagne – zumindest in der Nebensaison. Neben dem Strand XL TOP 20 **Plage du Kelenn** verfügt Carantec über eine Reihe kleiner Sehenswürdigkeiten: Bei Ebbe kann man mit dem Auto zur **Ile Callot** hinüberfahren, einem dem Hafen vorgelagerten Inselchen mit einer Kapelle aus dem 15. Jahrhundert. Beim Strand steht die **Chaise du Curé**, der »Pfarrersessel« – ein Felsen, auf dem angeblich früher der jeweilige Dorfpfarrer gedankenversunken das Panorama auf die **Pointe de Roscoff** genossen haben soll. Natürlich ist die Aussicht superb 10x10 (→ 10x10, S. 9). Den Aufstieg zum Touristenort verdankt das Fischerdorf Carantec einem Hotelier namens Edmond Pouthier. Anfang des Jahrhunderts hatte sich Pouthier in den malerischen Ort verliebt und machte ihn mit Festen, Bootsausflügen, Regatten und Einladungen für Hobbyjäger und -fischer zu einem der Treffpunkte der Gesellschaft. Von Carantec aus werden außerdem viele Restaurants in ganz Frankreich mit den berühmten blauen bretonischen Hummern beliefert.

Unterkunft

Manoir de Kervezec
Chambres d'Hôte, also Zimmer bei Privatleuten: Hier sind es besonders hübsch ausgestattete Räume zu vernünftigen Preisen, dazu gibt es eine kleine Terrasse.
Kervezec, 29660 Carantec;
Tel. 02 98 67 00 26; 5 Zimmer; Mittlere Preisklasse

Service

Office du Tourisme
4, rue Pasteur, 29660 Carantec;
Tel. 02 98 67 00 43; Mo–Sa 9–12.30 und 13.30–18.30, Juli/Aug. 9–12 und 13–18, So 9–12.30, im Winter Mo–Sa 9–12 und 13–18 Uhr

Commana ■ C2

Das freundliche Dorf liegt zu Füßen des **Roc Trévezel**, der mit 384 Metern Höhe nach bretonischen Maßstäben schon als stattlicher Berg gilt und von dessen Gipfel man ein schönes Panorama vor Augen hat (→ 10x10, S. 10). 10x10 Weitab vom Meer gelegen, wird Commana eher von Freunden sakraler Kunst besucht, die sich für die typisch bretonischen Kirchhöfe (**enclos paroissiaux**) interessieren.

Sehenswertes

Saint-Derrien
Die Kirche aus dem 16. und 17. Jahrhundert beeindruckt zuerst durch ihren 57 Meter hohen Turm. Hinter der strengen Fassade verbirgt sich ein überwältigendes Barockinterieur. Besonders interessant ist der opulent geschnitzte **Retable de Sainte-Anne**, einer der schönsten Altaraufsätze der ganzen Bretagne. Das Werk von 1682 ist übrigens eine von Reue getragene Spende der Gemeinde: Im Rahmen eines Steuerstreits hatten die treuen Kirchgänger von Commana ihren Pfarrer damals kurzerhand zusammengeschlagen und zu lynchen versucht. Während die Dorfbewohner diskutierten, ob man ihn an der eigenen Haustür oder am Kirchturm aufhängen sollte, entkam der Geistliche. Das Retabel war als Entschuldigung für den wenig christlichen Akt gedacht.
Pl. de l'Eglise; tgl. 9–19 Uhr, Führung Fr 10.30, Sa 21.45 Uhr

Unterkunft

Chez Danielle et Michel Le Signor
Bed & Breakfast auf bretonisch: zwei hübsche Zimmer, idyllisch auf dem Land gelegen.
Kerfornedic, 29450 Commana;
Tel. 02 98 78 06 26; 2 Zimmer; Mittlere Preisklasse

Ziele in der Umgebung

Allée Couverte de Mougau-Bian ■ C2

Auf einigen Steinen des 14 Meter langen Ganggrabes aus dem Néolithikum kann man Gravuren erkennen.
Westlich des Dorfes Mougan-Bian bei Commana

Moulin de Kérouat – Ecomusée des Monts d'Arrée ■ C2

Das Dorf aus dem 17. bis 19. Jahrhundert wurde originalgetreu restauriert. Unter den strengen grauen Häusern ist besonders die **Wassermühle** interessant, auch das **Haus des Müllers** und die **Bäckerei** lohnen einen Besuch.
Kerouat bei Commana, tgl. 11–19 Uhr (Sommer), sonst 14–18 Uhr; Eintritt 25 FF

»Die kleine Schwester von Saint-Malo« wird Concarneau manchmal genannt.

Concarneau ■ C4/D4

100 000 Tonnen Thunfisch kommen hier pro Jahr an Land, dazu 30 000 Tonnen verschiedenster Meerestiere. Der Fischfang ernährt in Concarneau noch mehr als 1500 Seeleute, die Besatzungen von etwa 300 Booten. Wenn Sie zu den Frühaufstehern gehören, sollten Sie sich den Besuch einer **criée**, der traditionellen Fischversteigerung, nicht nehmen lassen. Doch der drittgrößte Fischerort Frankreichs kann auch richtig romantisch sein: Spazieren Sie nur einmal durch die **Ville Close**, die festungsgleiche Inselstadt vor dem Hafen, und die umliegenden Straßen (→ 10x10, S. 8)... 10x10

Sehenswertes

Criée
Zwischen 23 und 5.30 Uhr laden die Fischer ihren Fang aus, danach werden die Kisten auf dem Fischmarkt versteigert (→ Extra, Kein Job für Softies: vom Leben der bretonischen Fischer, S. 158). Extra
Am Hafen; Mo–Fr vormittags ab 6 Uhr

Marinarium du Collège de France
Zehn Aquarien und etliche Filmdokumente erlauben den Besuchern, buchstäblich ins Milieu der Meeresfauna einzutauchen – streng wissenschaftlich, versteht sich.
Quai de la Croix; 9. April–30. Sept. tgl. 10–12 und 14–18.30 Uhr; Eintritt 20 FF

Ville Close
Nur eine schmale Brücke verbindet die »geschlossene Stadt« mit dem Hafen. Auf einer etwa 400 mal 100 Meter großen Insel stehen massive Befestigungen (14. Jahrhundert) und ein Uhrturm. Spazieren Sie zum **Fischereimuseum** und über die **Rue Vauban** – oder bewundern Sie das Hafenpanorama von den **Festungsmauern** aus (→ 10x10, S. 11).
10x10

Keine Romantik, sondern ein verdammt harter Job: Die Fischer von Concarneau verdienen sich ihren Lebensunterhalt alles andere als mühelos.

Museum

Musée de la Pêche
Auch hier wird Concarneau seinem Ruf als Fischerort gerecht. Wer nicht früh genug aufstehen möche, um eine authentische **criée** (Fischmarkt) zu erleben, findet in der alten Kaserne mehrere Boote (Originale, keine Modelle!), Karten, Fotos und Aquarien. Ein Saal ist den verschiedenen Techniken des Fischfangs gewidmet – schließlich erlegt man einen kapitalen Thunfisch nicht auf dieselbe Art wie eine winzige Sardine.
Rue Vauban – Ville Close, BP 118; 15. Juni–15. Sept. tgl. 9.30–19 Uhr, 16. Sept.–14. Juni 9.30–12.30 und 14–18 Uhr; Eintritt 30 FF

Hotel

Le Galion
Gemütliche Zimmer hinter Granitmauern mitten in der **Ville Close**, charmant mit Kamin und alten Holzbalken. Das Restaurant gilt als das beste der Stadt; man serviert Klassiker wie Langostinos mit Waldpilzen.
15, rue Saint-Guénolé, 29900 Concarneau; Tel. 02 98 97 30 16, Fax 02 98 50 67 88; Restaurant tgl. außer So abends und Mo 12–14 und 19–21.30 Uhr; Mittlere bis Obere Preisklasse (AE, DC, EC, Visa)

Essen und Trinken

L'Assiette du Pêcheur
Schlichtes Lokal mit gutem Preis-Leistungs-Verhältnis. Die Meeresfrüchte sind ihr Geld allemal wert. Sehr populär, deshalb sollte man in der Hochsaison ruhig reservieren.
12, rue Saint-Guénolé; Tel. 02 98 50 75 84; tgl. 12.15–14 und 19.15–21.30 Uhr, in der Nebensaison So abends und Mo geschl.; Untere Preisklasse (EC, Visa)

Les Sables Blancs
Strandrestaurant mit hübscher Aussicht.
Rue des Sables Blancs; Tel. 02 98 97 01 39; April–Sept.; Mittlere Preisklasse (EC, Visa)

Kein Job für Softies: vom Leben der bretonischen Fischer

Morgens um sechs am Arrière-Port in Concarneau: Tieflader fahren den frisch angelandeten Fang durch die Hallen, rauhe Gestalten in derben Pullovern gestikulieren heftig, schreien in die Menge hinein; ab und zu hört man ein bretonisches Wort. Es ist die Zeit der **criée**, der Fischversteigerung. Und hier muß es schnell gehen – schließlich wollen die Fischhändler, daß ihre Ware so bald wie möglich am Pariser Großmarkt ist! Ganz und gar keine Händlerromantik also, mit Einkäufern, die erst bedächtig die Kiemen und Augen der Meerestiere auf Frische untersuchen, sondern eine knallharte Warenbörse, bei der jeder Centime und jede Minute zählt. Größere Handelsgesellschaften decken mit ihren Einkäufern gleich jede criée der Umgebung ab, schicken ihre Leute nicht nur nach Douarnenez, Guilvenec, Audierne und Loctudy, sondern sogar an die englische Küste.

Die frischesten Fische stammen aus der **petite pêche**, die auch **pêche côtière** genannt wird: küstennahe Fischerei, bei der die Boote noch am selben Tag Krustentiere, Steinbutt, Rochen, Doraden, Barsche oder Jakobsmuscheln in den Heimathafen bringen. Besonders bei den besseren Restaurants der Bretagne sind diese Meerestiere heiß begehrt, der Schriftzug »poisson de petite pêche« (Fisch aus küstennaher Fischerei) auf der Karte gilt als Gütesiegel.

Nicht gefangen, sondern gezüchtet werden Austern und Muscheln: Für die Austern gibt es Becken (die man bei Ebbe besonders gut in Cancale beobachten kann), Muscheln klammern sich an Pfählen oder Schnüren fest: Nicht weniger als 30 000 Tonnen **huîtres creuses** und 2000 Tonnen **huîtres plates** (flache Austern) werden in der Bretagne pro Jahr geerntet. Auch einige Fischfarmen, in denen Lachs oder Steinbutt systematisch aufgezogen werden, existieren an der Küste – eine Praktik, von der Fischer und auch Verbraucher freilich nicht immer begeistert sind: Zuchtlachs hat kaum Geschmack, auch den Butt kann man mit sei-

Bretagne Extra

Netzeflicken gehört heute wie vor ein paar hundert Jahren zum Alltag.

nen wildlebenden Artgenossen nicht vergleichen.

In entfernte Gewässer zieht es hingegen die Boote der Fischer aus den größeren Häfen wie Concarneau, Douarnenez oder Lorient: Vor Island, Irland oder im Golf der Gascogne werfen sie ihre Netze aus. Einige von ihnen sind Spezialisten für Thunfischfang, jagen zwischen Juni und Oktober die seltene Sorte **thon germon** vor Portugal oder im Golf von Gascogne. Nur 10 Prozent der gefangenen Thunfische sind germons; selbst in Dosenform kann man für sie fast dreimal mehr erlösen als für den (weiter südlich lebenden) Albacore.

Daneben gibt es die klassische Hochseefischerei, die Pierre Loti (1850 bis 1923) aus Paimpol in seinem Buch »Islandfischer« festgehalten hat. Loti, der selbst ein erfahrener Seemann war, jagte damals Kabeljau, der an Bord getrocknet und gesalzen wurde.

Seine Nachfolger kommandieren heute schwimmende Fischfabriken, die vor Grönland oder Labrador ganze Fischschwärme jagen und ihre Beute gleich vor Ort filetieren, tieffrieren oder räuchern können. So kommt der Kabeljau nicht mehr als gesalzenes Filet an Land, sondern im Zweifelsfall als Fischstäbchen...

Einkaufen

Dekoration
La Maison
Neben allerlei Schönem fürs Zuhause kann man hier auch neuere Äquivalente der guten alten Seemannskiste erstehen.
8, av. Pierre Guéguin

Lebensmittel
Sardines Gonidec
Eßbare Souvenirs: Ein paar Dosen einer der besseren Sardinenmarken von Concarneau sollten Sie schon mit nach Hause nehmen.
2, rue Bisson

Markt
Marché aux Légumes
10x10 Gemüse und Früchte, täglich frisch vom Bauernhof (→ 10x10, S. 16).
Pl. Jean-Jaurès; Mo–Fr 9–13 Uhr

Service

Office du Tourisme
Quai d'Aiguillon, 29900 Concarneau;
Tel. 02 98 97 01 44

Bootsausflüge zu den Iles de Glénan
Vedettes Glenn: Tel. 02 98 97 10 31
Vedettes Taxi: Tel. 02 98 97 25 25

Crozon-Morgat ■ B3

Das Dorf ist ein idealer Ausgangspunkt für Touren in die Umgebung. Machen Sie ruhig einen kleinen Umweg, um die Küste von den Aussichtspunkten **Pointe de Penhir**, **Pointe des Espagnols**, **Pointe de Dinan** oder **Cap de la Chèvre** zu bewundern.

Sehenswertes

Saint-Pierre
Die moderne Kirche besitzt einen sehenswerten Altaraufsatz aus dem 17. Jahrhundert: In 29 Bildern erzählt er die Geschichte von 10 000 christlichen Soldaten, die unter Kaiser Hadrian gekreuzigt wurden.
Pl. de Gaulle

Hotel

Hostellerie de la Mer
Günstiges Hotel ohne größeren Komfort. Einige Zimmer mit schöner Aussicht.
Le Fret, 29160 Crozon-Morgat;
Tel. 02 98 27 61 90, Fax 02 98 27 65 89;
25 Zimmer; Jan. geschl.; Mittlere Preisklasse (AE, EC, Visa)

Daoulas ■ C2

Wahrscheinlich war der junge Shakespeare in Tuch aus Daoulas gekleidet; sein Vater jedenfalls pflegte Stoffe aus dem bretonischen Dorf zu beziehen. Heutige Besucher kommen vor allen Dingen, um Kirche und Abtei zu sehen.

Sehenswertes

Abbaye
Die Abtei aus dem 12. Jahrhundert – sie geht auf eine Gründung im 5. Jahrhundert zurück – verfügt über den einzigen romanischen **Kreuzgang** des Finistère. Gelegentlich finden hier Ausstellungen statt. Die **Abteikirche** – ebenfalls aus dem 12. Jahrhundert – verfügt über einen sehenswerten **Kirchhof**. Bemerkenswert ist die reich mit Skulpturen verzierte **Pforte zum Friedhof** (16. Jahrhundert).

Douarnenez ■ C3

Der Fischereihafen wird vor allen Dingen durch das **Hafenmuseum** und die umliegenden **Werkstätten** interessant. Douarnenez ist keine echte Schönheit, nimmt aber einen Ehrenplatz in der bretonischen Legendenlandschaft ein: In seiner Bucht sollen sich die Ruinen des sagenhaften **Ys**, Hauptstadt von König Gradlons Reich (→ Quimper, S. 180/ → Extra, Von Fischmenschen und verdammten Seelen: Bretonische Legenden, S. 136), befinden. Ältere Fischer schwören, daß man bei stürmischer Nacht noch die Glocken der versunkenen Kirche von Ys hören kann…

Extra

Sehenswertes

Port de Pêche
Fischereihafen mit der größten Thunfischkonservenfabrik Frankreichs. Ab 23 Uhr wird der Fang ausgeladen, um 6 Uhr vormittags beginnt die Fischversteigerung (→ 10x10, S. 16).

10x10

Port de Rosmeur
Der alte Hafen ist freundlich, etwas touristisch und mit vielen Cafés besiedelt.

Museum

Musée du Bateau
Der Abstecher zum Hafenmuseum von Port Rhu versetzt in eine andere Welt: Da ankert ein ausgedientes Feuerwehrboot aus den fünfziger Jahren neben alten Fischerbooten wie der »Anna Rosa« von 1892, da gibt es Kutter, Schlepper und etliche maritime bretonische Antiquitäten, die alle einem bestimmten Zweck dienten: Muscheln, Thunfisch, Sardinen oder Langusten wurden damit einst gefangen. Stolz erhebt sich über den Masten der Leuchtturm der feuerroten »Scarweather« (Narbenwetter). Rund 20 Boote kann man »auf Deck« besichtigen, rund 200 Schiffe umfaßt die gesamte Kollektion des Museums; die meisten liegen nicht am Hafen, sondern sind in Hallen untergebracht (→ 10x10, S. 12). Am Ufer daneben liegt die Karkasse eines vietnamesischen Fischerbootes, das einst den Boat-People zur Flucht diente. Über 80 Menschen trotzten in dem winzigen Schiff den Gefahren der See. Damit nicht genug: Neben den fest vertäuten Booten werden die Besucher über die traditionellen »Meeresmetiers« vom Austernzüchter bis zum Heringsfischer aufgeklärt, in Ateliers kann man live erleben, wie Schiffsschrauben geschmiedet, Segel vernäht, Takelagen geknüpft oder hölzerne Klipper gebaut werden. Der »Verein der Freunde des

XL TOP 20

10x10

Die Nummer eins bei der Konservierung von Meeresfrüchten in Frankreich: In Douarnenez ziehen die Fischer jährlich 25 000 Tonnen Fisch und Krustentiere an Land, die industriell weiterverarbeitet werden.

Chez Etiennette
CREPERIE
TAXI
BAR
L'ANTIDOTE

Museums« bietet Amateur-Seeleuten währenddessen Schiffsmodelle nach Maß an. Nebenan arbeitet der letzte Marineschnitzer von ganz Frankreich, drechselt aus altem Holz kunstvolle Galionsfiguren und Schmuck für Heck und Ruder... Kurz: Dies ist das schönste Museum der gesamten Bretagne – sogar Besucher, die beim ersten Schritt auf ein Schiff von spontaner Seekrankheit erfaßt werden, müssen Douarnenez einfach als begeisterte Matrosen verlassen! Leider gibt es auch in diesem maritimen Paradies ein kleines Problem: Seit Anfang 1996 leidet das »schwimmende Museum« an chronischem Geldmangel, sogar eine Schließung droht! Spenden Sie dem »Verein der Freunde des Museums« also ruhig ein paar Francs, wenn Ihnen der Besuch gefallen hat.
Pl. de l'Enfer; in der Saison tgl. 10–19, sonst 10–12 und 14–18 Uhr; Eintritt Erwachsene 60 FF (Nebensaison 40 FF), Kinder 25 FF

Hotels und andere Unterkünfte

Auberge de Kerveoc'h
Rustikaler Bauernhof mit schönen Zimmern. In der Hochsaison verpflichtet das Haus seine Gäste zu Halbpension.
42, rte. de Kerveoc'h, 28100 Douarnenez; Tel. 02 98 92 07 58; 14 Zimmer; Ostern–Sept.; Mittlere Preisklasse (EC, Visa)

Thalasstonic
Modern eingerichtetes Haus der oberen Mittelklasse. Etwas teurer als die Konkurrenz.
Rue des Professeurs-Curie in 29100 Tréboul (3 km nordwestlich); Tel. 02 98 74 45 45, Fax 02 98 74 36 07; 50 Zimmer; Mittlere Preisklasse (AE, EC, Visa)

Das typische Arbeiterstädtchen Douarnenez mit seinen verwinkelten Gassen und weiß getünchten Häusern ist voller Lokalkolorit.

Ty Mad
Einfaches Haus mit Gartenterrasse und Zimmern mit Ausblick. Günstiges, aber auch entsprechend schlichtes Restaurant.
Plage Saint-Jean, 28100 Douarnenez; Tel. 02 98 74 00 53, Fax 02 98 74 15 16; 23 Zimmer; Ostern–Allerheiligen geöffnet; Mittlere Preisklasse (EC, Visa), Restaurant tgl. 12.30–14 und 19.30–21.30 Uhr; Untere Preisklasse

Essen und Trinken

Le Doyen
Recht gut gemachte Fischküche, stets frisch zubereitet von einem Schüler eines bekannten französischen Kochs.
4, rue Jean-Jaurès, Tel. 02 98 92 00 02; tgl. außer So abends und Mo 12–14 und 19–21.30 Uhr, Obere Preisklasse (AC, EC, Visa)

Le Pourquoi Pas – Le Charcot
Einfache, ehrliche Küche mit viel Frischfisch.
15, quai du Port Rhu; Tel. 02 98 92 76 13; tgl. außer So abends und Mo sowie im Nov. 12–14 und 19–22 Uhr; Mittlere Preisklasse (EC, Visa)

Einkaufen

Schnitzereien
Emmanuel Bourgeau
Eine Kuriosität: Direkt neben dem Hafenmuseum arbeitet Frankreichs einziger Marineschnitzer, er fertigt Galionsfiguren und andere Schiffsverzierungen aus altem Holz. Mehr als 100 Jahre lang war das alte Metier ausgestorben, bevor das Museum wieder ein Atelier eröffnete. Alle Stücke werden auf Vorbestellung entworfen, sind also kein billiges Souvenir.
Pl. de l'Enfer; Tel. 02 98 92 14 72

Service

Office du Tourisme
2, rue du Docteur-Mével, 28100 Douarnenez; Tel. 02 98 92 13 35, Fax 02 98 74 46 09; April–Sept. tgl. geöffnet, sonst So geschl.

Hafenrundfahrten
Vedettes Rosmeur; Tel. 02 98 92 83 83

Fouesnant

C4

Die **coiffes** (→ Extra, Coiffes – wenn Bretoninnen unter die Haube kommen, S. 34) und der **Cidre** verhalfen Fouesnant zu Ruhm. Erstere sollen die schönsten und zierlichsten der Region sein, letzterer gar der beste der ganzen Bretagne. Beim **Cidrefest** am dritten Sonntag im Juli kann man nachprüfen, ob der Apfeltrank seinem Ruf gerecht wird. Seine **Strände** und der hübsche **Hafen** machen Fouesnant zu einem recht beliebten Ferienort.

Extra

Hotels

Hôtel de la Pointe de Mousterlin
Schlicht und ruhig, in Strandnähe. Tennisplatz und Sportmöglichkeiten.
6 km südwestlich an der Pointe de Mousterlin, 29170 Fouesnant; Tel. 02 98 56 04 12, Fax 02 98 56 61 02; 52 Zimmer; Okt.–Ostern geschl.; Mittlere bis Obere Preisklasse (AE, EC, Visa)

La Pointe du Cap-Coz
Einfaches Haus mit Blick aufs Meer und den Hafen.
153, av. de la Pointe, 29170 Fouesnant; Tel. 02 98 56 01 63, Fax 02 98 56 53 20; 18 Zimmer; Mittlere Preisklasse (AE, EC, Visa)

Service

Exkursionen zu den Iles de Glenan; Tel. 02 98 50 72 12

Guimiliau

C2

Wie viele kleine bretonische Dörfer des Finistère ist auch Guimiliau vor allem für seine Kirche und den Kalvarienberg bekannt.

Sehenswertes

Calvaire
Der Kalvarienberg von 1581 bis 1588 zeigt mehr als 200 Figuren in diversen religiösen Szenen, inklusive einer regionalen Legende: Catell-Gollet, die »verlorene Catherine«, soll eine Hostie gestohlen und sich den Teufel als Liebhaber gewählt haben.

Saint-Miliau
Die Kirche, ein Mix aus Gotik und Renaissance mit reichgeschmückter Fassade, birgt im Innern ein sehenswertes **Baptisterium** von 1675, geschnitzt aus Eiche und versehen mit einem Baldachin, eine **Orgel** von 1677 sowie zwei **Kirchenfahnen** aus dem 17. Jahrhundert.
6, rue des Genest

Huelgoat

D2

Seinen Namen trägt der Ort vollkommen zu Recht: Huelgoat heißt soviel wie **haut bois**, frei übersetzt »riesiger Wald«. Rund 600 Hektar umfaßt dieser westliche Teil des sagenumwobenen **Brocéliande**. Bei einem Spaziergang durch den **Forêt du Huelgoat** werden die alten Legenden wieder lebendig: Zuerst kommt man zum **Chaos du Moulin**. 20 Meter tief stürzt hier der **Rivière d'Argent** (Silberfluß) auf kuriose, runde Gesteinsbrocken hinab. Ein paar Meter entfernt liegt die **Grotte du Diable** (Teufelsgrotte): Der Legende zufolge führt dieser Weg direkt zur Hölle – eine Auberge liegt neben der anderen, immer schönere Serviererinnen schenken immer stärkeren Wein ein –, doch nur wer nüchtern an der Höllenpforte ankommt, darf umkehren... Nach dem Alkoholtest der Vorhölle gelangt man zur **Roche Tremblante**, dem zitternden Felsen. Ein einfacher Händedruck an der richtigen Stelle kann den 100 Tonnen schweren Brocken zum Schwingen bringen. Etwas südlich liegt die **Ménage de la Vierge**, der Jungfernhaushalt. Nach einer Volkssage ist dies das erste Haus der Jungfrau Maria mitsamt der Wiege des Jesuskindes, Bett, Schrank, Kessel und (in der Bretagne unerläßlich) einem Regenschirm.

Im Osten findet man die **Artusgrotte**. Auf dem steinernen Bett soll der König genächtigt haben. Vorbei an der **Mare des Sangliers** (Wildschweinsenke) findet man das **Camp d'Artus** (Artuslager), einen elliptischen Wall mit einer Ausdehnung von 270 mal 115 Metern und rund zehn Meter Höhe. Der Legende nach beherbergt dies Lager den Artusschatz.

Im Süden, nahe an der D 769a, kann man den **Gouffre** bewundern: 39 Stufen führen in den »Schlund«, in dem der Silberfluß 10 Meter abfällt. Manchmal färbt sich das Wasser hier blutrot – ein Phänomen, für das die Farbe der Felsen verantwortlich ist. Die Legende kennt freilich eine ganz andere Erklärung: Es ist das Blut der zahlreichen Liebhaber von Dahud, der bösen Prinzessin von Ys. Die Königstochter selbst pflegte die jungen Herren beim Gouffre zu ertränken.

Noch etwas weiter südlich findet man die Feensenke (**Mare aux Fées**). Nachts sollen die Feen hier ihr Spiegelbild im Silberfluß bewundern, tagsüber unvorsichtige Wanderer in Steine oder Bäume verwandeln. Zumindest für diese Legende hat man eine logische Erklärung gefunden: Bei den Feen handelte es sich in Wahrheit um Flüchtlinge – keltische Prinzessinnen oder Druidinnen, die im 5. Jahrhundert vor der Christianisierung in den Wald flohen.

Ile de Batz ■ C 1

Schon wegen ihrer Vegetation ist die kleine Insel vor Roscoff sehenswert: In fast mediterranem Mikroklima gedeihen Palmen und Strandfenchel. Um die 750 »Batziens« leben hier vom Tourismus, aber auch von der Landwirtschaft. Etwa drei Stunden braucht man, um die 3,5 Kilometer lange und 1,5 Kilometer breite Insel zu durchwandern.

Sehenswertes

Grand Phare de l'Ile de Batz
Am höchsten Punkt der Insel (23 Meter) steht dieser 44 Meter hohe Leuchtturm von 1836. 210 Stufen muß überwinden, wer den phantastischen Ausblick genießen will. Vorsichtshalber sollten Sie sich beim Turmwächter hinsichtlich der Öffnungszeiten erkundigen
Tel. 02 98 61 75 37

Service

Office du Tourisme
29253 Ile de Batz; Tel. 02 98 61 75 70

Überfahrt
Les Vedettes C.F.A.T.M./Vedettes de l'Ile de Batz; Tel. 02 98 61 79 66; 25. Juni–16. Sept. tgl. 6.45–19.15 Uhr alle 30 Min. ab Roscoff, im Winter alle 2 Std.

Iles de Glénan ■ C 4

Vier der neun kleinen Inselchen vor Concarneau beherbergen eine Segelschule. Die Insel **Penfret** verfügt über einen Leuchtturm, **Giautec** hingegen dient als Vogelreservat (und ist nicht zu besichtigen).

Service

Überfahrt
Vedettes d'Odet; Tel. 02 98 50 72 12; tgl. ab Benodet, Quimper und Loctudy

Ile Molène ■ A 2

Die »kahle Insel« (bretonisch: **moal enez**) ist winzig: Gerade mal 300 Einwohner, meist Fischer, leben auf dem 1200 mal 800 Meter großen Eiland. Prägendes Ereignis der Inselgeschichte war offenbar der Untergang eines englischen Schiffes im letzten Jahrhundert. Ein winziges **Regionalmuseum** hinter dem Rathaus ist dem Ereignis gewidmet.

Ile d' Ouessant

■ A2

Früher war Ouessant der Schrecken der Seeleute: Häufige Nebel, Stürme und Strömungen, Gewitter und steil aufragende Felsen jagten auch geübten Kapitänen Angst ein. Schiffbruch war hier eine so häufige Todesursache, daß die Einwohner von Ouessant für diese Verstorbenen einen eigenen Brauch entwickelten: Die **Proella** (der Name heißt frei übersetzt »Heimkehr«), ein kleines Wachskreuz, welches den Toten symbolisierte, stand im Mittelpunkt eines familiären Gebetes, wurde dann auf den Friedhof und schließlich zu den anderen Proella-Kreuzen in ein Mausoleum getragen. Die Einwohner von Ouessant waren jedoch zu keiner Zeit »nur« Seefahrer: Sie züchteten Geflügel und Zwergschafe. Weil man auf die karge Bezahlung der Seeleute oft lange warten mußte (schließlich waren die Männer monatelang auf See), kümmerten sich die Frauen der Insel um die Agrikultur – und das damit verdiente Geld sorgte ganz nebenbei dafür, daß die Damen aus Ouessant immer etwas emanzipierter waren als ihre Schwestern vom Kontinent.

Sehenswertes

Phare du Créac'h
Der Leuchtturm steht für den französischen Zugang zum Ärmelkanal, sein Licht scheint 60 Kilometer weit. Im Maschinensaal ist heute ein kleines Museum untergebracht.

Museen

Musée des Phares et Balises
Seit 1862 geleitet das Licht des Phare de Créac'h die Schiffe sicher zum Ärmelkanal. Um die 100 000 sind es pro Jahr – die Xenon-Lampe des Leuchtturms ist bei guter Sicht noch in 200 Kilometern Entfernung zu sehen und entspricht der Leuchtkraft von nicht weniger als 500 Millionen Kerzen! Wie man es schafft, ein Licht kilometerweit leuchten zu lassen (und natürlich jede Menge Wissenswertes zur Geschichte der Leuchttürme mehr), erfährt man in diesem Museum.
Le Phare du Créac'h; Juni–Sept. und in den Schulferien tgl. 10.30–18.30, Okt.–März Di–So 14–17, April–Mai Di–So 13–18.30 Uhr; Eintritt 25 FF, Kinder 15 FF

Musées des Traditions du Niou-Huella
Das erste Ecomusée (Freilichtmuseum) Frankreichs: ein authentisches Haus (18./19. Jahrhundert) der Insel. Weil auf der Ile d'Ouessant Holz stets Mangelware war, wurden Tische, Schrankbetten und Schränke aus dem Holz der zahlreichen Schiffswracks gebaut.
Di–So 14–16, Juni–März nur in den Schulferien 10.30–18.30 Uhr; Eintritt 25 FF

Service

Office du Tourisme
Pl. de l'Eglise; 29240 Ile d'Ouessant, Tel. 02 98 48 85 83

Überfahrt
Ab Brest oder Le Conquet; Auskünfte beim **Service Maritime Départemental**; Tel. 02 98 80 24 68
Abfahrt nach Le Conquet oder Brest; Tel. 02 98 80 24 68 oder 02 98 80 24 68

Ile de Sein

■ A3

Die winzige Insel (weniger als ein Quadratkilometer) droht bei stürmischer See von den Fluten überspült zu werden. Mehrmals in ihrer Geschichte wurde sie bereits von den Wogen bedeckt. Im einzigen Dorf der Insel sind die Straßen gerade mal so breit, daß ein Faß durchgerollt werden kann. Der Boden von Sein ist für Ackerbau kaum geeignet, selbst für den Fischfang gibt es bessere Regionen. Tatsächlich lebten die Séinans früher vom Ausplündern der regelmäßig angeschwemmten Wracks – in unserem Jahrhundert wurden sie zu erfahrenen Seenotrettern. Kein Wunder, daß auf Sein ein Menschenschlag lebt, der als besonders störrisch, aber auch mutig bekannt ist: Nach der berühmten Rede zur Mobilmachung von Charles de Gaulle im Zweiten Weltkrieg verließen fast alle Männer die Insel, um sich der Widerstandsbewegung anzuschließen. Als der General im Juli 1940 seine ersten Truppen inspizierte, fragte er jeden der Soldaten nach seiner Herkunft: Rund 150 der 600 Mann antworteten mit »Ile de Sein«. »Die Ile de Sein ist also ein Viertel Frankreichs«, folgerte de Gaulle.

Sehenswertes

Phare d'Ar Men
14 Jahre lang dauerten die Bauarbeiten für den Leuchtturm von 35 Metern Höhe. 1867 waren die Arbeitsbedingungen allerdings auch mehr als hart: Bei Ebbe ragte die Baufläche des Turms gerade mal 1,5 Meter über den Wasserspiegel. Der Phare d'Ar Men ist seit 1989 voll automatisiert.

Service

Überfahrt
Ab Audierne; Auskünfte beim **Service Départemental**; Tel. 02 98 70 02 38, oder in Audierne: Tel. 02 98 70 21 15

Ile Vierge ■ B 1

Mit rund 77 Metern Höhe ist der Leuchtturm (1902) dieser Insel der höchste Europas. Sein Licht strahlt 50 Kilometer weit auf die See hinaus. Von **Plouguerneau** aus kann man zum Phare de l'Ile Vierge übersetzen. Der Ort ist auch ein guter Ausgangspunkt für einige landschaftliche Sehenswürdigkeiten.

Sehenswertes

Aber Benoît, Aber Ildut, Aber Wrac'h
Abers sind seichte Flußtäler. Bei Ebbe gleichen sie Schlicklandschaften, erst bei Flut offenbart sich ihre Schönheit. Die Brücke südlich von Lannilis (D 28) bietet eine schöne Aussicht auf den **Aber Benoît**. Das kleinste der Flußtäler ist der **Aber Ildut** an der Westküste bei Melon und Brélès. Vom **Rocher du Crapaud** genießt man hier den besten Ausblick. Als schönster Aber gilt der **Aber Wrac'h** zwischen Lannilis und Plouguerneau.

Lampaul-Guimiliau ■ C 2

Die Kirche und der Kirchhof von Lampaul gehören zu den ältesten in diesem Teil der Bretagne. Weil die Baumeister sich damals gegenseitig kopierten – und jede Gemeinde ihre Nachbarn an Prunk und Pracht übertreffen wollte –, fallen sie im Vergleich zu ihren »Kollegen«, etwa in Guimiliau (→ S. 164), jedoch etwas schlichter aus.

Sehenswertes

Calvaire
Der vergleichsweise einfach gestaltete Kalvarienberg vom Anfang des 16. Jahrhunderts zeigt Szenen rund um Leben und Tod Christi.

Notre-Dame
Die Kirche stammt aus dem Jahr 1553; ihr Turm (70 Meter Höhe) wurde 1809 durch Blitzschlag beschädigt. Innen zeigt der **Poutre de gloire** (Triumphbalken, 16. Jahrhundert) Szenen aus dem Leben Christi. Der **Passionsaltar** widmet sich auf acht Tafeln demselben Thema. Über dem Taufbecken erhebt sich ein prächtiger **Baldachin**. Die Baumeister verfügten sogar über ein wenig Humor: Im **Taufbecken** krümmt sich ein Teufelspaar vor Schmerzen.

Landerneau

■ C2

Rund um die Place Poul-Ar-Stang und in der Rue Saint-Thomas schmücken noch historische Häuser die Stadt. Ansonsten gilt Landerneau, früher Sitz der Textilindustrie, als wichtiger Verkehrsknotenpunkt und Zentrum der Landwirtschaft. Sehenswert ist die Brücke **Pont de Rohan**.

Sehenswertes

Pont de Rohan
Die Brücke aus dem Jahr 1510 wird, wie früher durchaus nicht unüblich, von Häusern bestanden. Sie gilt als eine der letzten bewohnten Brücken in Europa.

Service

Office du Tourisme
Pont de Rohan, 29800 Landerneau;
Tel. 02 98 85 13 09

Der Fluß Elorn schlängelt sich mitten durchs Zentrum der Kleinstadt Landerneau.

Landévennec

■ C2

Schon die romantische Lage des Ortes auf einer Halbinsel zieht die Besucher nach Landévennec. Hier erhebt sich eine der ältesten bretonischen Abteien. Rund 35 Mönche halten neben dem stark zerstörten Gebäude das religiöse Leben aufrecht und verkaufen diverse Produkte aus Klosterfertigung an die Besucher.

Sehenswertes/Museum

Abbaye de Landévennec
Bereits im 5. Jahrhundert soll diese Abtei von Saint-Guénolé gegründet worden sein. Mehrfach wurde sie zerstört – im 10. Jahrhundert richteten die Normannen beträchtliche Schäden an –, bevor die Französische Revolution das Klosterleben beendete. Man braucht schon etwas Phantasie, um aus den verbliebenen Ruinen Rückschlüsse auf das ehemalige Erscheinungsbild der Abtei zu ziehen. Ein kleines **Museum** zeigt Funde, die während der Renovierungsarbeiten zutage gebracht wurden, darunter einen Sarkophag, der auf das

9. oder 10. Jahrhundert datiert wird. Rue Saint-Guenolé; Museum im Juli/Aug. tgl. 10–12.30 und 14–19 Uhr, im Frühjahr, Juni und Sept. tgl. 14–18 Uhr, im Winter nur Sa und So nachmittags, Okt./Nov. geschl.; Eintritt 25 FF

La Roche-Maurice ▪ C2

Die **Ruinen eines Schlosses** aus dem 12. Jahrhundert erheben sich neben dem Dorf. Sehenswert sind auch **Kirche** und **Kirchhof** aus dem 16. Jahrhundert. Im Beinhaus von 1640 droht ein mit Pfeilen bewaffneter Ankou, der bretonische Sensenmann: »Ich töte euch alle«.

Le Folgoët ▪ C2

Eine kuriose Legende erzählt den Ursprung von Folgoët und seiner Basilika: Im 14. Jahrhundert soll hier ein Bettler namens Salaün gelebt haben, der unablässig die Worte »Avc Maria« wiederholte. Die Dorfbewohner tauften ihn **fol goat** – was soviel wie »der Verrückte vom Wald« hieß – und verscharrten ihn nach seinem Tode ohne christliches Begräbnis. Wenig später sproß aus dem Armengrab eine weiße Lilie mit der Inschrift »Ave Maria« auf jedem Blatt. Das Wunder lockte Schaulustige aus der ganzen Bretagne an, kurz darauf wurde der Bau der Basilika beschlossen.

Sehenswertes

Basilique
Während des großen **pardon** am Sonntag vor oder nach dem 8. September lockt die Basilika immer noch Scharen von Pilgern an. Der Brunnen, an dem der Bettler Salaün seinen Durst gestillt haben soll, existiert bis heute und ist fester Bestandteil der Pilgerfahrt. Sehenswert sind das **Südportal** und der **Lettner** aus Granit von Kersanton.

Locronan ▪ C3

XL TOP 20

Nicht nur Liebhaber religiöser Kunst, auch Filmregisseure haben Locronan stets geliebt. »Die Schatzinsel« (1965), »Les Chouans« (1988) und der Polanski-Film »Tess« (1979) wurden in dem kleinen Ort gedreht. Im 16. Jahrhundert wurde die Stadt durch den Tuchhandel reich, heute lebt man recht gut vom Tourismus: Locronan und seine Kirche bilden eine bemerkenswerte architektonische Einheit, wie man sie sonst tatsächlich nur in Filmkulissen findet: Die strengen Granitmauern, der Sakralbau, der kleine Brunnen – dieses Dorf ist eines der schönsten der Bretagne (→ 10x10, S. 11).

10x10

Sehenswertes

Saint-Ronan
Locronan heißt auf gut deutsch soviel wie »Ort des Ronan«. Dieser Heilige soll irgendwann im 10. Jahrhundert gelebt haben; er vermochte es, mit einer simplen Geste Wölfe oder wilde Hunde zu beruhigen, und ließ angeblich sogar ein Kind auferstehen. Nach seinem Tod stritten die Grafen von Vannes, Rennes und Cornouaille darum, wer dem Heiligen ein gebührendes Begräbnis ausrichten durfte. Mangels Einigung bestimmte das Los. Ronans Leichnam wurde auf einen Karren gelegt, und zwei Ochsen zogen ihn genau hierher, nach Locronan. Die 1420 bis 1444 errichtete Kirche war eine Stiftung der Herzöge der Bretagne. Mit viel Glück überstand das schöne Beispiel gotischer Spitzbogenarchitektur die Jahrhunderte nahezu unverändert, lediglich der Turm wurde 1808 vom Blitz getroffen und durch einen Glockenturm ersetzt. Neben dem **Kirchenschatz** und dem **Mobiliar** aus dem 15. bis 19. Jahrhundert ist besonders die **Kanzel** von 1707 interessant – sie erzählt das Leben des örtlichen Heiligen in Bildern.

SAVONNERIE
DE
BRETAGNE

Zusammen mit der **Grand' Place**, einem Ensemble typisch bretonischer Granithäuser, bildet die Kirche heute eine architektonische Einheit. Hier unterhielt im 17. Jahrhundert auch die reiche Ostindienkompagnie einen Sitz

Extra (→ Extra, Die Ostindienkompanie, S. 26). Noch heute folgen Wallfahrer den Wegen des heiligen Ronan. Alle sechs Jahre, am zweiten Samstag im Juli, absolvieren die Pilger die **Grande Troménie** (von **tro minihy** – Tour um das Kloster). Zwölf Etappen, geziert von Statuen aus der Kirche, müssen passiert werden. Insgesamt mißt der Rundweg etwa zwölf Kilometer. Eine »kleine Troménie« von vier

10x10 Kilometern findet jährlich statt (→ 10x10, S. 13).

Pl. de l'Eglise; tgl. 9–12 und 14–19 Uhr

Hotel/Essen und Trinken

Le Bois de Nevet
Moderne Zimmer, ruhig gelegen inmitten eines kleinen Parks von drei Hektar. Nicht weit vom Meer, aber nahe genug am Dorf. Ausnahmsweise ist auch das (allerdings eher karge) Frühstück nicht zu teuer.
Rte. du Bois de Nevet; Tel. 02 98 91 70 67, Fax 02 98 91 83 12; 35 Zimmer; Mittlere Preisklasse (AE, EC, Visa)

Service

Office du Tourisme
Pl. de la Mairie, 29180 Locronan;
Tel. 02 98 91 70 14; im Sommer tgl. 10–19 Uhr

Hier hat sich seit dem 17. Jahrhundert kein Stein mehr von seinem Platz bewegt: Das Renaissancestädtchen Locronan wirkt in seiner historischen Unversehrtheit wie eine Theaterkulisse. Der Faszination, die von den alten Granithäusern ausgeht, kann sich kaum einer der vielen Besucher entziehen.

Loctudy ■ C 4

In dem Badeort und Fischereihafen kommen besonders Langusten, Gambas und Seezungen an Land. Wochentags findet hier gelegentlich ab 17 Uhr eine **criée**, eine Fischversteigerung, statt.

Museum

Manoir de Kérazan
Hier ist »Architektur und Wohnen« der Reichen und Wichtigen zu Zeiten des Second-Empire zu bestaunen. Das Herrenhaus aus dem 16. und 17. Jahrhundert wirkt, als hätten es seine Bewohner erst vor kurzem verlassen – und tatsächlich sind die meisten Stücke noch original erhalten und keine Leihgaben von Museen. Neben einer wertvollen **Gemäldekollektion** verfügt das Manoir auch über einen charmanten **Garten** im englischen Stil.
1. Juni–15. Sept. tgl. außer Di 10–12 und 14–18 Uhr; Eintritt 25 FF

Service

Fremdenverkehrsamt
Syndicat d'Initiative
29750 Loctudy (gegenüber dem Rathaus); Tel. 02 98 87 53 78

Menez-Hom ■ C 3

Das Panorama des 330 Meter hohen Aussichtspunktes in den **Montagnes Noires**, den schwarzen Bergen, reicht von der Bucht von Douarnenez bis zur Pointe de Penhir (→ 10x10, S. 10). 10x10

Morgat ■ B 3

Sehr beliebter Badeort mit großem Strand und kleinem Yachthafen. Wer sich gerade nicht bräunt, besucht mit dem Boot (zum Beispiel **Vedettes Rosmeur**; Tel. 02 98 27 10 71) die **Grottes Marines**.

Morlaix

D2

»Wenn sie Dich beißen, dann beiße zurück« – **s'ils te mordent, mords-les**, lautet die Devise von Morlaix – und das aus folgendem Grund: Als 1522 eine englische Flotte vor der Stadt einlief, waren die meisten Einwohner außerhalb auf einem Fest. Mangels Widerstandes entglitt den englischen Kommandeuren die Disziplin ihrer Truppen, aus der Plünderung der Stadt wurde ein ausgedehnter Streifzug durch die Weinkeller. Die heimkommenden Bürger von Morlaix hatten keinerlei Mühe, die sturzbetrunkenen Engländer zu überwältigen. Seitdem wird zurückgebissen!

Die Stadt, die von einem 58 Meter hohen **Viadukt** scheinbar geteilt wird, war vom 15. bis 18. Jahrhundert einer der wichtigsten Häfen der Bretagne: Leinen, Trockenfisch und Leder wurden gehandelt, zu militärischem Ruhm gelangte der Korsar Charles Cornic aus Morlaix (→ Extra, Korsaren, Freibeuter und Piraten, S. 108). Heute lebt die Stadt vom Tourismus: Morlaix wirbt nicht mehr mit dem bissigen Löwen auf seinem Wappen, sondern mit der Devise: **Cité d'Art et d'Histoire** – Stadt der Kunst und Geschichte.

Sehenswertes

Brasserie des Deux Rivières
Die original bretonische Brauerei ist das Zuhause des berühmten **Coreff**. Das Bier des Finistère gleicht einem belgischen Trappiste oder einem englischen Guinness, die Herstellung kann gelegentlich besichtigt werden. Interessenten sollten sich vorher telefonisch anmelden.
Pl. de la Madeleine; Tel. 02 98 63 41 92; in der Hauptsaison Mo, Di und Mi Führungen um 10.30, 14, 15 und 16 Uhr

Grand Rue
Das historische Zentrum der Stadt: In der Fußgängerzone findet man noch Bauten aus dem 15. Jahrhundert, darunter einige **Laternenhäuser**, deren Architektur der Maison de la Reine Anne gleicht.

Maison de la Reine Anne
Die bretonische Königin Anne war hier nur einmal zu Gast, aber das Haus ist ein hübsches Beispiel für die Architektur der **Maisons à Lanterne**: Das im 15. Jahrhundert errichtete Gebäude zeichnet sich durch einen überdachten Innenhof aus, in dem eine prächtig verzierte Wendeltreppe die drei Etagen verbindet. In das Holz des zentralen Pfeilers der Treppe sind verschiedene Schutzheilige geschnitzt. Sehenswert ist außerdem der riesige Kamin.
Rue du Mur; Juli/Aug. tgl. 10–12 und 14.30–18 Uhr

Manufacture des Cigares
Noch heute verlassen jährlich über 300 Millionen Zigaretten diese Tabakfabrik. Sie ist der Nachfolger einer noch von der Ostindienkompanie errichteten Manufaktur, in der vor dem Aufkommen der industriellen Fertigung im Jahr 1870 die Zigarren und Zigaretten handgerollt wurden. Rund 1800 Personen fanden im letzten Jahrhundert in der Fabrik ihr Auskommen.
Nach telefonischer Anmeldung kann die Herstellung besichtigt werden.
41 m, quai de Léon; Tel. 02 98 88 15 32

Réserve Ornithologique de la Baie de Morlaix
Vogelreservat mit großer Seeschwalbenpopulation in der Bucht von Morlaix. Der Besuch des Reservats ist untersagt, mit einem Fernglas kann man die Vögel allerdings auch aus der Distanz gut beobachten.

Saint-Mathieu

Nur der Turm stammt noch aus dem 16. Jahrhundert, der Rest wurde 1824 von Grund auf renoviert. Sehenswert ist die **Vierge Ouvrante** aus dem 14. Jahrhundert. Zugeklappt zeigt die Statue die Jungfrau mit dem Kinde, aufgeklappt repräsentiert sie die Heilige Dreifaltigkeit.
Pl. Saint-Mathieu, rue Basse; tgl. 9–12 und 14–19 Uhr

Saint-Melaine

Das gotische Gotteshaus stammt aus dem 15. Jahrhundert. Ein Bombardement zerstörte 1943 einen Teil des Granitbaus, die Nordseite der Kirche wurde deshalb restauriert. Alle Kirchenfenster sind modern, sie stammen aus dem Atelier des Künstlers Labouret.
Rampe Saint-Melaine

Viaduc

Das 58 Meter hohe Eisenbahn-Viadukt, das Wahrzeichen der Stadt Morlaix, wurde 1861 bis 1863 errichtet und ist nicht weniger als 292 Meter lang.

Museum

Musée des Jacobins

Der Schwerpunkt des Museums in der Kirche des Dominikanerklosters liegt auf italienischen, flämischen und französischen Gemälden, dank diverser Stiftungen konnte es seine Kollektion freilich um einige Werke des 19. Jahrhunderts (darunter Monet und Boudin) bereichern. In den anderen Sälen findet man bretonische Möbel und Skulpturen.
Pl. des Jacobins; Mai–Sept. 10–12 und 14–18, Okt.–April 10–12 und 14–17 Uhr, Di geschl.; Eintritt 25 FF

Unter dem wuchtigen Eisenbahnviadukt wirken die Fachwerkhäuser von Morlaix wie Spielzeugschachteln. Die schönen alten Gebäude waren im Mittelalter Wohnsitz vieler reicher Kaufleute.

Hotel

Hôtel d'Europe
Ideal im Stadtzentrum gelegen. Korrekter Komfort zu einem angemessenen Preis. Das Restaurant gehört zu den besseren der Stadt.
1–3, rue d'Aiguillon, 29600 Morlaix; Tel. 02 98 62 11 99, Fax 02 98 88 83 38; 60 Zimmer; Mittlere Preisklasse (AE, DC, EC, Visa)

Essen und Trinken

Brocéliande
Hübsches kleines Lokal mit Interieur im Stil des 19. Jahrhunderts.
5, rue des Bouchers; Tel. 02 98 88 73 78; tgl. außer Di 12–14, 19–21.30 Uhr; Mittlere Preisklasse (EC, Visa)

La Marée Bleue
Sehr schlichtes, traditionelles Restaurant. Bevorzugen Sie auf jeden Fall eines der kleinen Menüs.
3, rampe Sainte-Melaine; Tel. 02 98 63 24 21; tgl. außer So abends und Mo (Juli/Aug. nur Mo geschl.) 12–14 und 19–21.30 Uhr; Untere bis Mittlere Preisklasse (EC, Visa)

Einkaufen

Lebensmittel
Brasserie des Deux Rivières
Das **Coreff-Bier** (→ S. 172) ist ein rares Souvenir, schließlich wird es nur von etwa 100 Bistros und Cafés ausgeschenkt.
1, pl. de la Madeleine; Tel. 02 98 63 41 92

Maison des Vins
Die Eigentümer des **Hôtel d'Europe** von gegenüber leben hier ihre Weinleidenschaft aus: um die 1000 Gewächse auf zwei Etagen, vom Landwein bis zum Grand Cru. Eindrucksvoll.
1, rue Ange-de-Guernisac; So und Mo geschl.

Markt
Marché en Plein Air
In einem friedlichen Örtchen wie Morlaix ist der große Samstagsmarkt fast schon eine Attraktion: Bio-Brot und -gemüse, Geflügel und Käse – und viel geschäftiges Treiben rund um die Marktstände (→ 10x10, S. 16). 10x10
Pl. Allende, rue des Murs et de la Grande-Rue; Sa 8.30–13 Uhr

Service

Office du Tourisme
Pl. des Otages, 29600 Morlaix; Tel. 02 98 62 14 94

Bahnhof
Gare S.N.C.F.; Rue Armand-Rousseau; Tel. 02 98 63 56 24

Fahrradverleih
Le Gall; 1, rue Callac; Tel. 02 98 88 60 47

Pleyben ■ C3

Besuchenswert ist Pleyben besonders beim **pardon** am ersten Wochenende im August. Der Kirchhof mit dem Kalvarienberg ist die wichtigste Sehenswürdigkeit des Dorfes.

Sehenswertes

Calvaire
Der Kalvarienberg von 1555 wechselte mehrfach den Platz, über die Jahrhunderte wurden weitere Szenen hinzugefügt. Pleyben gilt als einer der prächtigsten Kalvarienberge der Bretagne, eine »Bilderbibel«, die gegen den Uhrzeigersinn gelesen wird.

Service

Office du Tourisme
Pl. Charles-de-Gaulle, 29190 Pleyben; Tel. 02 98 26 71 05

Plouescat ■ C1

Der Badeort trumpft mit mehreren feinsandigen Stränden auf. Besonders beliebt sind **Pors-Guen** und **Pors-Meur**.

Sehenswertes

Dunes de Keremma
Einige Kilometer westlich von Plouescat gelegene Dünenlandschaft nebst acht Kilometer Strand und **Vogelschutzgebiet**. Sogar Bretonen rühmen die Schönheit der Keremma und verbringen hier gern ihre Wochenenden.

Marché
Die Markthalle mit ihrer beeindruckenden Dachkonstruktion stammt aus dem 16. Jahrhundert.

Plougastel-Daoulas ■ B2/C2

In den Kriegsjahren wurde neben Brest auch Plougastel bombardiert. Auch wenn der Kalvarienberg erhalten werden konnte, hat das Dorf doch leider viel von seinem historischen Charme verloren. Plougastel gilt als wichtigstes bretonisches Anbaugebiet für Erdbeeren.

Sehenswertes

Calvaire
Der Abwesenheit der Pest verdankt Plougastel seinen Kalvarienberg, der rund 150 Personen in biblischen Szenen zeigt. Weil die kleine Region vom Schwarzen Tod verschont blieb, finanzierten ihre Bewohner von 1602 bis 1604 den Bau. Architekt und Bildhauer sind unbekannt; die Reliefs und Skulpturen zeigen größtenteils Szenen aus dem Leben Jesu. Weil der Kalvarienberg während der US-Bombardements von 1944 schwer beschädigt wurde, finanzierte ein Amerikaner namens Skilton Ende der vierziger Jahre die Restaurierung. Leider hat das Dorf bei den schweren Luftangriffen seinen ursprünglichen Charme verloren, auch an den berühmten Kalvarienberg ist ein Supermarktzentrum bedenklich nahe herangerückt.
Bei der Dorfkirche

Museum

Musée du Patrimoine et de la Fraise
Regionalmuseum mit Mobiliar und Werkzeugen aus dem 18. Jahrhundert. Nebenbei erfährt man Wissenswertes über Plougastels Exportgut Nummer eins, die Erdbeere.
Rue Louis Nicole; 15. April–14. Juni und 15. Sept.–30. Okt. Di–So 14–18 Uhr, 15. Juni–15. Sept. Mo–Sa 10–12.30 und 13.30–18.30 Uhr, So 14–18.30 Uhr; Eintritt 22 FF

Service

Office du Tourisme
Pl. du Calvaire, 29470 Plougastel-Daoulas; Tel. 02 98 40 34 98; tgl. geöffnet

Pointe du Raz ■ B3

Einst fürchteten die Seeleute den Felsen, heute sieht man bei gutem Wetter von hier aus den Leuchtturm von Ar Men (→ S. 167) oder die Ile de Sein (→ S. 166). Die wilde Felsküste der Pointe du Raz ist ein wahrhaft beeindruckender Aussichtspunkt. In der Hochsaison kommen jährlich bis zu 1,5 Millionen Besucher hierher (→ 10x10, S. 10). **10x10**

Pointe de Saint-Mathieu ■ B2

Früher war die hiesige Benediktinerabtei ein Wallfahrtsort, seit der Französischen Revolution liegt sie in Ruinen (→ 10x10, S. 10). **10x10**

Sehenswertes

Phare de Saint-Mathieu
60 Kilometer weit sieht man das Licht dieses Leuchtturms. Wer die 163 Stufen überwindet, genießt einen herrlichen Blick auf die Halbinsel von Crozon und die Pointe du Raz.

Pont-Aven D 4

Gauguin sei Dank, wurde Pont-Aven als Künstlermetropole bekannt. Tatsächlich könnte der Ort mit den 14 **Mühlen**, den Mini-Wasserfällen und schmalen Brücken auch heute noch zu den malenswertesten Flecken der Bretagne gehören, würde nicht eine Horde von Keksfabriken und Galerien den guten Ruf des Dorfes für sich nutzen. Letztere bieten eher das bretonische Äquivalent zum »Röhrenden Hirsch« als ästhetisch Wertvolles.

Trotzdem hatte die Kunst in Pont-Aven große Stunden: Zwischen 1886 und 1896 ließen sich hier etwa 20 Maler inspirieren. Gauguin war der bekannteste, hier entstanden seine Werke **»Le Christ Jaune«** oder **»Vision après le Sermon«**. Seine Kollegen Sérusier und Bernard, Filiger, Denis erreichten nie auch nur annähernd so viel Ruhm. Einige der Bilder aus Pont-Aven gelten als Meilensteine der Malerei, zusammen mit Bernard und Sérusier erfand Gauguin den sogenannten Synthetismus

10x10

(→ 10x10, S. 11).

Sehenswertes

Chapelle de Trémalo
Die Kapelle wurde im 16. Jahrhundert erbaut. Die Christusstatue (17. Jahrhundert) diente Gauguin als Modell für seinen »Christ Jaune«.
D 24, rte. de Quimper

Museum

Musée de Pont-Aven
Zur Enttäuschung der Kunstfreunde hat ausgerechnet das Museum von Pont-Aven keinen Gauguin zu bieten. Loiseau, Jourdan, Denis und Roullet müssen deshalb allein die Schule von Pont-Aven vertreten.
Pl. de l'Hôtel de Ville; März–Juni und Sept.–Jan. tgl. 10–12.30 und 14–18.30, Juli–Aug. 10–18 Uhr; Eintritt in der Nebensaison 20 FF, sonst 25 FF

Bei einem Spaziergang am romantischen Fluß von Pont-Aven ahnt man, was den Maler Gauguin und seine Künstlerkollegen hier vor über hundert Jahren inspiriert haben mag.

Hotel

Le Moulin de Rosmadec
Höchst malerische Mühle am Ufer der Aven, stilecht mit bretonischen Möbeln ausgestattet. Gute, etwas konservative Küche (Langostinosuppe, gegrillter Hummer, Petersfisch mit Artischocken). Zu den Pluspunkten des Hotels zählt der kleine Garten.
Venelle de Rosnadec, pl. Paul-Gauguin, 29930 Pont-Aven; Tel. 02 98 06 00 22, Fax 02 98 06 18 00; 4 Zimmer; 15.–30. Okt. und Feb. geschl.; Obere Preisklasse; Restaurant tgl. außer Mi 12.30–14 und 19.30–21 Uhr, in der Nebensaison auch So geschl.; Mittlere bis Obere Preisklasse (EC, Visa)

Essen und Trinken

La Taupinière
Idyllisches Landhaus mit Garten und exzellenter Frischfischküche: Bei Monsieur Guilloux werden sogar ein paar auf dem Holzfeuer gegrillte Langostinos zur Delikatesse. Selbst der Küchenchef des berühmten Pariser Lokals »L'Ambroisie« läßt sich gelegentlich von Guilloux seine Meeresfrüchte schicken (→ 10x10, S. 15).
10x10
Rte. de Concarneau; Tel. 02 98 06 03 12; tgl. außer Mo abends, Di und 20. Sept.–15. Okt.; Mittlere bis Obere Preisklasse (AE, DC, EC, Visa)

Einkaufen

Antiquitäten
Galeries du Bois d'Amour
Schöne, zum Teil ausgefallene alte Stücke.
8, rue Belle-Angèle (Route de Bannalec)

Lebensmittel
Les Délices de Pont-Aven
Regionale Spezialitäten inklusive der unvermeidlichen Kekse von Pont-Aven.
1, quai Théodore Botrel

Geschenke
Galerie de la Poste
Eine typische Galerie mit Seemannsgemälden.
10, rue Général-de-Gaulle

Service

Office du Tourisme
5, pl. de l'Hôtel-de-Ville, 29930 Pont-Aven; Tel. 02 98 06 04 70

Pont-l'Abbé

C4

Die Hauptstadt des Bigoudenlandes kam durch die Mönche von Loctudy (→ S. 171) zu ihrem Namen. Sie erbauten eine Brücke (**pont**) zwischen Hafen und See. Zum historischen Erbe der Stadt gehören die **coiffes bigoudines**, die Spitzenhauben, die noch heute zu besonderen Gelegenheiten von den Damen getragen werden (→ Extra, Coiffes – wenn Bretoninnen unter die Haube kommen, S. 34).

Extra

Museen

Château et Musée Bigouden
Das massige **Schloß** und sein **Regionalmuseum** zeigen allerlei Wissenswertes zum Leben auf See und an Land, Trachten und Kostüme, bretonisches Mobiliar und natürlich zahlreiche **coiffes bigoudines**...
Château de Pont l'Abbé; Ostern–Mai Mo–Sa 14–18 Uhr, Juni–Sept. Mo–Sa 9–12 und 14–18.30 Uhr, Okt.–Ostern geschl.; Eintritt 10 FF

Hotel/Essen und Trinken

Château Kernuz
Das Schlößchen aus dem 15. Jahrhundert mit Park und Kapelle ist für den festlichen Rahmen nicht zu teuer.
Rte. de Penmarc'h, 29120 Pont-l'Abbé; Tel. 02 98 87 01 59, Fax 02 98 66 02 36; 17 Zimmer; April–Sept.; Mittlere bis Obere Preisklasse (AE, EC, Visa)

Service

Office du Tourisme
Im Schloß, 29120 Pont-L'Abbé; Tel. 02 98 82 37 99

Maler, Dichter und eine einzigartige Landschaft: Inspiration Bretagne

Wenn man heute die prächtigen Kalvarienberge, die kunstvoll geschnitzten Lettner oder die elegant gearbeiteten Möbel der reichen Familien von Saint-Malo in Augenschein nimmt, kann man kaum glauben, daß der künstlerische Einfluß der Bretagne in der Vergangenheit beschränkt war. Doch es stimmt: Nur wenige bedeutende Maler und Schriftsteller besuchten die Region, noch weniger waren echte Bretonen. Die Künstler kamen zunächst meist ins bretonische »Exil«, weil das Leben hier günstiger war als in der Hauptstadt Paris, ließen sich dann aber schnell von der Fülle der Motive inspirieren. So auch **Eugène Boudin**, der in der zweiten Hälfte des 19. Jahrhunderts zahlreiche Küstenorte der Normandie auf die Leinwand bannte und ein Mädchen aus dem bretonischen Hanvec heiratete. Sechs Monate lang ließ er sich von Kirchen und pardons oder der Arbeit auf den Feldern künstlerisch beflügeln. Für die Gäste des eleganten Seebads von Trouville in der Normandie empfand er danach nur noch Verachtung, beschimpfte sie in einem Brief an einen Freund als »Bande von Parasiten« …

François René de Chateaubriand Der Literat kam in Saint-Malo zur Welt, studierte in Dinan, Dol, Rennes und Brest. Zwei Jahre verbrachte er in großer Einsamkeit im Château de Combourg: Sein Vater lebte zurückgezogen, seine Mutter konnte sich wegen einer Krankheit nicht um die Kinder kümmern. Lediglich seine Schwester Lucile leistete dem zukünftigen Schriftsteller regelmäßig Gesellschaft. In den »Mémoires d'Outre-Tombe« verarbeitete Chateaubriand die kargen Jahre in Combourg.

Yan 'Dargent Der bretonische Maler aus Saint-Servan interessierte sich seit früher Kindheit für die Legenden der Region – eine Inspiration, die sich in seinen Werken deutlich widerspiegelt. Im Alter von 37 Jahren stellte er 1861 in Paris sein bekanntestes Werk aus: »Les Lavandières de la Nuit« (etwa: die nächtlichen Wäscherinnen). Das Gemälde, auf dem die besagten Wäscherinnen nächtens einen Bauern verfolgen, errang auf Anhieb die Gunst der Kritiker; Dargent galt fortan als Maler des Phantastischen. Er dekorierte von 1870 bis 1883 die Kapellen der Kirche von Quimper.

Bretagne Extra

Paul Gauguin, der wohl berühmteste Name in diesem Reigen, kam 1886, im Alter von 38 Jahren, das erste Mal nach Pont-Aven. Einige Künstler – Engländer, Belgier und Amerikaner – lebten bereits in dem malerischen Dorf mit den vielen Wassermühlen, hatten in der Auberge von Marie-Jeanne Gloanec günstige Unterkunft gefunden. Aber erst durch Gauguin wurden die Maler von Pont-Aven zur »Schule von Pont-Aven«: Zusammen mit Emile Bernard entwickelte er ab 1888 den Synthetismus, eine Stilrichtung, die Wesentliches durch Vereinfachung noch deutlicher darstellen sollte. Mit klaren Farben und starken Umrissen entstanden Gauguins Werke, etwa »Le Christ Jaune«, stets zweidimensional und aus dem Gedächtnis gemalt. Ab 1889 suchte die Künstlerfamilie nach einem ruhigeren Ort und zog nach Le Pouldu um. Zwei Jahre später tauschte Gauguin die rauhe Küste der Bretagne gegen südliche Meere ein. Er reiste nach Tahiti und kehrte nur noch einmal, für zwei Jahre, nach Frankreich zurück. Obwohl Gauguin heute als weltbekannter Künstler gilt, waren besonders seine letzten Lebensjahre reich an Entbehrungen. Zu seinen Lebzeiten wechselten nicht wenige echte Gauguins für ganze 160 Francs den Besitzer…

Pierre Jacob, der sich **Tal Coat** zu nennen pflegte, stammte aus Clohars-Carnoët. Ursprünglich ließ er sich in Quimper zum Fayencemaler ausbilden, bevor er zu Leinwand und Pinsel griff. Ab 1938 konzentrierte sich Tal Coat auf die Landschaften des Burgund und der Bretagne, bevor er sich ab 1945 anderen Motiven zuwandte. Nach seinem Tod 1985 fand in Quimper eine große Tal-Coat-Retrospektive statt.

Ernest Renan Philosoph und Historiker, beschrieb in »Souvenirs d'Enfance et de Jeunesse« seine Kindheit in der Bretagne. Sein Geburtshaus können Sie in Tréguier besuchen.

Die berühmteste Briefeschreiberin der Welt, **Marquise de Sévigné,** verbrachte einen Teil ihres Lebens im Château des Rochers-Sévigné, wo heute noch einige persönliche Erinnerungsstücke zu sehen sind. Einige ihrer Briefe beschreiben Vannes, Rennes und Vitré, besonders beeindruckt war die Adlige von einem Ausflug nach Port-Louis.

Und schließlich war da noch **Emanuel de la Villéon**, der die Schönheit der Bretagne für sich zu nutzen wußte: Die Bilder, Zeichnungen und Aquarelle des Impressionisten wurden stets vom bretonischen Leben bestimmt und sind im Musée de la Villéon zu bewundern.

Quimper

C3

Stadtplan → S. 183

Lauschige Quais laden zum Flanieren ein, die historische Altstadt lockt mit einem Gewirr aus Fachwerkhäusern und schmalen Gassen. Der Zusammenfluß (bretonisch: **kemper**) von Odet und Steir gab der Stadt ihren Namen, schon zu römischen Zeiten bestand hier eine kleine Siedlung. Eine bretonische Volkssage kennt den Ursprung der Stadt jedoch besser: Vor 1400 Jahren erhob sich an der Westküste das strahlende

Extra

Ys (→ Extra, Von Fischmenschen und verdammten Seelen: Bretonische Legenden, S. 136), die schönste Stadt von ganz Frankreich – hatten nicht auch die Einwohner des fernen Lutetia ihre Stadt Par-Ys (Paris, Wortspiel für »wie Ys«) genannt? Weise regierte der gute König Gradlon die Stadt – bis zu jenem Tag, an dem seine ganz und gar nicht tugendhafte Prinzessin Dahut die Schleusen der Stadt öffnete. Ys versank im Meer, König Gradlon floh vor den Fluten nach Quimper. Auf seinem Weg machte er die Bekanntschaft des heiligen Corentin, der die kuriose Angewohnheit hatte, sich täglich von einem halben Fisch zu ernähren – die andere Hälfte wuchs jeweils über Nacht wieder zum ausgewachsenen Meerestier heran. Der Heilige wurde zum spirituellen Führer des Monarchen, der in seiner neuen Hauptstadt erneut seinen Ruf als guter König erwarb. Vom 13. bis zum 16. Jahrhundert war Quimpers Innenstadt noch von Mauern umgeben, nur durch sechs Tore konnte man in die Stadt gelangen. Danach begann die große Zeit der **Fayence-Hersteller**: Ein gewisser Bousquet brachte das Geheimnis der Fayencen um 1690 aus dem provenzalischen Moustiers mit. Bis zum Anfang des 20. Jahrhunderts spielten die »Faienceries« eine wichtige Rolle

10x10

im Wirtschaftsleben der Stadt (→ 10x10, S. 8).

Spaziergang

Der **Nordquai der Rue du Parc** ist der ideale Ausgangspunkt zur Erkundung der Stadt: ein kurzer Bummel über die baumbestandene Allee, ein Blick auf die ruhigen Wasser der Odet, dann heißt es links abbiegen zur **Kathedrale**. Über die Rue Guéodet mit ihrer **Maison des Cariatides** (Haus der Karyatiden, Nummer 4) geht es zur Place au Beurre, dann zurück über die Rue des Boucheries zur Rue Kéréon (das bretonische Wort für Schuster). Viele **Fachwerkhäuser** sind hier zu sehen (eines der schönsten steht an der Ecke zur Rue des Boucheries) und viele kleine Geschäfte. Hinter der Steir wenden wir uns nach links auf die pittoreske **Place Terre-au-Duc** mit ihren windschiefen Fachwerkhäusern. Das hübsche Panorama setzt sich in der Rue Saint-Mathieu fort. Wir gehen nach links, wieder über die Steir, wo sich eine schöne Aussicht eröffnet, Richtung **Markthallen**. Die beiden Straßen im Süden führen uns direkt zum Ausgangspunkt unseres Spaziergangs zurück.

Dauer: 2 Std.

Sehenswertes

Faïenceries de Quimper – H. B. Henriot südlich a 3

In der Fayence-Fabrik aus dem 18. Jahrhundert kann man live erleben, wie Teller und Tassen mit bretonischen Motiven hergestellt werden. Die Öffnungszeiten können stark variieren, rufen Sie vor der Besichtigung also besser an.

Die mächtige Kathedrale von Quimper überragt enge Straßen mit alten Fachwerkhäusern. Die charmante, lebendige Hauptstadt des Finistère kann auf eine lange Keramiktradition zurückblicken.

PATISSERIE
SALON

Rue Haute – Quartier de Locmaria; Tel. 02 98 90 09 36; Mo–Do 8.30–10.30 und 13–17.30 Uhr, Fr bis 16.30 Uhr; Eintritt 20 FF

Saint-Corentin ■ b 2

Der 26. Juli war bis zum Jahr 1858 in Quimper immer ein ganz besonderer Tag: Ein städtischer Beamter kletterte auf das **Reiterstandbild des Königs Gradlon**, das zwischen den Türmen der Kathedrale errichtet worden war, setzte sich direkt hinter ihn auf den Sattel und band dem Monarchen eine Serviette um. Sodann präsentierte er dem steinernen Gradlon ein Glas Wein, um es anschließend selbst auszutrinken. Die Lippen des Königs wurden sorgfältig mit einem Tuch gesäubert und der leere Becher in die Menge geworfen. Darauf hatten die Zuschauer gewartet: Denn wer das Trinkgefäß auffangen konnte, ohne es zu zerbrechen, würde stattliche 100 Ecu in Gold gewinnen – damals ein kleines Vermögen! Nur leider war kein einziger Bewohner von Quimper jemals geschickt genug. Vielleicht waren die städtischen Bediensteten auch einfach zu listig: Sie hätten, so hieß es, vor der Zeremonie jedesmal den Fuß des Glases angesägt…

XL TOP 20

Beim Bau ihrer **Kathedrale** waren die Bewohner von Quimper jedenfalls weniger eifrig als beim Gläserfangen. Mit dem Bau wurde bereits im 13. Jahrhundert begonnen; zuerst entstand der Chor. Die beiden 76 Meter hohen Türme wurden zuletzt hinzugefügt – im Jahr 1856. Fünf Jahre lang hatten die rund 600 000 Mitglieder der Diözese für den Turmbau davor pro Jahr einen Sou in den Kirchensäckel spenden müssen.

St-Corentin

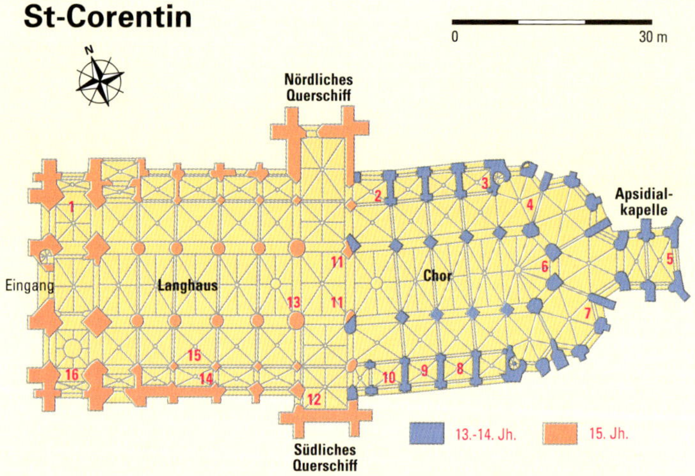

1 Johannes der Täufer (Alabasterstatue)
2 Statue von Monseigneur Graveran
3 Corentin-Altar
4 Tür zur Sakristei
5 Granitaltar von 1295
6 Hochaltar
7 Statue von Santik-Du
8 Pierre de Quenquis
9 Bertrand de Rosmadecs
10 Statue der heiligen Anna
11 Östliche Vierungspfeiler
12 Altar (19. Jh.)
13 Kanzel
14 Mosaik (Maurice Denis)
15 Monseigneur Duparc
16 "Grablegung Christi"

Hinter der Doppelpforte mit dem Wappen der Familie Montfort, einem Löwen, verbirgt sich ein recht schlichtes Interieur; sehenswert sind die **Kirchenfenster** aus dem 15. Jahrhundert. Eine der Statuen zeigt den Nationalheiligen von Quimper: **Santik-Du**, der schwarze Mönch, eigentlich ein Geistlicher namens Jean Discalcéat. Er pflegte die Pestkranken, bevor er 1349 selbst ein Opfer des Schwarzen Todes wurde. Nach einem alten Brauch soll derjenige, der dem Santik-Du Dank sagen will, einfach ein Stück Brot unter die Statue legen. Die Bedürftigen und Armen haben das Recht, im Notfall auf das Brot des schwarzen Heiligen zurückzugreifen.
Pl. Saint-Corentin; tgl. 9–12 und 14–18.30 Uhr

Museen

Musée des Beaux-Arts ■ b 2
Der Sammler Jean Marie de Silguy vermachte bei seinem Tod 1864 der Stadt Quimper den Großteil seiner ansehnlichen Kollektion: bretonische Malerei des 19. Jahrhunderts neben italienischen, flämischen und französischen Kunstwerken. Ein Saal ist dem aus Quimper stammenden Poeten Max Jacob (1876 bis 1944) gewidmet. Jacob, der mit Picasso, Salmon unter anderem zur Künstler-Bohème des Bateau Lavoir auf Montmartre gehörte, kann man hier auch als Maler entdecken (→ 10x10, S. 12). **10x10**
40, pl. Saint-Corentin; tgl. 10–19 Uhr; Eintritt 25 FF

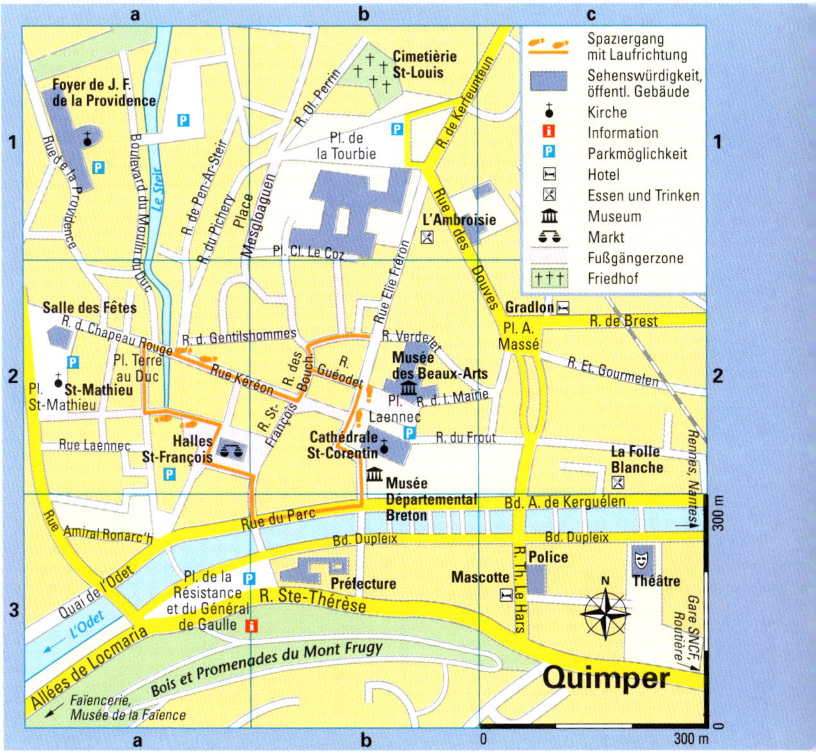

Musée Départemental Bréton ▪ b2
Trachten, typisches Mobiliar, mittelalterliche Kunst und Fayencen aus Quimper sind die Themen dieses Regionalmuseums im alten Bischofspalast.
1, rue du Roi Gradlon; Juni–Sept. tgl. 9–18, sonst tgl. außer So vormittags und Mo 9–12 und 14–17 Uhr; Eintritt 25 FF, Kinder bis 11 Jahre frei

Musée de la Faïence südlich ▪ a3
Von 1797 bis 1904 wurden hier, am Ufer der Odet, bei »Porquier« einige der schönsten bretonischen Fayencen hergestellt. Heute zeigt hier ein Museum Teile der rund 2500 Stücke umfassenden Fayence-Kollektion.
14, rue Jean-Baptiste Bousquet; 18. April–Okt. Mo–Sa 10–18 Uhr; Eintritt 26 FF

Hotels und andere Unterkünfte

Gradlon ▪ c2
Korrektes Mittelklassehotel. Von allen Zimmern hat man Aussicht auf den Garten; sie sind ruhig gelegen.
30, rue de Brest, 29000 Quimper; Tel. 02 98 95 04 39, Fax 02 98 95 61 25; 22 Zimmer; 20. Dez.–3. Jan. geschl.; Mittlere bis Obere Preisklasse (AE, DC, EC, Visa)

Mascotte ▪ c3
Zum modernen Komfort gehören hier auch Nichtraucherzimmer und behindertengerechte Räume. Ruhig, aber etwas abseits hinter dem Südufer der Odet gelegen.
6, rue Théodore-le-Hars, 29000 Quimper; Tel. 02 98 53 37 37, Fax 02 98 90 31 51; 63 Zimmer; Mittlere Preisklasse (AE, DC, EC, Visa)

Essen und Trinken

Les Acacias
Meeresfrüchte und regional inspirierte Spezialitäten spielen hier die Hauptrolle.
88, bd. Créac'h Gwen, südlich der Innenstadt; Tel. 02 98 52 15 20; tgl. außer Sa mittags und So abends 12–14, 19–21.30 Uhr; Untere bis Mittlere Preisklasse (AE, EC, Visa)

L'Ambroisie ▪ b1
Ein Lokal mit Ambitionen: Einfache Crêpes werden mit **andouillette** oder Krabben verfeinert, zur Seezunge gesellen sich Gartenkräuter und Artischocken.
49, rue Elie-Fréron; Tel. 02 98 95 00 02; tgl. außer Sa und So abends 12–14 und 19–21.45 Uhr; Untere bis Mittlere Preisklasse (AE, EC, Visa)

Café de l'Epée ▪ b3
Hübsches Café am Flußufer mit historischer Fassade.
14, rue du Parc

Crêperie au Vieux Quimper ▪ b2
Rustikale Crêperie mit vielen Variationen der runden Teigfladen. Die Adresse ist bei den Einheimischen sehr beliebt, reservieren Sie deshalb rechtzeitig.
20, rue Verdelet; Tel. 02 98 95 31 34; tgl. außer Di, So abends (nur außerhalb der Saison) 12–14 und 18.30–22.30 Uhr; Untere Preisklasse (EC, Visa)

Le Fleur de Sel südwestlich ▪ a3
Abseits vom Stadtkern, im Südwesten am Quai. Ein ehrliches Lokal mit solider Kost.
1, quai Neuf; Tel. 02 98 55 04 71; tgl. außer Sa mittags und So abends 12–14 und 19–21.45 Uhr; Untere Preisklasse (DC, EC, Visa)

La Folle Blanche ▪ c2
Klassische Spezialitäten in einem Haus aus den dreißiger Jahren. Die Küche bietet eher international beliebte Standards.
39, bd. de Kerguélen; Tel. 02 98 95 76 76; tgl. außer Di abends und So 12–14 und 19–22 Uhr; Untere Preisklasse (AE, EC, Visa)

Einkaufen

Bücher
Point Virgule ▪ a2
Wissenswertes über die Bretagne bildet den Schwerpunkt dieser Buchhandlung.
34, rue Kéréon

Dekoration/Geschenke
Galerie d'Armorique ▪ b2
Eine kuriose Mischung: Antiquitäten, Seefahrersouvenirs und Kitsch.
13, rue Boucheries

Jolie Brise ■ b 2
»Die frische Brise« hat Schiffsmodelle und maritime Andenken der besseren Sorte im Angebot.
10, rue Boucheries

Noisette ■ b 2
Besonders gepflegte Deko-Boutique. Modern und leicht spleenig, mit einigen wirklich ausgefallenen Stücken.
18, rue Boucheries

Fayencen
Faïences Henriot ■ b 3
Schöne, ursprüngliche Fayencen. Nur Originale aus Quimper.
16 bis, rue du Parc

Lebensmittel
Beauverger ■ a 2
Verführerische Schokoladen und feine Kuchen mit so wohlklingenden Namen wie »Trianon« oder »Mozart«.
39, rue Kéréon

Boule de Neige ■ b 2
Patissier Larnicol trägt den begehrten Titel **meilleur ouvrier de France** (»bester Handwerker Frankreichs«). Seine Spezialität: die **Cornic-Saint-Corentin** genannten Plätzchen und die **torchettes**, Galettes mit Mandeln, Nüssen und Rosinen.
12, rue Boucheries

Le Reun südwestlich ■ a 3
Alles, was ein bretonischer Fischhändler haben muß: Seezungen, Langustinos, Makrelen – frischer geht's nimmer.
134, rue de Pont-l'Abbé

Märkte
Halles Saint-François ■ a 2
Ein Meer von Farben und Düften. Zwar sind die Markthallen neueren Datums, die Qualität der Waren ist jedoch um so verlockender.
Tgl. außer So nachmittags 7–20, Do, Fr und Sa 5.30–20 Uhr

10x10 Feine Früchte und Gemüse, teilweise aus biologischem Anbau, findet man auf dem **Wochenmarkt** (→ 10x10, S. 16).
Pl. Saint-Mathieu; Sa vormittag 9–12 Uhr

Zeit für einen kleinen Plausch ist beim Einkaufen immer ...

Service

Comité Départemental du Tourisme du Finistère ■ c 3
Auskünfte zur gesamten Region.
11, rue Théodore-Le-Hars, B. P. 1419, 29104 Quimper Cedex; Tel. 02 98 53 09 00

Office du Tourisme ■ a 3/b 3
Pl. de la Résistance, 29000 Quimper; Tel. 02 98 53 04 05, tgl 9–12 und 14–18 Uhr, Juli und Aug. tgl. 8.30–20 Uhr

Bahnhof östlich ■ c 3
Gare S.N.C.F; Avenue de la Gare; Tel. 02 98 90 50 50

Busbahnhof östlich ■ c 3
Gare routière; 2, pl. Louis-Armand; Tel. 02 98 90 88 89

Flughafen
Aéroport de Quimper
Pluguffan; Tel. 02 98 94 30 30

Ein Schlaraffenland für Genießer: Cidre, Crêpes, Austern…

250 Gramm Weizenmehl, ein Ei, 120 Gramm Zucker, 120 Gramm leicht gesalzene Butter, ein Glas Milch, ein Glas Wasser, ein Löffel Zimt, zwei Löffel Calvados – das Ganze wird gut vermengt, bis ein dünnflüssiger Teig entstanden ist, und der Crêpe kann in die Pfanne kommen. Seit dem 14. Jahrhundert kennt man in der Bretagne das Rezept für die köstlichen dünnen Fladen, 1390 wird es im »Ménagier de Paris« erwähnt. Crêpes stehen heute in der ganzen Welt für bretonische Gastronomie – allerdings vollkommen zu Unrecht! Denn zwischen Rennes und Brest, Vannes und Morlaix hat man viel mehr zu bieten als die süß oder salzig gefüllten Wahrzeichen der Schnellimbisse: Da wäre – um mit den ganz einfachen, elementaren Dingen zu beginnen – das Salz aus Guérande, das unter Sterneköchen einen herausragenden Ruf hat, dann die exzellente, zart gesalzene Butter, die nur noch von einigen normannischen »Kollegen« in der Qualität übertroffen wird – oder auch die Wurstspezialität **andouille** aus Gueméné-sur-Scorff, die man in allerbester Qualität beispielsweise bei Philippe Daniélou in Baye (180, rue Jean-Marie Carer) kennenlernen kann. Das **agneau pré-salé**, Lamm von den Salzwiesen der Bucht zwischen Cancale und dem Mont-Saint-Michel, ist bei Feinschmeckern ebenso berühmt wie das noch rarere **agneau de Ouessant**, ein Zwergschaf, das auch erwachsen nur knapp 50 Zentimeter Schulterhöhe erreicht.

In Janzé werden seit dem 19. Jahrhundert Freilandhühner gezüchtet; Blumenkohl, Kartoffeln, Artischocken, Erbsen, Karotten, grüne Bohnen, Tomaten, Spinat, Lauch, Zwiebeln, Endivien und Schalotten wachsen auf den Feldern, Äpfel, Birnen und Erdbeeren gedeihen in den Gemüsegärten.

Jakobs- und Miesmuscheln, Krabben und Krevetten, Langusten und die berühmten blauen Hummer sind auf den Meeresfrüchteplatten der küstennahen Restaurants ebenso beliebt wie die unerläßlichen Austern. Letztere gibt es als **huîtres creuses** und als feinere, aber empfindlichere **huîtres plates** (übersetzt »flache Austern«). Beide Sorten werden in einigen Häfen direkt von der Austernbank weg zum Spottpreis angeboten: Gerade mal 7 DM bezahlt man für ein Dutzend! Seit einiger Zeit wollen die bretonischen Austernzüchter ihren Kunden den Genuß der

Bretagne Extra

Gourmets mit einem Faible für Meeresfrüchte kommen in der Bretagne voll auf ihre Kosten.

Delikatesse übrigens noch bequemer machen: Der Erfinder Yves Renaut aus Rennes läßt bei den jungen Tieren rund um den widerspenstigen Muskel, der die beiden Austernschalen zusammenhält, einen kleinen Metallfaden anbringen. Mit einem Griff an den »Reißverschluß« kann man später mühelos die ausgewachsene Auster öffnen…

Mindestens einmal sollte man den typischen **Cidre** – etwa vom Manoir de Kinkiz in Quimper oder von Jean-Yves Prié in Pleudihen-sur-Rance – gekostet haben: 150 000 Hektoliter des herbfruchtigen Apfeltrankes rinnen jährlich in die Gläser der Bretonen. Das klingt enorm, ist aber weitaus weniger, als noch im letzten Jahrhundert konsumiert wurde – und der Verbrauch geht stetig zurück. Auch den traditionsreichen **chouchen** kennt kaum noch ein Bretone: Der Met, gebraut aus »37 Kilogramm Honig, 75 Litern frischem Wasser und ein wenig Hefe«, galt einst als Getränk der Götter und wurde jungen Bretonen vor ihrer Hochzeitsnacht eingeflößt (erhältlich etwa beim Manoir du Réchou, Botlezan, 22140 Bégard). Nur beim Bier leisten die Bretonen großen Marken wie »Kronenbourg« noch Widerstand. Neben dem regionalen »Coreff« existiert noch das gallische Bier »Cervisia«, das von Monsieur Lancelot in Saint-Servant-sur-Oust gebraut wird. Eine Kostprobe dürfen Sie sich nicht entgehen lassen – schließlich schwört der Braumeister darauf, daß er das authentische Rezept der alten Gallier verwendet, von dem schon Asterix und Obelix begeistert waren…

Quimperlé

■ D4

In dem mittelalterlich geprägten Dorf vereinen sich die beiden Flüsse Isole und Ellé zur Laita. **Kemper** wird so ein Flußdreieck auf bretonisch genannt. Dem Ort haben die beiden Flüsse die Beinamen **Cité des Trois Rivières** (Stadt der drei Flüsse) und **Mont-Saint-Michel-des-Terres** (frei übersetzt: Mont-Saint-Michel auf dem Festland) eingetragen. Nicht selten sieht man an den Brücken und Flußufern Angler, die hier geduldig auf Forellen warten. Ursprünglich war Quimperlé ein kleines Handelsdorf an der Grenze zwischen den keltischen Stämmen der Veneter und Osismer, der Fluß Ellé bildete die Grenzlinie. Der Ort setzt sich aus einer »Oberstadt« und einer »Unterstadt« rund um die **Abtei Sainte-Croix** zusammen.

Ganz schön abenteuerlich: Auf den Rochers du Diable, den »Teufelsfelsen«, können Kletter- und Balancekünstler ihr Können beweisen. Unsportliche genießen einfach die herrlich »wilde« Landschaft.

Sehenswertes

Saint-Croix
Ursprünglich im 11. Jahrhundert errichtet, wurde die romanische Kirche 1862 teilweise restauriert. Sehenswert sind das Renaissanceretabel und die Krypta.

Saint-Michel
Die Kirche ist auch unter dem Namen **Notre-Dame de l'Assomption** bekannt. Sie stammt aus dem 13. Jahrhundert und wurde bis zum 18. Jahrhundert mehrfach verändert. Beachten sollten Sie vor allem das **Nordportal** im schönsten Renaissancestil.

Museum

Maison des Archers
Das »Haus der Bogenschützen« aus dem 16. Jahrhundert birgt ein kleines Regionalmuseum.
7, rue Dom Morice; 15. Juni–30. Sept. tgl. außer Di 10–12 und 14.30–19 Uhr; Eintritt 15 FF

Essen und Trinken

Le Bistrot de la Tour
Freundliches kleines Lokal mit schmackhafter konservativer Küche. Interessante Menüs auch zu günstigen Preisen.
2, rue Dom Morice; Tel. 02 98 39 29 58; tgl. außer Sa mittags und So abends 12–14 und 19–21.30 Uhr; Untere bis Mittlere Preisklasse (EC, Visa)

Einkaufen

Angelzubehör
Le Stum
Wer sich zu den zahlreichen Anglern gesellen will, die man in Quimperlé und Umgebung tatsächlich noch sieht, kann hier ruhig zugreifen.
21, rue Brémond d'Ars

Service

Office du Tourisme
Le Bourg-Neuf, 29300 Quimperlé; Tel. 02 98 96 04 32; tgl. außer So 8.30–12 und 14–18, in der Hochsaison Mo–Sa 9.30–18.30, So und feiertags 10–12 Uhr

Ziel in der Umgebung

Rochers du Diable ■ E4

Die »Teufelsfelsen« sind ein wildromantisches Steinchaos, das sich um die Wasser der Ellé gruppiert.
Bei Locunolé, 12 km nordöstlich

Roscoff ■ C1

Die charmante Hafenstadt hat sich seit rund 100 Jahren dem Tourismus verschrieben. In der Hauptsaison ist Roscoff ein überlaufener Ferienort. Seit den dreißiger Jahren des letzten Jahrhunderts verkaufen die »Roscoviten« (so der offizielle Name für die Bewohner) außerdem Gemüse an die Engländer. Lange Zeit wurden nur Zwiebeln verschickt, die auf der anderen Seite des Kanals direkt vom Fahrrad weg verkauft wurden.

Sehenswertes

Maison de Marie Stuart
Gleich zwei Häuser der Stadt rühmen sich, die sechsjährige Maria Stuart beherbergt zu haben – jedoch keines der beiden war zum Zeitpunkt ihrer Verlobung mit François II 1548 bereits erbaut! Trotzdem gehört die **Rue Amiral Réveillère** zu den schönsten Gassen der Altstadt.
19, rue Amiral Réveillère; derzeit keine Besichtigung möglich

Notre-Dame-de-Kroaz-Braz
Die eindrucksvolle gotische Kirche stammt aus dem 16. Jahrhundert. Der **Renaissanceglockenturm** ist ein schönes Beispiel für die Kunst der bretonischen Baumeister. Weil reiche Reeder die nötigen Mittel für die Kirche aufbrachten, zieren maritime Motive die Außenwände
Tgl. 9–12 und 14–18 Uhr

Phare de Roscoff
Der 25 Meter hohe Leuchtturm am alten Hafen gehört zu den Wahrzeichen der Stadt. Nach telefonischer Anfrage darf man ihn manchmal besichtigen.
Tel. 02 98 69 70 76

Hotels

Bellevue
Einfaches, aber hervorragend gelegenes Hotel: Der Strand ist fast in Griffweite, einige Zimmer bieten Sicht auf den Hafen.
1, rue Jeanne d'Arc, 29680 Roscoff; Tel. 02 98 61 23 38, Fax 02 98 61 11 80; 18 Zimmer; 15. Nov.–20. März geschl.; Mittlere Preisklasse (EC, Visa)

Brittany
Elegantes Haus mit geschmackvollen Zimmern und Meerblick. Überdachtes Schwimmbad.
Bd. Sainte-Barbe, 29680 Roscoff; Tel. 02 98 69 70 78, Fax 02 98 61 13 29; 25 Zimmer; 20. Okt.–20. März geschl.; Obere Preisklasse (AE, DC, EC, Visa)

Talabardon
Viele Zimmer haben Meerblick.
Pl. de l'Eglise, 29680 Roscoff;
Tel. 02 98 61 24 95, Fax 02 98 61 10 54;
39 Zimmer; Dez.–Mitte Feb. geschl.;
Mittlere Preisklasse (AE, DC, EC, Visa)

Essen und Trinken

Le Temps de Vivre
Regionale Spezialitäten, frisch serviert zum schönen Blick auf die Ile de Batz.
Pl. Lacaze Duthiers; Tel. 02 98 61 27 28; tgl. außer So abends und Mo 12–14, 19–21.15 Uhr; Mittlere Preisklasse (AE, EC, Visa)

Service

Maison du Tourisme
46, rue Gambetta, 29680 Roscoff;
Tel. 02 98 61 12 13

Fahrradverleih
Desbordes; 13, rue Brizeux;
Tel. 02 98 69 72 44

Überfahrten nach Plymouth und Cork
Brittany Ferries; Tel. 02 98 29 28 28

Abfahrt zur Ile de Batz
Les Vedettes C.F.A.T.M.; Tel. 02 98 61 79 66

Sainte-Anne-la-Palud ■ C3

Das große **pardon** zu Ehren der heiligen Anne zieht am letzten Augustsonntag viele tausend Pilger in das Dorf nahe Locronan, das für den Rest des Jahres nur ein friedlicher, etwas abseits gelegener Badeort ist. Schöner Sandstrand beim **Hôtel de la Plage**.

Hotel/Essen und Trinken

Hôtel de la Plage
Der Strand liegt direkt vor der Haustür – und wer im Speisesaal den Aperitif nimmt, meint fast, die ganze Bucht für sich allein zu haben. Spektakuläre Sonnenuntergänge zu bretonischem Hummer mit Kig-Ha-Farz-Gemüsen, Steinbutt in Beurre Blanc oder geschmorter Kaninchenrücken mit Schweinsohren und Gewürzjus…

Jedes Zimmer ist mit Antiquitäten und Schiffsmodellen dekoriert und trägt einen seemännischen Namen. Die beiden schön-

Die wohl wichtigste Wallfahrtsprozession der Bretagne findet direkt am Meer, in der großen Bucht von Douarnenez statt: Sainte-Anne-la-Palud.

sten heißen »Caboteur« und »Galion«, aber auch die kleineren Räume bieten zum Teil besten Blick aufs Meer. Mit einem Wort: charmant (→ 10x10, S. 14).

10x10

29127 Sainte-Anne-la-Palud;
Tel. 02 98 92 50 12, Fax 02 98 92 56 54;
30 Zimmer; Obere Preisklasse bis Luxusklasse; Restaurant Mittlere bis Obere Preisklasse (AE, EC, DC, Visa)

Saint-Pol-de-Léon

C 1

Pol Aurélien, der erste Bischof der Region, gab der Stadt ihren Namen. Der Badeort ist gleichzeitig ein Zentrum der Landwirtschaft. Artischocken und Blumenkohl kommen zuhauf von den umliegenden Feldern.

Neben **Kapelle** und **Kathedrale** ist vor allem die **Altstadt** sehenswert: In den Straßen Rue du Général Leclerc, Rue du Petit College oder Rue Rosière stehen noch einige Häuser aus dem 16. und 17. Jahrhundert.

Sehenswertes

Cathédrale

Die heutige Kathedrale wurde vom 13. bis 16. Jahrhundert auf den Ruinen einer romanischen Basilika aus dem 12. Jahrhundert errichtet. Unter den 45 Meter hohen Zwillingstürmen verbirgt sich ein reichhaltiges Interieur: Das **Chorgestühl** aus dem 16. Jahrhundert gilt als Meisterwerk der Schnitzkunst, bemerkenswert ist außerdem der **Hochaltar** aus schwarzem Marmor. Makaber: In der Sakristei lagern 34 Kästen mit den Totenschädeln örtlicher Honoratioren. Kurioserweise lautet die korrekte französische Bezeichnung für diese Gefäße **boîtes à chef** – Chefkisten...
Tgl. 9–12 und 14–18 Uhr

Der Aufstieg lohnt: Blick von der Kirche Notre-Dame-du-Kreisker auf Saint-Pol-de-Léon.

Notre-Dame-du-Kreisker
So muß man sich zu gotischen Zeiten ein Stück vom Himmel vorgestellt haben: Der 77 Meter hohe Kirchturm wird von fast 90 Öffnungen durchbrochen und wirkt damit fast ein wenig wie ein steingewordenes Spitzentaschentuch. Der große Vauban lobte »Wagnis und Ausgewogenheit« der Kapelle – obwohl er als Festungsarchitekt andere Bauweisen bevorzugen mußte. Genau 169 Stufen führen auf den Kreisker Turm, die Aussicht auf Stadt, Küste und Ile de Batz ist umwerfend.
Tgl. 10–12 und 14–18 Uhr

Service

Office du Tourisme
Pl. de l'Evêché, 29250 Saint-Pol-de-Léon;
Tel. 02 98 69 05 69

Der berühmte Pfarrbezirk von Saint-Thégonnec fasziniert durch die deutlich ausgearbeiteten Figuren seines calvaire. Am eindrucksvollsten sind wohl diese beiden Soldaten, die gerade zur Ohrfeige gegen Jesus ansetzen.

Saint-Thégonnec

■ C 2/D 2

Der Kirchhof der Gemeinde ist über die Region hinaus als einer der imposantesten der gesamten Bretagne bekannt. Der Legende nach wurde das Pferd des heiligen Thégonnec vom Teufel in Wolfsgestalt gefressen, während der fromme Mann Steine für den Bau seines Gotteshauses sammelte. Saint-Thégonnec spannte daraufhin kurzerhand den diabolischen Wolf vor seinen Karren.

Sehenswertes

Calvaire
Eindrucksvoller Kalvarienberg von 1610. Neun Szenen aus der Passionsgeschichte werden hier in teilweise fast naiven Figuren dargestellt.

Notre-Dame
Der Kirchturm ist der älteste Teil des Baus (1565), der Rest stammt aus dem 17. Jahrhundert. Interessant ist der Kirchhof mit **Porte triomphale** (Triumphtor) von 1587. Auch das Beinhaus (**Ossuaire**) von 1676 ist prachtvoll.

Saint-Vougay

C1/C2

Das Schloß ist die einzige Sehenswürdigkeit des winzigen Dörfchens, neun Kilometer südlich von Plouescat.

Sehenswertes

Château de Kerjean
Früher stand hier nur ein Herrenhaus, bevor Louis Barbier im 16. Jahrhundert dank der Spenden seines Onkels eines der schönsten Gebäude der Region Léon errichten konnte – eine Mischung aus mittelalterlicher Festung und Renaissancepalast (erbaut 1560, renoviert 1911) nebst idyllischem Park mit Springbrunnen. Im Innern findet sich ein monumentaler Kamin und hübsches bretonisches Mobiliar aus dem 17. und 18. Jahrhundert. Gelegentlich Themenausstellungen.
Tel. 02 98 69 93 69; Juli–Aug. 10–19 Uhr, Juni und Sept. 10–12 und 14–18 Uhr

Sizun

C2

Der friedliche Ort mit besonders schönem **Kirchhof** ist ein guter Ausgangspunkt für Fahrten durch die **Monts d'Arrée**, eine der ländlichsten Gegenden der Bretagne. Sizun kommt vom bretonischen **seizun, les sept sommeils** – frei übersetzt: »die sieben Schläfe«, also die Woche.

Sehenswertes

Saint-Sulian
Die Kirche aus dem 16. Jahrhundert wurde im 17. und 18. Jahrhundert restauriert. Sehenswert ist der **Enclos Paroissial**, der Kirchhof mit seinem monumentalen, 15 Meter langen Tor mit drei Rundbögen. Das Beinhaus von 1585 gilt mit seinen korinthischen Säulen und Darstellungen der zwölf Apostel als gutes Beispiel bretonischer Renaissance.
Tgl. 9–19 Uhr

Museum

Maison de la Rivière, de l'Eau et de la Pêche
Fischerei, bretonische Flora und Ökologie stehen im Zentrum dieses Museums in einer historischen Mühle.
Moulin Vergraon; Juli–Aug. Mo–Sa 10–17.30 Uhr und So 10–19, Juni und Sept. 10–12.30 und 14–17.30 Uhr

Service

Office du Tourisme des Monts d'Arrée
Pl. de l'Abbé-Broc'h, 29450 Sizun;
Tel. 02 98 68 88 40; in der Hochsaison tgl., sonst nur So geöffnet

Spézet

D3

Ein ruhiges Dorf, in den »schwarzen Bergen« gelegen. Der Ort selbst ist nicht gerade ein touristischer Höhepunkt, sein Fremdenverkehrsamt gibt aber eine Broschüre heraus, die die schönsten **Wanderwege** durch die umliegende Natur beschreibt.

Sehenswertes

Notre-Dame-du-Crann
Die Fenster aus dem 16. Jahrhundert sind die Schmuckstücke der Kapelle von 1248 (restauriert 1540). Am Sonntag nach Pfingsten findet hier ein großes **pardon** statt, bei dem religiöse Motive in einen Butterblock geschnitten werden. Bernard du Chastel errichtete 1248 an dieser Stelle ursprünglich ein bescheidenes Kapellchen, um der Jungfrau Maria für die Rettung vor der Pest zu danken.
Rue du Crann; tgl. 13.30–17 Uhr

Service

Fremdenverkehrsamt
Syndicat d'Initiative
Im Zentrum, 29540 Spézet;
Tel. 02 98 93 91 18; Juli–Aug. tgl. 10.30–12.30 und 14–19 Uhr

Vom Schloß der Herzöge der Bretagne in Nantes über die Sumpflandschaften der Brière und die Salinen von Guérande zu modernen Seebädern wie La Baule, von kilometerlangen Sandstränden zu den wilden Landschaften der Côte Sauvage… Die Region Loire-Atlantique bietet eine perfekte Auswahl all der Schönheiten, die die Bretagne zu bieten hat.

Nach offizieller französischer Lesart gehören weder Nantes noch die Seebäder rund um La Baule zur Bretagne. **Pays-de-la-Loire** heißt die Region in offiziellen Statistiken. Dabei gehört das nördliche Pays-de-la-Loire geographisch, wirtschaftlich und historisch eindeutig zur Bretagne – schließlich war Nantes jahrhundertelang bretonische Hauptstadt; die winzigen Bauernhäuser in **Kerhinet** und Umgebung ähneln denen des Morbihan. Nantes war für die Geschichte der Region weit wichtiger als die heutige Hauptstadt Rennes: Hier wurde im **Château des Ducs** die Union der Bretagne mit Frankreich bekanntgegeben.

Nantes gehört zu den wenigen bretonischen Städten, die sich zur modernen Metropole gewandelt haben, ohne ihren historischen Charme zu verlieren. Ein Spaziergang durch die charmant-nostalgische **Passage Pommeraye**, eine kurze Rast am Festungsgraben des Schlosses – an jeder Ecke kann man in die Vergangenheit der Stadt eintauchen. Der Geburtsort von Jules Verne wird heute maßgeblich durch seine Universität geprägt: Auf allen Straßen des Zentrums begegnen einem die Studenten; Kneipen und kleine Restaurants warten auf Besucher. Zudem gilt Nantes als »geschäftstüchtigste« Metropole der Region, zahlreiche Messen und Ausstellungen ziehen Businesspeople aus ganz Europa an die Loire – auf diese Klientel haben sich auch die meisten Hotels eingestellt.

La Baule galt einst als schönstes Seebad der Küste, zog Berühmtheiten aus dem fernen Paris zur Sommerfrische an. Leider sind die alten Herrenhäuser inzwischen dem Bauboom zum Opfer gefallen: Ferienwohnungen statt Fachwerkhäuser warten hier auf zahlungsbereite Kunden, was freilich nichts an der Qualität des Sandstrandes ändert.

Der winzige Küstenstreifen zwischen La Baule und **Le Croisic** gleicht einer Bretagne im Miniaturformat: Schmale Strände aus feinem Sand und felsige Landschaften wechseln sich ab, bis man zur alten Festung von **Guérande** abbiegen kann: Wenn man das erste Mal die massiven Festungsmauern erblickt, hat man das Gefühl, die Zeit stände hier schon seit einigen Jahrhunderten still. Nur in der Hauptsaison, wenn sich Horden in kurzen Hosen durch die schmalen Altstadtgassen schieben, wird auch dieser Ort zum Opfer der eigenen Popularität.

Die wahre Schönheit der Region **Loire-Atlantique** entdeckt man dann nur noch abseits der großen Sehenswürdigkeiten: auf den schmalen Wegen zwischen den Salinen, den Landstraßen rund um die Sumpflandschaft **Brière** oder ganz früh am Morgen auf einem handtuchgroßen Strand irgendwo an der Côte…

Umhüllt vom verstaubten Charme der Belle Époque: Die Passage Pommeraye ist eine unwiderstehlich altmodische Einkaufspassage mit Stuckfiguren, Kronleuchtern und verblaßten Spiegeln – eine Welt für sich.

BYBLOS
EUREKA
GALERIE REGNIER

Nantes präsentiert sich als eine Mischung aus Tradition und Moderne: Die Außenbezirke mit dem typisch französischen Konglomerat aus Baumärkten, Hamburgerbuden, Pizzahütten, »Hypermarchés« und Sozialwohnungen wirken wenig einladend. Den Stadtkern mit allen Charakteristika einer reichen Handelsmetropole des 18. Jahrhunderts und seinen zahlreichen Fußgängerzonen hingegen kann man fast schon als mediterran-charmant bezeichnen.

Nantes

16

Stadtplan → S. 197

Die Stadt an der Loire bietet tatsächlich schon einen ersten Vorgeschmack auf die südliche Atlantikküste, auf massige Steinhäuschen und felsige Klippen.

Von 939 an, als Alain Barbe-Torte die Normannen vertrieb, bis zur Hochzeit von Anne de Bretagne im 15. Jahrhundert war Nantes die Hauptstadt der gesamten Region. Heinrich IV. räumte 1598 im Edikt von Nantes den Hugenotten (Protestanten) Religionsfreiheit ein. Erst 1685 wurde der Erlaß von Ludwig XIV. wieder aufgehoben.

Vom 16. bis 18. Jahrhundert erlebte die Handelsmetropole einen schwunghaften Aufstieg. Während die Korsaren in Saint-Malo Schätze anhäuften, sorgten die Sklavenhändler dafür, daß Nantes reich wurde. Die menschliche Ware, »Ebenholz« genannt, wurde an afrikanischen Küsten eingekauft oder gegen Waffen, Spiegel oder Schmuck getauscht und auf den Antillen verkauft. Das erlöste Geld steckten die Kaufleute in Rohrzucker, der in Nantes raffiniert wurde, in Kaffee, Leinen oder Tabak. Die reichen Nantaiser wurden von der Regierung mit allerlei Zöllen geplagt – schon deshalb standen sie der Französischen Revolution nicht gerade ablehnend gegenüber. Ein gewisser Jean-Baptiste Carrier wütete zu jener Zeit besonders blutig in der Handelsstadt: Weil die Guillotine dem Revolutionär nicht schnell genug arbeitete, ließ er ganze Hundertschaften von Gefangenen in den Fluten der Loire ertränken. Rund 13 000 Menschen sollen seiner Herrschaft zum Opfer gefallen sein.

Von der Sklavenmetropole zum Industriezentrum

Mit der Abschaffung des Sklavenhandels ließ sich die Revolution Zeit: Erst ab 1847 war Nantes im Geschäft mit dem »Ebenholz« nicht mehr präsent. Damit nicht genug: Der Hafen versandete, Zucker konnte nun auch aus Rüben gewonnen werden – die Wirtschaft war ernsthaft in Gefahr. Glücklicherweise entwickelte sich gleichzeitig im 1856 gegründeten **Saint-Nazaire** an der Loiremündung eine florierende Werftindustrie. Metallverarbeitende Betriebe und Konservenfabriken ließen sich in der Stadt nieder, Weinbau und Agrikultur brachten der Umgebung einen bescheidenen Wirtschaftsaufschwung.

Heute werden rund um Nantes jährlich 2000 Tonnen Karotten, 12 000 Tonnen Lauch und 8000 Tonnen Rüben geerntet. Die Werftindustrie indes liegt darnieder, aber die Raffinerien, Unternehmen wie Alcatel, ein hypermodernes Kongreßzentrum, ein »Technopole« mit 2000 Wissenschaftlern in 120 Laboratorien sowie der viertgrößte Industriehafen Frankreichs sorgen dafür, daß Nantes einen bedeutenden Rang unter den Städten Frankreichs bewahrt.

Spaziergang

Die Festungsmauern des **Château** sind der ideale Ausgangspunkt für eine Tour durch Nantes. Im Norden der Festung können Sie der monumentalen Kathedrale **Saint-Pierre et Saint-Paul** einen Besuch abstatten, bevor Sie über die Rue de la Juiverie (schöne Häuser aus dem 17. und 18. Jahrhundert) weiter zur Kirche **Sainte-Croix** gehen. Der Kirchturm mit den riesigen, Trompete blasenden Engeln bietet einen kuriosen Anblick. Anschließend überqueren Sie den Cours des 50 Otages, eine nicht besonders ansehnliche Durchgangsstraße, die den alten Stadtkern in zwei Hälften teilt. Über die Rue d'Orléans gelangt man zur Place Royale. Der 1790 entstandene Platz vereinte einst die alten Stadtviertel mit dem neuen **Quartier Graslin**, benannt nach

dem Finanzier, der seinen Bau ermöglichte. Der Brunnen in der Mitte stammt aus dem Jahr 1865 und besteht aus blauem Granit. Nördlich des Platzes liegt die Basilika **Saint-Nicolas** (1843). Über die Rue de la Fosse gehen wir nun in die **Passage Pommeraye** – eine beeindruckende Ladenpassage, die jeden Besucher direkt in die große Zeit der Stadt entführt. Über die Rue Crébillon, eine beliebte Shopping-Meile, kommt man zur **Place Graslin**. Der gleichnamige Monsieur hatte das gesamte Terrain 1770 erworben. Im Zuge der Errichtung neuer Straßen, Plätze und Theater verkaufte er es Stück für Stück an die Stadt. An der Ecke zur Rue Piron wartet die **Brasserie Cigale** mit ihrem denkmalgeschützten Ambiente auf Gäste. Über den begrünten Cours Cambronne kommen wir zum **Muséum d'Histoire Naturelle** oder zum **Musée Dobrée**. Wer zum Abschluß des Spaziergangs ein wenig Seeluft schnuppern möchte, gelangt über die Rue de la Verrerie und den Quai de la Fosse zum **Musée Naval**.

Dauer: 3 Std.

Sehenswertes

Château des Ducs de Bretagne ■ c2
König Heinrich IV. war beeindruckt: »Unsere bretonischen Herzöge waren wirklich keine mickrigen Gesellen«, soll er ausgerufen haben, als er anläßlich der Unterzeichnung des Edikts von Nantes in der Stadt eintraf. Tatsächlich wirkt die mächtige Festung aus den Tagen der Anne de Bretagne (15. Jahrhundert) noch genauso beeindruckend wie zu Heinrichs Zeiten – mit Ausnahme der Tatsache, daß die Nantaiser den Schloßgraben an sonnigen Tagen als den Strand der Stadt betrachten. Neben dem Besuch Heinrichs war der 1466 von Franz II. in Auftrag gegebene Bau Zeuge zahlreicher weiterer Ereignisse der bretonischen Geschichte:

Von den kopfsteingepflasterten Gäßchen der Altstadt von Nantes ist es nicht weit zum Herzogschloß, in dem Anne de Bretagne geboren wurde. Sogar seine Majestät, der Sonnenkönig, begab sich einst hierher zur Erholung.

Die Könige Karl VIII. und Ludwig XIV. statteten ihm einen Besuch ab; Gilles de Rais, ein Waffenbruder von Jeanne d'Arc, wurde im Donjon gefangengehalten. Im Hof weist eine Tafel darauf hin, daß Franz I. im August 1532 per Edikt verfügte, daß fortan die Bretagne mit Frankreich vereint sein möge.

Von außen wirkt der Bau mit seinen massigen Mauern und der Zugbrücke aus dem 18. Jahrhundert wie eine intakte Burg – lediglich der Nordturm, **Tour des Espagnols**, der als Lager für Schießpulver diente, ging bei einem Unfall im Jahr 1800 zusammen mit Kapelle und Archiven buchstäblich in die Luft. Das gefürchtete Gefängnis befand sich gleich rechts neben dem Eingang, in der **Tour de la Boulangerie**. Im Südwesten des Châteaus, direkt hinter dem mit prächtigem Schmiedeeisen verzierten Brunnen, liegt der **Grand Logis**, der Wohnsitz der Grafen der Bretagne. Nördlich davon, direkt hinter dem Gefängnisturm, befindet sich der **Grand Gouvernement**, der große Gouverneursbau. Der **Petit Gouvernement** im Süden wurde unter Franz I. errichtet. Ein paar Schritte nördlich liegt der sogenannte **Harnachement**, ein reiner Militärbau. Grand Gouvernement und Harnachement beherbergen heute das **Musée Régional d'Art Populaire** (→ S. 202) und das

10x10 Schiffahrtsmuseum **Musée des Salorges** (→ 10x10, S. 11).

Eingang an der Pl. Marc Elder; tgl. 10–12 und 14–18 Uhr; Eintritt frei

Ile Feydeau ▪ b 2

Im 18. Jahrhundert ließen sich rund 24 reiche Reeder hier nieder. Ursprünglich sollte jedes der zwischen 1723 und 1746 errichteten Gebäude über eine einheitliche Fassade verfügen; doch 1743 fiel der Zwang zum »Einheitslook«, und die Kaufleute konnten endlich ihren Reichtum sichtbar machen: Mal wurden imponierende Innenhöfe konstruiert, mal die Balkone mit prächtigem Schmiedeeisen verziert, mal die Fassaden mit Skulpturen verschönert. Einige Gebäude dienten nicht nur als Wohnhaus, sondern auch als Büro und Warenlager. Heute ist die »Ile Feydeau« keine Insel mehr: In den dreißiger Jahren unseres Jahrhunderts wurde der Nordarm der Loire zugeschüttet, die Feydeau-Insel war dem Festland angeschlossen.

Ile de Versailles nördlich ▪ c 1

Japanischer Garten mit Azaleen, Bambus und Rhododendren. Die **Maison de l'Erdre** informiert über die Fauna des Flusses.

Eingang am Quai de Versailles

Jardin des Plantes ▪ d 1

Eine der grünen Lungen der Stadt: Im englischen Garten von 1865 pflanzten die Seeleute tropische Bäume und Blumen. Das Gewächshaus **Palmarium** (1895) ermöglicht einen kurzen Ausflug in den tropischen Regenwald.

Rue Gambetta; Mai–Aug. tgl. 8–20 Uhr, Feb.–April und Sept.–Okt. tgl. 8–12 Uhr, Nov.–Jan. tgl. 8–17.30 Uhr, Eintritt frei

Médiathèque ▪ b 3

Ein gelungenes Stück des modernen Nantes: Bibliothek, Ausstellungsräume, Ladengalerie, Druckereimuseum (**Musée de l'Imprimerie**) und Diskothek. Am Quai de la Fosse wurden früher die Segelschiffe entladen. Einige prächtige **Reederhäuser** stehen in Nachbarschaft der Mediathek (etwa Nr. 17, 54, 70, 86).

24, quai de la Fosse; Di, Do und Fr 13–19, Mi 9.30–19 sowie Sa 13–17 Uhr, Mo geschl.

Passage Pommeraye ▪ b 2

Ein sehenswerter »Urahn« heutiger Shopping-Malls: Notar Louis Pommeraye finanzierte die 1843 eröffnete Ladenpassage, die die Rue Crébillon mit der Rue de la Fosse verbindet. Zwischen den drei prachtvollen Etagen tummelt man sich noch heute auf einer Holztreppe. Statuen tragen die Lampen, Medaillons mit diversen Portraits – unter anderem von Du Guesclin, Abélard und Rabelais – zieren die Mauern. Ein Schritt in die Passage, und man taucht ein in die Blütezeit von Nantes...

Selbstverständlich werden in der Ladengalerie, die übrigens auch den Schriftsteller Gustave Flaubert und den Cinéasten Jacques Demy inspirierte, die verschiedensten Waren angeboten: Kerzen in allen Formen und Farben gibt es bei »Paraffine«, Kleidung und originelle Geschenkartikel bei »Parti Pris« – und natürlich darf auch eine Kunstgalerie hier nicht fehlen

10x10

(→ 10x10, S. 11).

Planétarium südwestlich ■ a 3

Das Sonnensystem in voller Bewegung, eine Reise zur Sonne und den anderen Planeten – faszinierende Unterhaltung für kleine und große Kinder.

8, rue des Acadiens; Tel. 02 40 73 99 23; Vorführungen Mo–Fr 10.30, 14.15, 15.45 Uhr, So 15 und 16.30 Uhr, feiertags geschl.; Eintritt 26 FF, Kinder 13 FF

Sainte-Croix ■ c 2

Wenn man in den engen Altstadtgassen nach oben schaut, fällt der Blick unweigerlich auf eine Reihe Trompete blasender Engel. Die himmlischen Heerscharen überragen die Kirche Sainte-Croix (17. bis 19. Jahrhundert) und krönen den ehemaligen **Beffroi**, den Stadtturm. Die Innenausstattung stammt weitgehend aus dem 18. Jahrhundert.

Besonders sehenswert sind auch die **Altstadtgassen** in der direkten Umgebung der Kirche: Zwischen der Rue de la Juiverie, Rue de la Boucherie, Rue Sainte-Croix, Rue Bossuet und Place du Change kann man zahlreiche Häuser aus dem 15. und 16. Jahrhundert entdecken.

Pl. Sainte-Croix; Mi–Sa 8–12 und 14–18.30, So 8–12 und 14–16 Uhr

Saint-Pierre-et-Saint-Paul ■ c 1

Nicht weniger als 457 Jahre dauerten die Arbeiten an der Kathedrale von Nantes: 1434 unter Herzog Jean V. begonnen, wurde der letzte Stein erst 1891 gesetzt. Obwohl der Innenraum der Kathedrale bei Restaurierungsarbeiten 1972 einem verheerenden Feuer zum Opfer fiel, präsentiert sich der Bau heute in einwandfreiem Zustand. Das **Kreuzrippengewölbe** ist mit 37,5 Metern höher – und beeindruckender – als das von Notre-Dame in Paris. Die frühen Baumeister mußten für diese Meisterleistung statt des sonst in der Bretagne für Kirchen und Kathedralen verwendeten (schweren) Granit den leichteren Tuffstein verwenden.

Der Blickfang des Kircheninneren, das **Grab von Franz II. und Marguerite de la Foix**, 1502 bis 1507 auf Anordnung von Anne de Bretagne vom Bildhauer Michel Colombe errichtet, stand ursprünglich in der Karmeliterkirche. Während der Französischen Revolution, als die Popularität der Herrschenden auf ihrem Tiefpunkt angelangt war, wurde seine Zerstörung verfügt. Der Architekt der Stadt versteckte jedoch die einzelnen Teile sorgfältig getrennt voneinander, und so konnte das Grabmal 1817 nach der Revolution in der Kathedrale einen neuen Platz finden. Die vier Statuen an den Ecken symbolisieren Kraft, Vorsicht, Enthaltsamkeit und Gerechtigkeit. Letztere soll angeblich die Gesichtszüge der Anne de Bretagne tragen.

Pl. Saint-Pierre; tgl. 8.30–18.00 Uhr; Krypta 10–12.30 und 14–18 Uhr

Théâtre Graslin ■ b 2

Mit seinen acht korinthischen Säulen scheint das Theater von Nantes seinen Kollegen in Bordeaux und Paris Konkurrenz machen zu wollen. Architekt Mathurin Crucy stellte den Bau 1788 fertig.

1, rue Molière; Tel. 02 40 41 90 60

Museen

Musée Archéologique ■ a 2

Neben einer kleinen Sammlung griechischer und etruskischer Vasen und der ägyptologischen Abteilung sind vor allen Dingen die Ausstellungsstücke zur Regionalgeschichte in der 2. Etage interessant: ein unterhaltsamer Streifzug von der Frühzeit über die Gallier und Römer bis hin zu den Wikingern.
18, rue Voltaire; tgl. außer Mo und feiertags 10–12 und 13.30–17.30 Uhr; Eintritt 20 FF, So frei

Musée des Beaux-Arts ■ d 1

Das Gebäude stammt aus dem 19. Jahrhundert, das Museum selbst ist jedoch wesentlich älter. Bereits im Jahr 1800 wurde seine Errichtung per Dekret beschlossen. Sammler und Stifter wie die Brüder Cacault, Pierre-Nicolas Fournier, Edgard Clarke, Urvoy de Saint-Bedan und Gildas Fardel ließen den Kunstbestand über die Jahrzehnte wachsen. Rund um einen ausgesprochen puristischen weißen Innenhof präsentiert das Museum Kunst aus dem 20. Jahrhundert (Erdgeschoß) sowie Gemälde aus dem 13. bis 19. Jahrhundert. Zu den Schmuckstücken des Hauses zählen Werke von Delacroix, Ingres, Courbet, Corot, Monet, Kandinsky und Max Ernst. Einige Säle sind wechselnden Themenausstellungen vorbehalten (→ 10x10, S. 12). **10x10**
10, rue Georges Clémenceau; tgl. außer Di 10–18, Fr 10–21, So 11–18 Uhr; Eintritt 20 FF, So frei

Musée Dobrée ■ a 2

Der Reeder und Sammler Thomas Dobrée ließ dieses Palais im 19. Jahrhundert errichten. Juwelen und Schmuck, der Reliquienschrein, der einst das Herz von Anne de Bretagne beherbergte, Waffen, Porzellan, Kupferstiche und Emailarbeiten gehören zu den Ausstellungsstücken.
Pl. Jean V.; Di–So 10–12 und 13.30–17.30 Uhr, feiertags geschl.; Eintritt 20 FF

Weißschimmernder Tuffstein aus dem Loiretal diente als Baustoff für das sagenhafte Deckengewölbe der Kathedrale Saint-Pierre-et-Saint-Paul.

Muséum d'Histoire Naturelle ▪ a 2
Naturgeschichtliches Museum mit einzigartiger Muschelkollektion sowie Ausstellungsstücken zu Mineralogie, Ornithologie, Paläontologie und Botanik. In der ersten Etage kann man lebende Reptilien in einem Vivarium bestaunen.
12, rue Voltaire; Di–Sa 10–12 und 14–18 Uhr, So 14–18 Uhr; Eintritt 20 FF, während Ausstellungen 30 FF, So frei

Musée de l'Imprimerie ▪ b 3
Im Druckereimuseum wird die Entwicklung der Drucktechniken seit dem 15. Jahrhundert vorgestellt. Bei einigen Führungen dürfen die Besucher sogar »mitdrucken«.
24, quai de la Fosse (Médiathèque); Di, Do und Fr 14–18, Mi 10–12 und 14–18, Sa 10–12 und 14–17 Uhr, im Aug. und feiertags geschl.; Eintritt 20 FF

Musée Jules Verne südwestlich ▪ a 3
Elf Säle, vollgepackt mit Erinnerungen an den Abenteuerschriftsteller Jules Verne: sein Mobiliar, Plakatwerbung für seine Bücher, Filmposter... In Nantes glaubt man, daß die Atmosphäre der Stadt die Phantasie von Monsieur Verne angeregt hat; fest steht jedoch nur, daß ihn sein Onkel und eine Lehrerin schon früh mit bretonischem Seemannsgarn und anderen phantastischen Geschichten versorgt haben.
3, rue de l'Hermitage; tgl. 10–12 und 14–17 Uhr, Di, So vormittags und feiertags geschl.; Eintritt 8 FF, So frei

Musée Naval Maille-Brezé
südwestlich ▪ a 3
Die »Maille-Brezé«, ein Geleitschiff (133 Meter lang, 3900 Tonnen schwer) von 1957, dient heute, fest verankert, am Nordufer der Loire als **Marinemuseum**.
Quai de la Fosse; tgl. außer Mo 14–18 Uhr; Eintritt 25 FF

Musée de la Poupée et des Jouets Anciens südwestlich ▪ a 3
Puppenmuseum mit vielen Ausstellungsstücken aus dem 19. Jahrhundert. Selbstverständlich »leben« die Puppen in authentischen Puppenhäusern.
39, bd. Saint-Aignan; 15. April–15. Sept. tgl. außer So, Mo, Di und feiertags 14.30–17.30 Uhr, 15. Okt–15. April tgl. außer Mo, Di und feiertags 14.30–17.30 Uhr, 15. Sept.–15. Okt. geschl.; Eintritt 20 FF

Musée Régional d'Art Populaire
▪ c 2
Klassisches Heimatmuseum mit Möbeln und Kostümen, untergebracht im Bâtiment du Grand Gouvernement, mitten im herzoglichen Schloß.
Château des Ducs de Bretagne, Pl. Marc Elder; tgl. außer Di 10–12 und 14–18 Uhr

Musée des Salorges ▪ c 2
Interessantes Marinemuseum im ersten Stock des Herzogschlosses. In der **Salle du Harnachement**, dem einstigen Lager für Pferdegeschirr, können Sie Schiffsmodelle, imposante Galionsfiguren und diverse Ausstellungsstücke zur wirtschaftlichen Entwicklung von Nantes bewundern.
Château des Ducs de Bretagne, Pl. Marc Elder; tgl. 10–12 und 14–18 Uhr, Juli–Aug. tgl. 10–19 Uhr

Hotels und andere Unterkünfte

L'Abbaye de Villeneuve
Sehr gepflegte Zimmer auf dem Gelände eines ehemaligen Zisterzienserklosters. Idyllischer Park und Schwimmbad. Das Restaurant liegt in der alten Bibliothek der Mönche und bietet moderne Haute Cuisine.
Rte. de Challons, 44840 Les Sorinières (9 km südlich von Nantes); Tel. 02 40 04 40 25, Fax 02 40 31 28 45; 20 Zimmer; Restaurant tgl. 12.15–13.30 und 19.30–21.30 Uhr; Obere Preisklasse (AE, DC, EC, Visa)

Das Einkaufen auf dem Wochenmarkt macht der ganzen Familie Spaß – auch in Nantes.

La Duchesse Anne ▪ d 2
Zimmer direkt neben dem Palais des Ducs, teilweise mit Blick auf die Kathedrale. Für diese Lage nicht zu teuer.
3, pl. de la Duchesse Anne, 44000 Nantes; Tel. 02 40 74 30 29, Fax 02 40 74 60 20; 70 Zimmer; Mittlere Preisklasse (AE, EC, Visa)

La Pérouse ▪ b 2
Moderne, sehr gepflegte Zimmer.
3, allée Duquesne, 44000 Nantes; Tel. 02 40 89 75 00, Fax 02 40 89 75 00; 47 Zimmer; Mittlere Preisklasse (AE, DC, EC, Visa)

Essen und Trinken

L'Atlantide südwestlich ▪ a 3
Leichte, moderne Küche aus regionalen Produkten, etwa Jakobsmuscheln in Muscadet oder Aalkuchen mit Gartenkräutern. Die Mittagsmenüs sind recht günstig.
Centre des Salorges, 15, quai Ernest Renaud; Tel. 02 40 73 23 23; tgl. außer Sa mittags und So 12–14, 19–22.30 Uhr; Mittlere Preisklasse (AE, EC, Visa)

Le Bouchon ▪ c 1
Bouchon – Korken – ist in Frankreich die Bezeichnung für eine Weinkneipe. Hier gibt es einfache, preiswerte Gerichte wie Sardinen oder Tartar, dazu glasweise servierte Weine.
7, rue Bossuet; Tel. 02 40 20 08 44; tgl. außer Sa mittags und So 12–14, 19–22.30 Uhr; Untere Preisklasse (EC, Visa)

La Cigale ▪ b 2
Immer gutbevölkerte Brasserie für »tout Nantes«: Das kleine Monument im Art-déco-Stil mit Deckengemälden des Nantaiser Künstlers Georges Levreau steht unter Denkmalschutz. Die Meeresfrüchteplatten sind empfehlenswert.
4, pl. Graslin; Tel. 02 40 61 76 41; tgl. 12–0.30 Uhr; Untere Preisklasse (EC, Visa)

Delphin
Haute Cuisine in einem Haus aus dem 19. Jahrhundert: Neben guten Menüs bietet Küchenchef Jean-Louis Delphin drei Hektar Park mit hundertjährigen Bäumen.
La Châtaigneraie, 156, rte. de Carquefou, Sucé-sur-Erdre (17 km nördlich von Nantes); Tel. 02 40 77 90 95; tgl. außer So abends und Mo 12–14 und 19–21.30 Uhr; Obere Preisklasse (AE, DC, EC, Visa)

Villa Mon Rêve
Die »Villa mein Traum« ist einen Umweg wert: ein sympathischer Wirt, ein gemütliches Haus mit Garten nahe der Loire, Weinkarte mit 50 verschiedenen Muscadets und zahlreichen Tropfen aus der Region – und selbst die Menüs sind nicht zu kostspielig.
Rte. des Bords de Loire, Basse-Goulaine (9 km östlich von Nantes);
Tel. 02 40 03 55 50; tgl. außer Okt. und den Schulferien im Feb. 12–14 und 19–21.30 Uhr; Mittlere Preisklasse (AE, DC, EC, Visa)

Einkaufen ■ b 2

Haupteinkaufsstraße ist die **Rue Crébillon**. Hier findet man bekannte Namen wie Burberrys, Stefanel und und und…

Bücher
L'Air Livre ■ c 2
Antiquariat im Schatten des Châteaus. Neben alten »Paris Match«-Ausgaben aus den fünfziger Jahren gibt es auch historische Werke in deutscher und englischer Sprache.
3 bis, rue Prémion

Kaufhäuser
Galeries Lafayettes ■ b 2
Alles unter einem Dach unter dem bewährten Siegel der Pariser Galeries Lafayette. In der Nachbarschaft: **Marks & Spencer** (2, rue Lafayette).
18, rue Calvaire; 3, bd. Honoré de Balzac

Lebensmittel
Confiseur Gautier ■ b 2
Besonders schöne historische Fassade; Schokoskulpturen sind das Markenzeichen des gepflegten Geschäfts.
9, rue de la Fosse

Märkte
Marché de Talensac ■ b 2
Besonders am Wochenende kommt in dem Hallenmarkt Stimmung auf: Dann kaufen die Familien der Umgebung hier ein, und Käse, Honig und Gemüse sehen noch dekorativer aus als sonst. Herrliche Auswahl
10x10 von frischem Fisch bei **Barbrel** (→ 10x10, S. 16).
Rue Talensac; tgl. außer Mo 8–12.30 Uhr

Marché de la Petite-Hollande ■ a 3
Hübscher Wochenmarkt mit Gemüse, Wurst und zahlreichen anderen Produkten der Bauernhöfe in der Umgebung.
Quai de la Fosse; Sa 8–12 Uhr

Geschenke/Souvenirs
Comptoir du Château ■ c 2
Schöner Souvenirshop hinter dem Herzogschloß. Postkarten, Fayencen …
4, rue Prémion

Devineau ■ c 2
Kuriose Kerzenhandlung, seit 1833 in Familienbesitz. Der wunderschön gestaltete Laden im historischen Haus täuscht darüber hinweg, daß hier auch allerlei Kitsch angeboten wird.
6, pl. Saint-Croix

Spielwaren
Amandine ■ c 2
Spielzeugladen wie in der guten alten Zeit: Holzspielzeug und Puppen, besonders schön dekoriert.
12, rue Château

Service

Office du Tourisme ■ b 2
Pl. du Commerce, 44000 Nantes;
Tel. 02 40 47 04 51; Mo–Fr 9–19, Sa 10–18 Uhr, So geschl.

Comité Départemental du Tourisme de Loire-Atlantique ■ b 2
Maison du Tourisme, pl. du Commerce;
Tel. 02 40 89 50 77

Bahnhof ■ d 1
Gare S.N.C.F; 27, bd. Stalingrad;
Tel. 02 40 08 50 50

Busverbindungen
Tel. 02 40 29 39 39

Flughafen
Aéroport de Nantes-Atlantique;
Bouguenais; Tel. 02 40 84 80 80

Bootsfahrten nördlich ■ c 1
Touren auf der Erdre: **Les Bateaux Nantais**; Quai de la Motte Rouge;
Tel. 02 40 14 51 14

Ziele in der Umgebung

Batz-sur-Mer ■ G6

Rund 1200 Maultiere sollen im letzten Jahrhundert das Salz der hiesigen **Salinen** transportiert haben, die sich über 413 Quadratkilometer erstrecken und bis heute in Betrieb sind. Zwischen felsigen Küstenabschnitten verstecken sich auch ein paar Sandstrände. Von der **Plage Saint-Michel** zweigt ein recht sehenswerter Zöllnerweg (**sentier des douaniers**) ab. Und natürlich fehlt auch der obligate **Menhir** nicht.

Sehenswertes

Notre-Dame-du-Mûrier
Die Einwohner von Batz errichteten diese gotische Kapelle im Jahr 1496 im Glauben, damit einer Pestepidemie Einhalt zu gebieten. Das Bauwerk aus schwerem Granit ist stark beschädigt, unter anderem wurde im Laufe der Zeit das Dachgewölbe zerstört.

Saint-Guénolé
Vom 60 Meter hohen Glockenturm dieser Kirche aus dem 14. und 15. Jahrhundert genießt man eine herrliche Aussicht auf die Umgebung.

Museum

Musée du Marais Salants
Salinen-Museum mit Möbeln und Kleidungsstücken aus dem letzten Jahrhundert. Im ersten Stock wird man in die Geheimnisse der Salzherstellung und des Salzhandels eingeweiht.
29 bis, rue Pasteur; Juni–Sept. und in französischen Schulferien tgl. 10–12 und 15–19 Uhr, Okt.–Mai Sa und So 15–19 Uhr; Eintritt 19 FF

Service

Maison du Tourisme
25, rue de la Plage, 44740 Batz-sur-Mer; Tel. 02 40 23 92 36

Dem Verfall preisgegeben: Das Gotteshaus Notre-Dame-du-Mûrier im Salz-Städtchen Batz-sur-Mer ist nur noch eine Ruine.

Cartoons, Konserven und Kosmetik: Bretonische Persönlichkeiten

Louison Bobet Der Ex-Radsportler machte in den sechziger Jahren die mittlerweile berühmte Thalassotherapie in ganz Frankreich bekannt. Institute in der Bretagne und im baskischen Biarritz tragen seinen Namen.

Claire Bretécher Die Karikaturistin aus Nantes hat sich mit ihren ironisch-spitzfindigen Zeichnungen zu den vielfältigen Problemen des Alltags auch in Deutschland einen Namen gemacht.

Etienne Daho Die Musik des ehemaligen Studenten aus Rennes hat längst die Ohren jüngerer Franzosen erobert. Auch ihre deutschen Altersgenossen sollten ruhig mal reinhören.

Jean-Edern Hallier Der Schriftsteller, Literat und erklärter Mitterrand-Gegner gehörte zu den umstrittensten Figuren in Frankreichs Literaturszene; er galt stets als Provokateur, wußte sich aber auch hervorragend in Szene zu setzen. Seine oft und heftig vorgetragene Forderung nach Aufnahme in die Académie Française fand bis zuletzt kein Gehör. Hallier starb 1996 nach einem Sturz vom Fahrrad. Sein Familiensitz war das Château de la Boissière in Briec.

Jean-Jacques Henaff ist Präsident einer traditionsreichen Konservenfabrik. Sein Vorfahre Jean Henaff gründete das Unternehmen am 30. April 1907 in Pouldreuzic. »Onkel Jean«, wie er im Dorf genannt wurde, doste zuerst Erbsen und Bohnen ein, bevor er 1914 mit einer von ihm kreierten Schweinspastete erfolgreich wurde. Besonders Seeleute achteten stets darauf, ein paar Dosen »Henaff« als Proviant an Bord zu haben. Seit 1930 wurden die Ingredienzen der Erfolgspastete nicht mehr verändert – außer der Tatsache, daß jede Dose Schinken, Braten und Filet enthält, bleibt das Rezept streng geheim.

Jack Kerouac Der Kultschriftsteller der »Beat Generation« entstammt einer bretonischen Familie, die nach Kanada auswanderte – sein Name kann die bretonische Herkunft allerdings nicht verbergen.

Olivier de Kersauzon ist ein im französischen Fernsehen permanent präsenter Navigator, der sich seinen Spitznamen »Admiral« in langen Monaten auf See hart erarbeitet hat. Er stammt aus dem Finistère.

Bretagne Extra

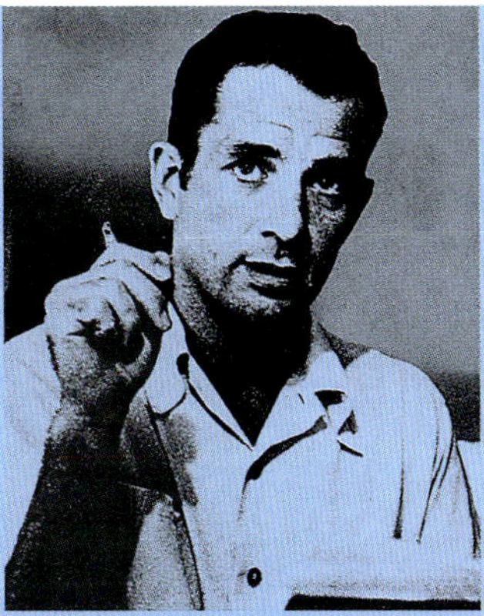

Auch ein Sohn der Bretagne: Jack Kerouac, ein führender Vertreter der »Beat Generation«.

Alain Dominique Perrin Der Président Directeur Général der Schmucklegende Cartier kommt ursprünglich aus Nantes. Er erfand die Produktlinie »must de Cartier«, die dem Haus zu einem neuen Aufschwung verhalf, und ist einer der profiliertesten Förderer und Mäzene moderner Kunst in Frankreich (zu bewundern in der Fondation Cartier in Paris).

Yves Rocher Seine europaweit bekannte und erfolgreiche Naturkosmetik kommt aus dem kleinen bretonischen Dorf La Gacilly. Der Industrielle, der gleichzeitig Bürgermeister ist, hat den Ort bildschön herrichten lassen: Alte Granithäuser versinken förmlich unter Blumenkaskaden; Glasbläser, Töpfer, Messerschmiede und andere Handwerker arbeiten noch nach traditionellen Methoden. Im »Espace Yves Rocher« erfährt der Besucher das Schönheitsrezept von Kleopatra, darf im Duftmuseum die Substanzen in diversen Fläschchen erschnuppern und lernt, wie aus Pflanzen die verschiedenen Düfte extrahiert werden (L'Espace Yves Rocher, La Croix des Archers, 56200 La Gacilly; Tel. 02 99 08 29 29, Fax 02 99 08 28 28; Juli–Aug. Mo–Sa 9–18.45 Uhr, So 14–18.45 Uhr, 15.–30. Juni und 1.–15. Sept. 10–12.15 und 14–18.15 Uhr; sonst nur am Wochenende und in den Schulferien 14–18.15 Uhr. Eintritt frei).

Eine Straße weiter befindet sich das Arboretum, ein Park mit 27 verschiedenen Baumarten. Etwa 100 000 Besucher schauen pro Jahr im Musterdorf La Gacilly vorbei.

Châteaubriant ■ I4

Ein hochherrschaftliches Schloß krönt die Altstadt von Châteaubriant. Rund um die Grande-Rue und die Rue de Couëré sind einige der Häuser aus der Blütezeit des Ortes erhalten geblieben.

Sehenswertes

Château de Châteaubriant
Die imposante Anlage an den Ufern der Chère besteht aus einer mittelalterlichen **Burg** und einem **Renaissanceschloß**. XL TOP 20 Der Renaissance-Teil wurde 1531 von Jean de Laval unter Franz II. erbaut. Zwei »Schloßlegenden« haben die Jahrhunderte überdauert: Eine gewisse Sibylle, Schloßherrin um 1250, soll bei der Rückkehr ihres Gemahls von einem Kreuzzug derart erfreut gewesen sein, daß ihr Herz bei der ersten Umarmung ihres Liebsten versagte. Noch tragischer ist die Geschichte von Françoise de Foix: Bereits mit elf Jahren wurde das Mädchen mit Jean de Laval, Gouverneur der Bretagne, verheiratet, der sie eifersüchtig hütete. Als König Franz I. darauf bestand, die junge Dame bei Hof kennenzulernen, erschien aber nur de Laval. Seine Frau, so war es vereinbart, sollte erst nach einem geheimen Zeichen seinerseits unerkannt nachkommen. Ein untreuer Diener verriet jedoch den Plan, Françoise wurde dem König vorgestellt, der sogleich für sie entbrannte, und Jean de Laval zog sich vergrämt in die Bretagne zurück. Einige Jahre lebte Madame als Mätresse des Königs bei Hof, bis sich das Interesse des Herrschers der Gräfin von Etampes zuwandte. Jean de Laval brachte seine Frau daraufhin zurück nach Châteaubriant und sperrte sie bis ans Ende ihrer Tage in einem schwarzen Raum ein. Andere Quellen gehen mit dem Grafen noch weniger schmeichelhaft um: Angeblich soll er seine untreue Gattin nach zehn Jahren Gefangenschaft entweder mit einem kräftigen Schwert-

Schauplatz einer grausam-gruseligen Legende: Im Schloß von Châteaubriant hat sich vor vielen hundert Jahren eine Ehetragödie ereignet.

hieb exekutiert oder einen Arzt zum ultimativen Aderlaß gezwungen haben... Das prächtige Zimmer von Françoise de Foix – nicht das dunkle Gefängnis – ist heute noch fester Bestandteil jeder Schloßbesichtigung.
Pl. Charles de Gaulle; 15. Juni–15. Sept. tgl. außer Di und So vormittags 9–12 und 14–18 Uhr; Eintritt frei

Saint-Jean-de-Béré
Die Kirche (11. und 12. Jahrhundert) ist vor allem wegen ihrer schönen **Altaraufsätze** aus dem 17. Jahrhundert bemerkenswert.

Hotels und andere Unterkünfte

Auberge Bretonne
Winziges Haus mit acht rustikalen Zimmern. Vor kurzem renoviert.
23, pl. de la Motte, 44110 Châteaubriant; Tel. 02 40 81 03 05, Fax 02 40 28 37 51; Untere Preisklasse (EC, Visa)

Le Châteaubriant
Hübsches Haus aus Vulkangestein. Außer den Zimmern gibt es auch etwas geräumigere Appartements. Parkplatz.
30, rue du 11 Novembre, 44110 Châteaubriant; Tel. 02 40 28 14 14, Fax 02 40 28 26 49; Mittlere Preisklasse (AE, DC, EC, Visa)

Essen und Trinken

Le Poëlon d'Or
Etwas düsteres, aber empfehlenswertes Lokal. Das günstige Mittagsmenü zu etwa 35 DM ist ein guter Tip – am Wochenende wird man allerdings wesentlich kräftiger zur Kasse gebeten.
30 bis, rue du 11 Novembre; Tel. 02 40 81 43 33; tgl. außer So abends und Mo 12–13.30 und 19–21.30 Uhr, Ende Feb.–Anfang März und vom 7.–17. Aug. geschl.; Mittlere Preisklasse (EC, Visa)

Service

Office du Tourisme
22, rue de Couëré, B. P. 193, 44145 Châteaubriant Cedex; Tel. 02 40 28 20 90

Château de Goulaine ■ I6

Das Schloß aus dem 15. bis 17. Jahrhundert erinnert an die Pracht der Châteaux an der Loire. Weißer Tuffstein ersetzt hier den sonst in der Bretagne üblichen grauen Granit. Seit über 1000 Jahren gehört die Domaine der Familie Goulaine, zu deren historischen Verdiensten es zählt, nicht weniger als dreimal bei der Versöhnung der französischen und englischen Krone mitgewirkt zu haben. Die Goulaines konnten ihr Mobiliar und die prächtigen Salons selbst durch die schwierigen Revolutionsjahre retten. Eine besondere Attraktion wartet im Gewächshaus: Zahlreiche Schmetterlinge aus den Tropen umschwirren hier die Besucher.
12 km östlich von Nantes, bei Haute-Goulaine; Mitte Juni–Mitte Sept. tgl. außer Di 14–18 Uhr; Eintritt 30 FF

Guérande ■ G6

Eine Zeitreise ins 14. Jahrhundert: Die **Festungsmauern** und die historische **Altstadt** von Guérande sind beeindruckend gut erhalten, kein moderner Architekt hat sich an dem Ort vergriffen, selbst der **Wassergraben**, der die Festung einst vor Angreifern schützte, ist noch sichtbar. Der Handel mit **Sel de Guérande**, grobkörnigem Salz aus den heute noch bestehenden Salinen der Umgebung, brachte der Stadt einst Reichtum und Wohlstand. Im 15. Jahrhundert umfaßte die Flotte von Guérande nicht weniger als 269 Schiffe: meist Salzhändler, aber auch Schmuggler und Piraten. Erst als die Seeleute lohnendere Fracht als die weißen Salzkristalle fanden, begann der Abstieg der Stadt. Gegen Ende des Jahrhunderts stiegen die bretonischen Kapitäne auf Stoffe und Leinen um. Sehenswert sind die Straßen Rue Vannetaise, Rue Bizienne, Rue du Tricot und Rue Sainte-Cathérine.

Sehenswertes

Porte Saint-Michel
Der »Haupteingang« zur Stadt, errichtet unter Franz II., gleicht mit seinen beiden Türmen fast einer kleinen Festung. Hier findet man das **Fremdenverkehrsamt** und ein kleines **Regionalmuseum** mit historischen Kleidungsstücken, Möbeln aus dem Gebiet der Brière und Portraits der ehemaligen Gouverneure von Guérande.
Tgl. 9–12.30 und 14–19 Uhr

Remparts
Die Festungsmauern stammen aus dem **10x10** Jahr 1343 und umschlingen auf 1434 Meter Länge den mittelalterlichen Stadtkern (→ 10x10, S. 11).

Saint-Aubin
Die Stiftskirche (12. bis 16. Jahrhundert) ist für ihre Außenkanzel berühmt. Im Innern mischen sich romanische und gotische Stilelemente. Besonders sehenswert sind die **Säulenkapitelle** und die **Fenster** aus dem 18. Jahrhundert. Orgelkonzerte im Sommer.
Tgl. 9–12 und 14–18 Uhr

Hotel

Roc Maria
Sehr einfaches, aber sauberes Haus im historischen Stadtkern. Für den gebotenen Komfort eigentlich etwas zu teuer, aber die zentrale Lage macht das wieder wett.
1, rue des Halles, 44350 Guérande;
Tel. 02 40 24 90 51, Fax 02 40 62 13 03;
10 Zimmer; Obere Preisklasse (AE, EC, Visa)

Einkaufen

Antiquitäten
Les Puces Guérandaises
Falls Sie unter den antiken bretonischen Stücken nicht das Passende finden, stöbern die Besitzer gern exklusiv für Sie Ihr Wunschobjekt auf. Übrigens: Handeln lohnt sich!
4, bd. du Nord

Lebensmittel
Ar Blaz Mad
Regionale Spezialitäten wie Cidre, Wein, Konfitüren vom Bauernhof, Sardinen (von **La Quiberonnaise** in Quiberon, → S. 133) und eingelegte Anchovis. Der Großteil der Waren ist wirklich erstklassig – und meist nicht mal teuer (→ 10x10, S. 17). **10x10**
40, rue Saint-Michel

Salines de Guérande
Wie wär's mit einem Besuch in einer traditionellen Saline? Neben dem obligaten **Sel de Guérande** (ein gutes und haltbares Souvenir) werden auch Essig und **salicornes**, eine Salzpflanze, verkauft.
Rte. des Marais; Tel. 02 40 24 73 03

Service

Office du Tourisme
Pl. du Marché-aux-Bois, 44350 Guérande;
Tel. 02 40 24 96 71

Kerhinet ■ G 5

Die strohgedeckten Häuschen des besonders malerischen Dorfes inmitten des Regionalparks der Brière vermitteln einen schönen Eindruck vom Landleben in der Region. Im Sommer finden hier Ausstellungen bretonischer Künstler statt. Um die Atmosphäre der guten alten Zeit nicht zu stören, darf man Kerhinet nur zu Fuß besichtigen **10x10** (→ 10x10, S. 8).

Museum

Musée Briéron
Modell eines typischen Bauernhauses der Brière, mit alten Gewändern und Werkzeugen. Zur Hochsaison geben hier manchmal Handwerker eine Kostprobe ihrer Fähigkeiten.
Tel. 02 40 61 95 24; Ende Feb.–Mitte März, Mitte April–Mitte Mai und Juni–Sept. 10–12.30 und 15–19 Uhr, sonst So und feiertags 14.30 –18.30 Uhr; Eintritt 8 FF

Hotel/Essen und Trinken

Auberge du Kerhinet
Hübsche Bilderbuch-Auberge mit Strohdach und blauen Fensterläden. Wer auf Meerblick verzichten kann, ist in einem der rustikalen Zimmer gut aufgehoben. Für die regionalen Spezialitäten der Auberge – etwa den »Matrosentopf« vom Aal – nehmen die Einheimischen selbst die Anfahrt aus **La Baule** auf sich **10x10** (→ 10x10, S. 14).
44410 Kerhinet, Tel. 02 40 61 91 46, Fax 02 40 61 97 57, 7 Zimmer; Restaurant tgl. außer Di abends und Mi 12–15 und 19–23 Uhr; Mittlere Preisklasse (EC, Visa)

La Baule ■ G 6

Im letzten Jahrhundert war La Baule eine Art Nizza der bretonischen Südküste, mit einem kilometerlangen Strand, noblen Hotels und einem Kasino. Die Eisenbahn, erbaut 1879, brachte die Reichen und Adligen bequem und standesgemäß in den aufblühenden Ferienort. Doch von der einst noblen Strandpromenade ist wenig geblieben: Die Architekten der sechziger und siebziger Jahre ersetzten die phantasievollen Villen im Jugendstil oder Fachwerkbau durch eine Art »Hühnerkäfige« mit Meerblick. Fast die Hälfte der Stadt, das Kasino und die Hotels, gehört heute der Gruppe Lucien-Barrière. Monsieur Barrière hat sein Vermögen nach der Devise »die Bank gewinnt immer« aufgebaut – seine Erben besitzen diverse Kasinos zwischen Saint-Malo und Cannes. Nur die 8 Kilometer feinen Sandstrand, die kann man auch heute noch genießen (→ 10x10, S. 9). **10x10**

Hotels und andere Unterkünfte

Bellevue-Plage
Komfortables Haus im Stadtteil Les Pins. Die Zimmer sind – auch im Preis – höchst unterschiedlich. Terrasse im Obergeschoß.
27, bd. de l'Océan, 44500 La Baule; Tel. 02 40 60 28 55, Fax 02 40 60 10 18; 35 Zimmer; Obere Preisklasse (AE, DC, EC, Visa)

Wasser und Strand sind die Trümpfe von La Baule: Die sandige Bucht – die größte in der Bretagne – bietet Aktivurlaubern beste Möglichkeiten.

Castel Marie-Louise
Wohnen wie in der Belle Époque: Während der Strand von La Baule zum allergrößten Teil mit Betonbunkern zugestellt ist, bewahrt das Castel mit seinen Giebeln, Türmchen und roten Balkonen noch ein Stück der guten alten Zeit. Durch einen kleinen Park gelangt man direkt zum Strand. Im Restaurant empfehlen sich Austernplatten, Langustenlasagne oder Petersfisch mit confierter Zitrone. 24-Stunden-Room-Service (→ 10x10, S. 14).
1, av. Andrieu, 44500 La Baule;
Tel. 02 40 11 48 38, Fax 02 40 11 48 35;
31 Zimmer; Luxusklasse; Restaurant tgl. 12–14 und 20–22 Uhr; Obere Preisklasse (AE, DC, EC, Visa)

La Mascotte
Schlichtes Relais de Silence mit kleinem Garten. Korrektes Preis-Leistungs-Verhältnis.
26, av. Marie-Louise, 44500 La Baule;
Tel. 02 40 60 26 55, Fax 02 40 60 15 67;
23 Zimmer; Nov.–März. geschl.; Mittlere Preisklasse (AE, DC, EC, Visa)

Essen und Trinken

La Marcanderie
Eines der besseren Restaurants vor Ort. Fern der Touristenfänger an der Strandpromenade schmecken vor allem die Meeresfrüchte. Das Mittagsmenü ist empfehlenswert – und wesentlich günstiger als der Rest des Angebots.
5, av. d'Agen; Tel. 02 40 24 03 12; tgl. außer So abends und Mo 12–14 und 19–21.30 Uhr; Obere Preisklasse (AE, EC, Visa)

Am Abend

Tampico Café
Ein Hauch von Nachtleben: Hier kann man zwar in schlichtem Ambiente mexikanisch essen, letztlich ist aber ein Cachaça (brasilianischer Zuckerrohrschnaps) doch die bessere Wahl. Immerhin: Mit den Öffnungszeiten nimmt man es hier nicht so genau.
299, av. de Mar. de Lattre-de-Tassigny;
Tel. 02 40 24 62 92; tgl. 12–14 Uhr und 19.30–2 Uhr

Eine kleine Erfrischung gefällig? Eisstand am Strand von La Baule.

Service

Office du Tourisme
Pl. de la Victoire, 44500 La Baule;
Tel. 02 40 24 34 44, Fax 02 40 11 08 10

Bahnhof
Gare S.N.C.F; pl. Rhin et Danube;
Tel. 02 40 08 50 50

La Melleraye-de-Bretagne

■ 15

Das winzige Dorf inmitten einer Postkartenlandschaft mit See und viel Wald kann mit einer Abtei aus dem 12. Jahrhundert aufwarten, die heute noch von Trappistenmönchen bewohnt ist. Die Klosterbrüder betreiben eine florierende Druckerei.

Sehenswertes

Abbaye de Melleraye
Durch ein gotisches Portal mit zwei Heiligenstatuen betritt man das strenge Zisterzienserkloster aus dem Jahr 1183. In Kirche und Bibliothek findet man zahlreiche Kunstwerke aus dem 12. und 17. Jahrhundert. Die Kirche kann zu Zeiten der Messe besichtigt werden. Wer sich ernsthaft für das Klosterleben interessiert, dem steht auch das Tor der Abtei offen: In ihrer **Hôtellerie** empfangen die Brüder regelmäßig Besucher von außerhalb, die für einige Tage Ruhe und Gebet suchen (Tel. 02 40 55 20 01).

Le Croisic ■ G 6

Der ehemalige Fischerort liegt etwas abseits auf einer Halbinsel – und ist vielleicht deswegen viel authentischer geblieben als die Umgebung von La Baule. Gegen fünf Uhr morgens findet hier sogar noch der **criée**, ein Fischmarkt, statt. Spazieren Sie über die Quais am Hafen und bewundern Sie die Aussicht über den Golf und die Salzsümpfe, schlendern Sie durch die guterhaltene **Altstadt** mit ihren typisch bretonischen Häusern aus dem 16. und 17. Jahrhundert in der Grande Rue, der Rue du Pilori oder der Rue Saint-Yves. Oder fahren Sie von Le Croisic mit dem Auto über die D 45 (Route de Corniche) Richtung La Baule: Die **Côte Sauvage** (wilde Küste) trägt ihren Namen durchaus zu Recht; auf den 26 Kilometern kann man versteckte Aussichtspunkte, winzige Strände und bizarre Felsformationen entdecken.

Sehenswertes

Notre-Dame-de-la-Pitié
Die gotische Kirche aus den Jahren 1494 bis 1528 hat einen 56 Meter hohen Kirchturm (erbaut im 17. Jahrhundert), der ursprünglich – aus Gründen des Lokalprestiges – unbedingt höher werden sollte als sein »Kollege« in Batz-sur-Mer. Die Croisicais (so heißen die Einwohner von Croisic auf gut französisch) verfehlten ihr Ziel um vier Meter, krönten ihren Turm aber mit einem achteckigen »Türmchen« nebst Kuppel.

Océarium
Wer in dem elf Meter langen Tunnel durch das 300 000-Liter-Wasserbassin spaziert, sieht Rochen, Haie, Seesterne und rund 1000 andere Meerestiere aus dem Atlantik garantiert mit anderen Augen.
Av. de Saint-Goustan; Tel. 02 40 23 02 44; Juli–Aug. tgl. 10–21 Uhr, Sept.–Juni 10–12 und 14–18 Uhr, im Jan. geschl.; Eintritt 35 FF

Service

Office du Tourisme
Pl. du 18–Juin–1940, 44490 Le Croisic, B. P. 41; Tel. 02 40 23 00 70

Le Pouliguen ■ G 6

In dem Badeort im Westen von La Baule lohnt neben dem feinsandigen Strand **Le Bourg**, die Altstadt, mit ihren schmalen Gassen. In dem sechs Hektar großen Park des Ortes, schlicht **Le Bois**, der Wald, genannt, treffen sich die Boulespieler, es gibt auch Tennis- und Spielplätze.

Service

Office du Tourisme
In Port-Sterwitz, 44510 Le Pouliguen; Tel. 02 40 42 31 05

Oudon ■ I5

Der Ort ist ein romantisches Fleckchen mit einer Schloßruine nebst 32 Meter hohem Turm (14. Jahrhundert) – ideal, um die Aussicht auf das Umland zu genießen.

Parc Naturel Régional de Brière

■ G 5/G 6

Etwa die Hälfte der Fläche des rund 40 000 Hektar großen Naturparks nördlich von Saint-Nazaire und Guérande besteht aus Sumpfland, was die Region zur zweitgrößten französischen Sumpflandschaft nach der Camargue macht. Die Einwohner haben das Recht, auf dem Gelände zu jagen und zu fischen: Die Aale aus der Brière werden unter anderem in **Le Kerhinet** aufgetischt, einem kleinen Musterdorf, in dem die Häuser noch mit Schilf gedeckt sind. Wie in alten Zeiten weiden noch rund 300 Ochsen in dem Gebiet. Besonders sehenswert sind der **Parc Animalier** beim Canal de Rosé, wo man Reiher und Enten beobachten kann, die Ruinen des **Château de Ranrouët** (14. und 15. Jahrhundert) bei Herbignac und die **Ile de Fédrun**, auf der die Bewohner noch in **chaumières**, strohgedeckten Häuschen, leben. Die **Maison de la Mariée** (Nr. 130, Brauthaus) und die **Chaumière Briéronne** (Nr. 308) mit einer kleinen Kollektion regionaler Trachten sind einen Abstecher wert.

Piriac-sur-Mer

■ G 5

Gustave Flaubert, Alphonse Daudet, Emile Zola... Im 19. Jahrhundert verbrachten zahlreiche prominente Gäste ihre Ferien in dem kleinen Badeort. Trotz mittlerweile beträchtlichem Touristenansturm gibt es noch immer den alten **Fischereihafen**, wo früher die Boote zum Stockfischfang ausliefen. Rund um den **Kirchplatz** bleiben einige Häuser aus dem 17. Jahrhundert sichtbare Zeugen der Stadtgeschichte.

Service

Office du Tourisme
7, rue des Cap-Horniers, 44420 Piriac-sur-Mer; Tel. 02 40 23 51 42

Im größten Torfmoor Frankreichs, dem Parc Naturel Régional de Brière, werden heute Bootsfahrten für Touristen angeboten: Mit flachen Holzkähnen schippert man, beispielsweise vom Weiler Saint-Lyphard aus, durch die stillen Kanäle.

Pornic ■ H 6

Obwohl Pornic, ein Ferienort mit Yachthafen für rund 800 Boote, mit seiner fast tausendjährigen Geschichte zu den traditionsreichen Dörfern der Bretagne gehört, lebt man hier heute vor allem vom Tourismus. Zu den Attraktionen gehört auch ein **Thalassotherapie-Zentrum** (im Hotel Alliance, Plage de la Source; Tel. 02 40 82 21 21, Fax 02 40 82 90 12). Sehenswert sind der **Hafen**, die **Altstadt** mit Häusern aus dem 16. Jahrhundert und das Megalithgrab **Tumulus de Mousseaux** (3000 v. Chr). Das örtliche Château, im 19. Jahrhundert von Viollet-le-Duc restauriert, steht momentan leider nicht zur Besichtigung offen.

Sehenswertes

La Côte Sauvage
Wilder Küstenabschnitt mit viel Fels. Das Feld von Fontenilles bei der Plage du Portmain galt früher als Tummelplatz von Feen.
Bei Sainte-Marie, über Préfailles und die Plage du Porteau

Pointe Saint-Gildas
Beliebter Aussichtspunkt mit Blick auf das Ästuar der Loire, die Halbinsel von Croisic, die Ile de Noirmoutier und die Baie de Bourgneuf. In der Umgebung verstecken sich einige kleine Strände.
Westlich von Préfailles

Pornichet ■ G 6

Der beliebte Badeort ist älter als La Baule, gilt aber in Frankreich als weniger prestigeträchtig. Von 1860 bis zur Jahrhundertwende verbrachte das literarische Paris hier die Ferienzeit, der Verleger Flammarion gehörte zu den Stammgästen. Schöner Sandstrand.

Sehenswertes

La Plage et le Boulevard de Front de Mer
Der Sandstrand des schlichten kleinen Ferienortes ist beliebt, die Promenade lädt zum Bummeln ein.
Le Port de Plaisance du Club Nautique de Pornichet; Tel. 02 40 61 61 06

Hotel/Essen und Trinken

Sud-Bretagne
Sehr gepflegtes Haus mit Garten und Schwimmbad. Die Meeresfrüchte im Restaurant sind empfehlenswert, kommen aber zu inflationären Preisen auf die Teller. Einige Menüs sind dennoch bezahlbar.
42, bd. de la République, 44380 Pornichet; Tel. 02 40 11 65 00, Fax 02 40 61 73 70; Restaurant tgl. 12–14 und 19–22 Uhr; Obere Preisklasse (AE, DC, EC, Visa)

Service

Office du Tourisme
3, bd. de la République, 44380 Pornichet; Tel. 02 40 61 33 33

Bahnhof
Gare S.N.C.F
Tel. 02 40 61 08 28

Bootstouren
Ausflüge auf die Belle-Ile und die anderen Inseln.
Navettes Navijet; Tel. 02 40 61 33 33

Saint-Nazaire ■ G 6

Als U-Boot-Hafen der Nazi-Truppen wurde die Stadt im Zweiten Weltkrieg dem Erdboden gleichgemacht. Während im Ort selbst kein Stein auf dem anderen blieb, überstand die U-Boot-Basis den Krieg nahezu unversehrt. Saint-Nazaire war jahrzehntelang für seine Werftindustrie berühmt: Rund 600 Schiffe, darunter das vornehme Kreuzfahrtschiff »France«, drei Flugzeugträger und etwa 100 Tanker, erlebten hier ihren Stapellauf.

Der Dolmen La Roche aux Fées ist etwa 4500 Jahre alt und über 40 Tonnen schwer.

Sehenswertes

Le Pont
Die »hochbeinige« Brücke über die Loire (61 Meter) erlaubt selbst Ozeanriesen eine problemlose Durchfahrt. Mit 3356 Metern Länge ist die 1975 eröffnete Brücke Frankreichs Spitzenreiter.

Museum

Ecomusée de Saint-Nazaire
Im alten deutschen Bunker versteckt sich ein Schiffsbaumuseum. Spektakulärstes Ausstellungsstück ist das U-Boot »Espadon« (= Schwertfisch): Das 1957 in Le Havre fertiggestellte Unterseeboot, 78 Meter lang und mit Platz für 70 Besatzungsmitglieder, tauchte 1964 zusammen mit der »Marsouin« zum ersten Mal überhaupt unter den Eispanzer der Antarktis.
Rue du Bac de Mindin; Eintritt 40 FF

Service

Office du Tourisme
Pl. François-Blancho, 44600 Saint-Nazaire;
Tel. 02 40 22 49 58

Bahnhof
Gare S.N.C.F; pl. Pierre Semard;
Tel. 02 40 08 50 50

Saint-Philbert-de-Grand-Lieu

■ I6

Der **Lac de Grand-Lieu** gilt mit etwa 7000 Hektar Fläche als größter natürlicher See Frankreichs. Aber die Experten streiten; einige wollen dem Giganten nämlich nur 3500 Hektar zubilligen. Wer sich in erster Linie für den See interessiert, sollte im nahe gelegenen Fischerdorf **Passay** die Aussicht genießen oder mit einer Barke in See stechen. Den besten Überblick über die Fauna des Naturschutzgebietes (225 Vogelarten!) gewinnt man hingegen in Saint-Philibert, einem Ort, der bereits im 7. Jahrhundert gegründet wurde.

Sehenswertes

L'Abbatiale
Im 9. Jahrhundert errichteten Mönche aus Noirmoutier diese Abteikirche. In der Krypta ruht der Sarkophag des heiligen Philibert.

Museum

Maison du Lac du Grand-Lieu – Musée Avifaune
Das Haus präsentiert die reiche Tierwelt des Sees und seiner Umgebung. April–Sept. tgl. 10–12 und 15–18.30 Uhr, Okt.–März 10–12 und 14–16 Uhr; Eintritt 15 FF

Einkaufen

Jean Eveillard
Weinliebhaber finden hier einen Muscadet der besseren Sorte, grüngolden, mit dem feinen Duft nach Haselnüssen und Vanille.
Tel. 02 40 78 72 31

Sainte-Reine-de-Bretagne

■ G 5

Gleich mehrere Dolmen bereichern die Umgebung des Heimatdorfes des Poeten René Guy Cadou. Der romantischste Platz ist der Dolmen **La Roche aux Fées** (Feenfelsen) westlich der Ruinen des Château de Grévy.

Sion-les-Mines

■ I 4

Seit dem 16. Jahrhundert ist der Ort eines der Zentren der Eisenindustrie. Neben einigen Menhiren in der Umgebung sind die Schmieden von **La Hunaudière** die wichtigste Touristenattraktion. Sion wurde als eine der ersten neun Städte Frankreichs protestantisch; der Graf von Méneuf, letzter protestantischer Herrscher des Ortes, lebte in der **Maison de la Masserie** gegenüber dem Rathaus, einem neoklassischen Säulenbau.

Verschiedene kleinere Sehenswürdigkeiten verteilen sich in der Umgebung: Bei der D 1 Richtung Lusanger sieht man ein Mariendenkmal neben zwei Menhiren, über die D 39 Richtung La Perdriais, dann Richtung Laurais schlummert ein gestürzter Menhir – er wird **Pierre à la Bergère** (etwa »Schäferinnenstein«) genannt. Bei La Fouaie, im Vallée de la Chère, liegt das alte Herrenhaus **Manoir de la Fouaie** (15. bis 18. Jahrhundert).

Sehenswertes

Anciennes Forges de la Hunaudière
Etwa im 16. Jahrhundert ließ sich die Eisenindustrie hier nieder. Von dem früheren »Industriekomplex« blieben drei Häuser aus dem 18. und 19. Jahrhundert stehen.

Saint-Eloi
Südlich von La Hunaudière, in einem Wald am See, findet man diese idyllische kleine Kapelle. Saint-Eloi ist sinnigerweise als Schutzpatron der Schmiede bekannt.

Vallet

■ K 6

Eine der »Hauptstädte« des Muscadet (→ Extra, Kernig wie sein Land: Muscadet, der Wein der Bretonen, S. 218). Der Muscadet, früher tatsächlich auch als **Vin de Vallet** bekannt, ist die wichtigste Einnahmequelle des Ortes. Sie sollten jedoch auch dem kleinen, pittoresken Friedhof, **Cimetière des Gitans** (Friedhof der Zigeuner) genannt, einen Besuch abstatten.

Extra

Sehenswertes

Maison du Muscadet
Umfassende Informationen zum Thema Wein.
Rte. d'Ancenis; Tel. 02 40 36 31 04

Kernig wie sein Land: Muscadet, der Wein der Bretonen

Cidre wird in der Bretagne hergestellt, auch Bier und chouchen – aber Wein? Durchaus – Rebfelder findet man jedoch nur südlich und östlich von Nantes. Hier wachsen die Trauben für **Muscadet** und **Gros-Plant**. Vor rund 350 Jahren wurde die Rebsorte **Melon**, in der Region heute meist nur Muscadet genannt, von Burgunder Winzern in die Bretagne gebracht. Seit den großen Frösten von 1709 wußten die Burgunder, daß diese Reben besonders kälteresistent sind, widerstandsfähiger noch als die **Folle-Blanche**-Trauben, die für den Gros-Plant verwendet werden. Die ideale Rebe also für eine küstennahe Region, in der es gelegentlich schon mal ein paar Grad kühler werden kann als in anderen Weinbaugebieten!

Muscadet-Weine sind fast immer preiswert, passen exzellent zum lokalen Fisch und zu den Meeresfrüchten – nur die Unsitte, ihn nahezu eiskalt zu servieren, ist nicht auszurotten: Führende Sommeliers bestätigen dennoch, daß man die echten Aromen des Muscadet erst dann wahrnimmt, wenn die Trinktemperatur bei neun bis zehn Grad liegt.

Möchten Sie ein paar Flaschen mit nach Hause nehmen? Dann finden Sie hier einige gute Adressen für den Muscadet-Kauf direkt beim Winzer.

Château de la Ragotière ■ K6
Reiche, säurearme und lagerfähige Muscadets. Die besten Jahrgänge (wie etwa 1990) werden als Spitzencuvées angeboten.
La Grande Ragotière, 44330 Vallet; Tel. 02 40 33 60 56

Domaine de Beauregard ■ I6/K6
Neben dem Muscadet de Sèvre et Maine ist auch der Gros-Plant empfehlenswert.
Beauregard, 44300 Mouzillon; Tel. 02 40 33 93 80

Domaine de l'Ecu ■ I6
Biologisch angebauter Muscadet, trocken und mineralisch.
La Bretonnière, 44430 Le Landreau; Tel. 02 40 06 40 91

Domaine de la Haie Angebaud ■ I6
Günstiger und guter Muscadet.
Jean Eveillard, 44310 Saint-Philbert-de-Grand-Lieu;
Tel. 02 40 78 72 31

Bretagne Extra

Ein idealer Begleiter zu Fisch und Meeresfrüchten ist der Muscadet aus der Bretagne.

Domaine Les Hautes Noëlles ■ H6
Frischer, lagerfähiger Muscadet, vergleichsweise günstig.
Serge Batard, La Haute Galerie, 44710 Saint-Léger-les-Vignes; Tel. 02 40 31 53 49

Domaine du Haut-Bourg ■ I6
Eleganter, auf Hefe ausgebauter Muscadet.
Michel Choblet, 11, rue de Nantes, 44830 Bouaye; Tel. 02 65 47 69

Domaine de l'Hyvernière ■ I6
Hier gibt es nicht nur einen erfrischenden Muscadet – die Weinkeller erinnern auch an die Pariser Metro: Sie wurden tatsächlich vom Konstrukteur der Linie 1 errichtet!
La Guillemochère, 44330 La Chapelle-Heulin; Tel. 02 40 06 73 83

Domaine Gadais ■ I6
Sehr charakteristischer und konzentrierter Muscadet aus von Hand gelesenen Trauben.
16bis, rue du Coteau, 44690 Saint-Fiacre-sur-Maine; Tel. 02 40 54 81 23

Domaine Viticole d'Herbauges ■ I6
Für seine feinen Muscadets wurde Luc Choblet 1994 von Gault-Millau als Winzer des Jahres ausgezeichnet.
Luc Choblet, Les Herbauges, 44 830 Bouaye; Tel. 02 40 65 44 92

Louis Métaireau ■ I6
Selbst der amerikanische Weinpapst Robert Parker charakterisierte Métaireaus Erzeugnisse als »exzellent«. Etwa 65 Prozent gehen in den Export.
La Févrie, 44690 Maisdon-sur-Sèvre; Tel. 02 40 54 81 92

Routen und Touren

Nur über eine Zugbrücke erreichbar: Das trutzige Fort La Latte, seit über 100 Jahren »Monument Historique«, wurde im 4. Jahrhundert erbaut. Vom Innenhof genießt man einen filmreifen Blick auf die zerklüftete Küstenlandschaft bis hin zum Cap Fréhel.

Im hohen Nordwesten der Bretagne, an der Côte des Abers, muß man die Einsamkeit lieben, denn dieser vom Winde verwehte Landstrich hat ansonsten nur wenige andere Attraktionen zu bieten. Nahe dem Ort Brignogan erstreckt sich ein langer Sandstrand – ideal für lange, erholsame Spaziergänge.

GITES DE FRANCE

Inmitten reizvoller Landschaft liegt das 50-Seelen-Dörfchen Saint-Herbot, dessen pittoreske Granithäuser von einer höchst beachtenswerten Kirche überragt werden: Der quadratische Turm von gut 30 Metern Höhe wurde zu Ehren des heiligen Herbot errichtet, der hier einst auf seinem Pilgerweg nach Santiago de Compostela Rast machte.

Die seichten Flußtäler gleichen bei Ebbe Schlicklandschaften, erst bei Flut offenbart sich ihre wahre Schönheit. Aber Wrac'h, Aber Benoît und Aber Ildut gehören zu den landschaftlichen Highlights des bretonischen Nordwestens.

Um die Abers richtig genießen zu können, sollte man seine Ankunftszeit bei den Flußtälern nach der Flut planen, die entsprechenden Zeiten teilt Ihnen jedes Hotel der Gegend auf Wunsch gerne mit. Von **Le Folgoët** aus folgen wir zuerst der D 28 und der D 32 Richtung Plouguerneau. Auf der D 13 überquert man den **Aber Wrac'h**; übrigens sollen schon die Phönizier diesen Wasserweg genutzt haben. Über **Lannilis** kommt man anschließend zum gleichnamigen Badeort. Einen Ausflug zu den Dünen von **Sainte-Marguerite** im Norden und der »Engelsbucht« **Baie des Anges** mit den Ruinen des Klosters **Notre-Dame-des-Anges** sollten Sie sich nicht entgehen lassen!

Über Brouennou geht es nun wieder zurück nach Lannilis, bevor man auf der D 28 die schönste Aussicht auf den **Aber Benoît** genießen darf. Über Tréglonou führt die Route nach **Saint-Pabu**, wo der heilige Tugdual, auch Saint-Pabu genannt, einst als Eremit lebte. Ein kurzer Abstecher zu den Dünen von **Corn-ar-Gazel**, dann geht es weiter nach Lampaul-Ploudalmézeau. Anschließend folgen Sie der Küstenstraße nach **Portsall**. Hier werden Krabben, Hummer und Seespinnen von den Fischern an Land gezogen. Vor 20 Jahren sorgte der kleine Badeort für negative Schlagzeilen: Hier lief 1978 die »Amoco Cadiz« auf Grund und verursachte eine schlimme Ölpest.

Wo der Ärmelkanal seine Fluten in die Weite des Atlantik entläßt...
Über Kersaint, die Ruinen des Château von Trémazan und die Badeorte Argenton und Porspoder gelangt man schließlich nach **Melon**. Die hiesigen Menhire und Dolmen wurden leider schon vor langer Zeit von Steinmetzen »ausgeschlachtet«. Im Süden, nahe bei Lanildut, gilt der »Krötenfelsen« **Rocher du Crapaud** als fiktive Grenze zwischen Atlantik und Ärmelkanal. Der Fels markiert auch die Zufahrt zum **Aber Ildut**, dem kleinsten der Abers. In der Nähe liegen die Steinbrüche, aus denen der 100 Tonnen schwere Sockel aus rosa Granit für den Obelisk auf der Pariser Place de la Concorde stammt. Die Straße nach Brélès bietet die beste Aussicht auf die Ufer des Abers.

Wer Zeit und Muße hat, kann die Fahrt noch über die D 68 nach Saint-Renan und anschließend nach **Brest** fortsetzen. Eine Visite in der »Krabbe«, dem höchst sehenswerten **Museum Océanopolis**, ist Pflichtprogramm in der ansonsten wenig reizvollen Hafenstadt. In der »Krabbe« gibt es mehrere riesige Aquarien von insgesamt 420 Kubikmetern, die den Besucher mit dem Ökosystem Meer vertraut machen. In den nächsten Jahren soll der Bau für rund 100 Millionen Francs noch verschönert werden. Wundern Sie sich also nicht, falls bei Ihrem Besuch einige Abteilungen geschlossen bleiben. Über Plabennec kehrt man anschließend nach **Le Folgoet** zurück.

Dauer: Tagesausflug
Karte: → Klappe vorne

Ein Hauch von Mystik: Das im Halbdunkel liegende Aquarium des Museums Océanopolis in Brest ist nicht nur für Kinder spannend. Hier wird das Ökosystem der bretonischen Meeresküste lebendig.

Die Küste des rosa Granits trägt ihren Namen zu Recht: Hier bilden enorme pastellfarbene Granitblöcke kuriose Felsformationen, die aussehen wie Gesichter, Gegenstände oder Tiere im Riesenformat. In über 130 000 Jahren haben Wind, Frost und Regen die wildesten Muster in den Stein gegraben.

Von **Perros-Guirec** aus fahren wir über die D 788 nach **Ploumanac'h**. Im Zentrum sollte man das Auto oder Fahrrad parken und zunächst Richtung Hafen gehen. Über die Promenade de la Bastille folgt dann ein Weg der Küste. Der Strand von **Saint-Guirec** liegt zwischen Felsen aus rosa Granit. Die nahe Statue des heiligen Guirec war früher ein kurioses Kultobjekt: Heiratswillige Damen bohrten dem Heiligen eine Nadel in die Nase…

Durch die Granitformationen geht es, immer noch zu Fuß, weiter nach **Porz-Karmor**. Hier beginnt der **Parc Municipal**, der die Schönheit der Felsformationen erhalten soll. Weiter über das Château du Diable und Porz Rolland gelangt man schließlich zurück ins Zentrum von Ploumanac'h. Das folgende Stück Weg wird wieder mit dem Auto oder dem Rad bewältigt. Nächste Station auf dem Küstenweg ist **Trégastel-Plage**. Hier können Sie an der Plage de Coz-Porz parken, um in der Nachbarschaft einige der kuriosesten Granitfelsen zu entdecken: »Crêpe-Haufen«, »Würfel«, »Schildkröten« oder »Hexe« werden die Gesteinsbrocken im Volksmund genannt. Solides Schuhwerk ist hier dringend anzuraten!

Über die D 788 fahren wir nun weiter Richtung Penvern. Wer sich für die alte

Eine Schildkröte? Oder eine Hexe? Was die Natur im Laufe der Jahrtausende aus Granit modelliert hat, wurde von den Bewohnern von Ploumanac'h mit phantasievollen Namen versehen.

Megalithkultur der Bretagne interessiert, kann zuvor noch einen Abstecher zum **Dolmen von Kerguintuil** unternehmen. Die letzten Kilometer vor Penvern bieten eine wunderbare Aussicht auf eine Vielzahl von Inselchen und Felsen in der Bucht. Für Technikbegeisterte bietet sich neuerlich ein Umweg an: Ein Besuch im **Musée de Télécommunications** von **Pleumeur-Bodou** präsentiert die kommunikationstechnischen Errungenschaften des 20. Jahrhunderts. Von hier aus wurde am 11. Juli 1962 um 0.47 Uhr die erste Satellitenverbindung zwischen Frankreich und den USA hergestellt. Die weithin sichtbare Glocke des Radio-Dôme schützt mit ihrer lediglich zwei Millimeter dicken Außenhaut nur die eigentliche Antenne. Nebenbei lockt das **Planétarium du Trégor** mit seiner Kuppel von 20 Metern Durchmesser. Danach geht es weiter über die D 6 nach **Trébeurden**, einem Badeort mit schönen Stränden. Eine Mauer aus rosa Granitblöcken umrundet den kleinen Yachthafen. Über die D 65 gelangen Sie nach **Lannion**. Normalerweise ein ruhiges Dorf mit hübschem historischen Zentrum rund um einen Flußlauf, verwandelt sich Lannion einmal pro Woche, am Donnerstag, in einen riesigen Markt: Das Durcheinander verschiedenster Waren, von Secondhand-Kleidung bis zu lebenden Tieren, ist unbedingt sehenswert! Die D 788 führt uns nach weiteren elf Kilometern zurück nach **Perros-Guirec**.

Dauer: Tagesausflug

Enclos Paroissiaux heißen die bretonischen Kirchhöfe auf gut französisch. Zwischen dem 15. und 17. Jahrhundert verbreitete sich diese Form der Sakralarchitektur in der Bretagne, besonders im nördlichen Finistère.

Von **Landivisiau** ausgehend, fahren wir über die D 11 zuerst Richtung Osten nach **Lampaul-Guimiliau**: Der örtliche Kalvarienberg vom Anfang des 16. Jahrhunderts mit Szenen rund um Leben und Tod Christi ist vergleichsweise einfach gestaltet, zum Ausgleich verfügt die Eglise **Notre-Dame** von 1553 über einen sehenswerten **Poutre de Gloire** (Triumphbalken) aus dem 16. Jahrhundert mit Szenen aus dem Leben Christi.

Der Kalvarienberg von Guimiliau ist trotz seiner Schlichtheit einer der bekanntesten der Bretagne. Mehr als 200 Figuren schmücken die Wallfahrtsstätte, unter anderem wird die lokale Legende der Unglücklichen Catell-Gollet erzählt: Die »verlorene Catherine« soll eine Hostie gestohlen und sich den Teufel als Liebhaber gewählt haben.

Nächste Station unserer Reise ist **Saint-Thégonnec**. Der Kalvarienberg aus dem Jahr 1610 gehört zu den imposantesten der Bretagne und zeigt neun Szenen aus der Passionsgeschichte.

Der Kirchhof mit seiner **Porte Triomphale** (Triumphtor) von 1587 und dem Beinhaus (**Ossuaire**) von 1676 zeichnet sich durch üppige Pracht aus. Über Pleyber-Christ und Plounéour-Ménez gelangt man nach diesem prunkvollen Zwischenspiel zum Aussichtspunkt **Roc'h Trévézel** (384 Meter Höhe).

Weiter im Programm: Die Hauptattraktion von **Commana** ist die Kirche **Saint-Derrien** mit ihrem überwältigenden Barockinterieur. Der opulent geschnitzte **Retable de Sainte-Anne** ist einer der schönsten Altaraufsätze der ganzen Bretagne; er wurde reumütig von den Gemeindebewohnern gestiftet, nachdem sie wegen eines Steuerstreits ihren Pfarrer übel mißhandelt hatten.

Etwas weiter westlich lockt die **Moulin de Kérouat**. Das **Ecomusée des Mont d'Arrée** bildet ein historisches Dorf aus dem 17. bis 19. Jahrhundert originalgetreu nach.

In **Sizun** verfügt die Eglise **Saint-Sulian** über einen besonders prachtvollen Kirchhof, der von einem monumentalen, 15 Meter langen Tor mit drei Rundbögen begrenzt wird. Das Beinhaus von 1585 mit seinen korinthischen Säulen und Darstellungen der zwölf Apostel gilt als gutes Beispiel bretonischer Renaissance.

Im Beinhaus (1640) von **La Roche-Maurice**, unserer nächsten Station, droht ein mit Pfeilen bewaffneter Ankou, der bretonische »Sensenmann«, den Besuchern: »Ich töte euch alle«...

Der kleine Ort **Bodilis** ist der letzte Halt vor unserer Rückkehr nach Landivisiau: Die Kirche **Notre-Dame** (16. Jahrhundert) verfügt über einen gotischen Glockenturm und ein Renaissancetor (1601). Im Innern sollte man einen Blick auf die Taufbecken und die buntbemalten Holzbalken werfen. Die D 32 führt im Anschluß an die Besichtigung zurück an den Ausgangspunkt unserer Reise durch die sakrale Kunst.

Dauer: mit dem Auto 1 bis 2 Tage, mit dem Fahrrad 3 bis 4 Tage
Karte: → Klappe vorne

Der Pfarrbezirk von Saint-Thégonnec ist ein klassisches Beispiel eines bretonischen Kirchhofs.

Die schmale Halbinsel von Rhuys schützt die Insellandschaft im Golf von Morbihan vor dem Atlantik. Im Süden wechseln sich felsige Abschnitte mit feinsandigen Stränden ab, im Norden, zum Golf hin, bleibt die Küste grün und idyllisch.

Unser Ausflug beginnt in **Vannes**: Hinter den Festungsmauern verstecken sich winzige Fachwerkhäuser, vorn am Hafen liegen kleine Boote und Yachten festgetäut. Der Park »à la française« ist einen Besuch wert, die Place Gambetta und die Porte Saint-Vincent, die Rue Saint Vincent, Fischhalle und Markt an der Place des Lices und natürlich **La Cohue**, eine ehemalige Markthalle, die auch als Gericht und Theater diente, sowie die **Tour de Connétable** von 1425 und das **Lavoir** (Waschhaus) mit seiner Fachwerkkonstruktion. Von **Vannes** aus nehmen wir die D 779 und biegen Richtung Saint-Léonard auf die D 780 ein. Die Straße folgt im wesentlichen der Küstenlinie des Golfs, rechter Hand entdeckt man manchmal Fischerboote oder (nahe beim Dorf Noyalo) Austernbänke. **Sarzeau** ist so etwas wie die »Metropole« der Halbinsel. Wir bleiben auf der D 780 Richtung Arzon. Der **Tumulus von Tumiac** rechts am Weg wird auch »Hügel Cäsars« genannt: Einer Legende zufolge soll Julius Cäsar von hier aus die Seeschlacht zwischen seinen Truppen und dem keltischen Stamm der Veneter beobachtet haben.

Port Navalo im Südwesten gilt als Grenze zwischen dem Golf und dem Ozean und ist ein beliebter und vielbesuchter Aussichtspunkt: Links sieht man die Ile Méaban mit ihrem Vogelreservat, rechts die verschiedenen Inseln des Golfs. Bei klarem Wetter erkennt man sogar die Halbinsel von Quiberon. Zurück geht es nach diesem kurzen Stopp über die D 780, vorbei am **Tumulus Le Petit Mont**, und über die D 198 nach **Saint-Gildas-de-Rhuys**. Die hiesige Abtei war im Mittelalter berüchtigt: Abélard, der berühmte Theologe aus Paris, versuchte vergebens, den bretonischen Mönchen seinen Sinn für Disziplin nahezubringen, scheiterte dabei aber schon an Sprachproblemen und war schließlich bei seinen Klosterbrüdern so unbeliebt, daß diese mehrere Mordanschläge auf ihn verübten ... **Saint-Gildas**, eine Abteikirche aus dem 11. Jahrhundert, hütet unter anderem das Grabmal des Namenspatrons des Ortes, des heiligen Gildas. Letzte Sehenswürdigkeit vor dem Rückweg nach Vannes ist das **Château de Suscinio**. Die ehemalige Lieblingsresidenz der Herzöge der Bretagne aus dem 13. und 14. Jahrhundert beherbergt heute ein **Regionalmuseum** mit Möbeln, Büchern und Gemälden – und außerdem können Sie einen besonders aufwendig gestalteten Boden aus 33 000 Kacheln bestaunen, der erst 1975 zufällig bei Renovierungsarbeiten entdeckt wurde. Endspurt: Ganz nach Wahl können Sie über die D 780 nach Vannes zurückkehren oder über die D 195, die D 183 und die N 165 noch einen geruhsamen Abstecher durchs grüne Binnenland unternehmen.

Dauer: mit dem Auto 1 Tag, mit dem Fahrrad 1 oder 2 Tage
Karte: → Klappe vorne, Klappe hinten

Von Wassergräben umschlossen: Das Château de Suscinio aus dem 13. Jahrhundert liegt am Meer auf der Halbinsel Rhuys.

Rund 6700 Hektar Sumpfland bildeten einst den Landstrich der Brière. Damals gingen die Bretonen hier in schmalen Kähnen, den blins, auf Aalfang. Heute kann man saftig-grüne Salzwiesen, malerische Dörfer, lebendige Badeorte und mittelalterliche Festungen entdecken und erleben.

Der Strand des berühmten Badeortes **La Baule** ist der Ausgangspunkt dieses Ausflugs. Im letzten Jahrhundert war La Baule noch ein nobles Seebad der bretonischen Südküste, mit einem kilometerlangen Strand, noblen Hotels und einem Kasino. Die Eisenbahn, erbaut 1879, lockte die Reichen und Adligen in den aufblühenden Ferienort. Leider wurden die phantasievollen Villen in Jugendstil oder Fachwerk durch Betonburgen für Urlauber ersetzt. Aber schauen Sie genau hin: In einigen Ecken von La Baule verstecken sich noch solche Schmuckstücke. Ein Blick auf die acht Kilometer feinen Sand – die Häuser der Strandpromenade sind bis auf einige wenige Ausnahmen leider wenig sehenswert –, dann geht es über die felsige **Côte Sauvage** Richtung Batz. Die Küste ist eine kleine Attraktion: Wilde Felslandschaften, Miniaturstrände, die **Grotte des Korrigans** und immer wieder steil abfallende Klippen laden zu kurzen Stopps ein. Einige Crêperien in Küstennähe verfügen über besonders schöne Terrassen mit weitem Blick aufs Meer, andere Aussichtspunkte sind direkt als solche gekennzeichnet – und wer wirklich neugierig ist, sollte immer da haltmachen, wo ein Parkplatz auftaucht.

Fast ein Freilichtmuseum:
Die 18 hübsch restaurierten, schilfgedeckten Häuser im »Bilderbuchdorf« Kerhinet bergen Werkstätten und Ausstellungen, die den Besuchern einen Eindruck vom Leben in der Brière vermitteln sollen.

»Weißes Gold«, soweit das Auge reicht

Batz-sur-Mer war bis ins letzte Jahrhundert eines der Zentren der französischen Salzindustrie. Rund 1200 Maultiere transportierten damals die Produkte der Salinen. Etwa 413 Hektar Salinen sind hier heute noch in Betrieb, ein kleines Museum erklärt die Techniken der Salzherstellung.

Genug salzige Luft geschnuppert? Dann weiter nach Le Croisic, einem ehemaligen Fischerort. Einige der alten Traditionen sind hier noch erhalten geblieben: Gegen fünf Uhr morgens findet am Hafen die criée, der Fischmarkt, statt. Auch wenn Sie dieses Spektakel aus zeitlichen Gründen verpassen: Bummeln Sie über die Quais, bewundern Sie die Aussicht über den Golf und die Salzsümpfe – oder schlendern Sie durch die guterhaltene Altstadt mit ihren typisch bretonischen Häusern aus dem 16. und 17. Jahrhundert in der Grande Rue, der Rue du Pilori oder der Rue Saint-Yves.

Vorbei an den Becken der Salzsümpfe fahren Sie anschließend weiter nach Guérande. Die Festungsmauern samt Wassergraben und die historische Altstadt wirken noch heute wie im 14. Jahrhundert – wären da nicht die vielen Souvenirgeschäfte... Sel de Guérande, das grobkörnige Salz aus den Salinen der Umgebung, brachte der Stadt einst nicht nur Reichtum und Wohlstand, es darf auch heute noch in keiner gutsortierten französischen Küche fehlen. Bei Ihrem Spaziergang durch Guérande sollten Sie die Straßen Rue Vannetaise, Rue Bizienne, Rue du Tricot und Rue Saint-Catherine nicht auslassen.

Ein bretonisches Bauerndorf wie aus dem Bilderbuch

Über die D 51 geht es jetzt weiter nach Kerhinet. »Bewaffnen« Sie sich besser mit einer guten Straßenkarte: Die rundum grüne Landschaft erleichtert die Orientierung nicht gerade, und Hinweisschilder sind so selten, daß man fast den Eindruck bekommt, die Einheimischen wollten ihr besonders malerisches Dorf inmitten des Regionalparks der Brière verstecken ...

Mit seinen malerisch anzusehenden, strohgedeckten kleinen Häusern, einer ländlichen Auberge (Spezialität: »Matrosentopf« vom Aal) sowie dem Modell eines typischen Bauernhauses samt alten Trachten und Werkzeugen ist Kerhinet geradezu ein Musterbeispiel für das Landleben in der Brière. Das Dörfchen darf übrigens nur zu Fuß besichtigt werden; zur Hochsaison geben Handwerker hier manchmal eine Kostprobe ihrer Fähigkeiten.

Kanäle und Sümpfe zwingen uns nach diesem unvergeßlichen Eindruck zu einem kleinen Umweg: Über La Chapelle-des-Marais und Saint-Joachim (D 50) geht es zur Ile de Fédrun, einer winzigen Insel im Sumpf, wo die Bewohner ebenfalls noch in den traditionellen chaumières, strohgedeckten Häuschen, leben. Die Maison de la Mariée (Nr. 130, Brauthaus) und die Chaumière Briéronne (Nr. 308) mit einer kleinen Kollektion regionaler Trachten sind die Attraktionen des Ortes. Ein Stück weiter südlich, im Parc Animalier beim Canal de Rosé, können Sie nochmal eine kleine Ruhepause einlegen und dabei Reiher und Enten beobachten. Vorbei an Trignac kommen Sie schließlich bei Saint-Nazaire auf die N 171, die schnell an den Strand von La Baule zurückführt.

Dauer: Tagesausflug
Karte: → Klappe hinten

Côte d'Emeraude – Smaragdküste – wird der Küstenabschnitt zwischen Cancale und Erquy genannt. Die Farben von Sand, Küste und Meer, das Spiel von Ebbe und Flut und die rauhen Felslandschaften sollen der Region ihren Namen verliehen haben.

Von **Cancale** aus folgen wir nach einem Blick auf die Austernparks und Fischerhäuser am Hafen von **La Houle** der D 201 Richtung Norden: Nach etwa 4,5 Kilometern erreicht man die **Pointe de Grouin**. Hier lohnt es sich, den Wagen beziehungsweise das Fahrrad kurz stehen zu lassen und den Weg zum Aussichtspunkt einzuschlagen: Aus 40 Metern Höhe genießt man einen spektakulären Blick auf die Küste, von Granville bis zu den Iles Chausey. Die nahe **Ile des Landes**, östlich der Pointe du Grouin, beherbergt ein Vogelreservat, in dem unter anderem Kormorane nisten. Weiter geht es vier Kilometer über die D 201 bis nach Le Verger. Dann heißt es rechts abbiegen Richtung Strand. Am rechten Wegesrand taucht die Fischerkapelle **Notre-Dame-du-Verger** auf: Einige der Schiffsmodelle, die die Seeleute hier als Exvoto niederlegten, kann man heute noch bewundern. Hinter dem Ort erstreckt sich an der **Anse Du Guesclin** ein hübscher Strand, der zumindest am Vormittag meist noch wenig bevölkert ist. Ein Strand, nämlich die **Plage des Chevrets**, ist auch die Hauptattraktion des nahen La Guimorais. Über Rothéneuf gelangen wir schließlich zur Korsarenfestung von **Saint-Malo**. Ein Blick auf die legendären Festungsmauern oder ein Spaziergang durch die Altstadtgassen bietet sich an, bevor es zur **Usine Marémotrice**, dem großen Gezeitenkraftwerk mit Blick auf die

Von den Festungsmauern von Saint-Malo genießt man einen weiten Blick auf Meer und Sand.

Rance-Mündung – rein statistisch eine der beliebtesten Sehenswürdigkeiten der Region –, weitergeht (→ 10x10, S. 10). Kein Wunder: Auf der Fahrt nach Dinard überquert jeder Tourist die technische Meisterleistung. Das 1961 bis 1966 konstruierte Kraftwerk greift das 700 Jahre alte Prinzip der Gezeitenmühlen auf: Per Tidenhub (der hier nicht weniger als 13,5 Meter beträgt!) wird Energie erzeugt. Die Usine Marémotrice arbeitet sowohl mit dem bei Ebbe abfließenden als auch mit dem bei Flut einströmenden Wasser und erzeugt so 550 Millionen Kilowattstunden pro Jahr, was in etwa dem Strombedarf von Rennes entspricht. Zur Anlage gehört ein Damm von 750 Meter Länge zwischen der Pointe de Briantais und der Pointe de la Brebis sowie ein 390 Meter langer Maschinensaal, der zur Besichtigung freisteht (Zugang bei der Schleuse). Weiter geht es in den gutbesuchten Badeort Dinard. Auch hier gehört die Strandpromenade zu den beliebtesten Treffpunkten. Der Küste folgend, geht es weiter über Saint-Lunaire – ein sehenswerter Aussichtspunkt ist hier die **Pointe du Décollé** –, Lancieux, Saint-Jacut-de-la-Mer und Saint-Cast-le-Guildo. Die Bucht von **Fresnaye**, westlich gelegen, gehört zu den schönsten Abschnitten der Smaragdküste. Hier werden Austern und Muscheln gezüchtet. Ein kurzer Abstecher zum **Fort de la Latte** und dem nahe gelegenen **Menhir**, dem »Finger Gargantuas«, ist unbedingt zu empfehlen, bevor wir zum **Cap Fréhel** abbiegen: Von einer 70 Meter hohen Felswand schaut man hier bis zur Ile de Bréhat. Den majestätischen Anblick des Caps kann man übrigens auch vom Boot aus genießen. Abfahrt ist in Dinard und Saint-Malo. Der schnellste Rückweg Richtung Cancale führt über die D 786 – auf das atemberaubende Küstenpanorama muß man dann freilich verzichten.

10x10

Dauer: mit dem Auto 1 Tag, mit dem Fahrrad 3 Tage
Karte: → Klappe hinten

Das Fort de la Latte – im Bild das Wachhaus – diente bereits mehrfach als Filmkulisse.

Die Bretagne von A bis Z

Reiten gehört in der Bretagne zu den beliebtesten Sportarten – entsprechend groß ist das Angebot. Vor allem in der Nebensaison ist es traumhaft schön, am Meer entlang zu galoppieren. Auch wenn Sie kein routinierter Reiter sind, könnten Sie einen solchen Ausflug in Begleitung eines ortsansässigen Führers wagen.

Die beste und teuerste Adresse in Trébeurden (Nordbretagne): Im Manoir de Lan-Kerellec genießt man exquisite Köstlichkeiten aus der regionalen Küche. Vom stilvollen Restaurant aus eröffnet sich ein traumhafter Blick über die Bucht, und auch die Zimmer des Hotels bieten freie Sicht aufs Meer.

Spektakuläres Ende des weit ins Meer geschobenen »Fingers« der Halbinsel Sizun: Die Pointe du Raz ist – sieht man einmal von der Ile d'Ouessant ab – der westlichste Punkt Frankreichs. Tosende Fluten, schäumende Gischt gegen schroffe Steinmassen – hier erlebt man nicht selten Naturgewalten pur.

Anreise

Mit dem Auto

Egal, ob Sie aus dem Norden oder aus dem Süden kommen – der Weg in die Bretagne führt über **Paris**. Besucher aus deutschen Landen werden meist über die A 1 (Autobahn nach Lille) oder über die A 4 (Autobahn nach Straßburg) anreisen. Falls Sie viel Zeit mitbringen, sollten Sie ruhig einen Besuch in der französischen Hauptstadt mit einplanen. Der Dauerstau auf dem **Boulevard Péripherique** wird Sie wahrscheinlich ohnehin eine Zeitlang in Paris festhalten. Richtung Bretagne geht es im Süden der Stadt, Richtung Orly, Lyon, Bordeaux, Nantes. Nehmen Sie zunächst die A 11 (Nantes, Chartres). Hinter Le Mans müssen Sie sich entscheiden: Die A 11 bringt Sie in ihrem weiteren Verlauf nach **Nantes**, die A 81 bis kurz vor **Rennes**. Französische **Autoroutes** sind mautpflichtig. 100 Kilometer kosten derzeit etwa 13 DM. Regelmäßig zur Ferienzeit werden die Tarife jedoch erhöht. Während der Stoßzeiten am Freitag und Sonntag muß oft ein weiterer Zuschlag zur Autobahn-Maut gezahlt werden.

Mit dem Flugzeug

Direktflüge in die Bretagne gibt es mehrmals wöchentlich von Düsseldorf aus. Brest, Lorient, Quimper, Rennes, Nantes und Saint-Brieuc werden von Paris aus angeflogen. Auch in Frankreich gibt es für Inlandsflüge **Flieg-&-Spar-Tarife**, die etwa 14 Tage im voraus reserviert werden müssen. Der kleine Nachteil: Falls Sie von Paris aus fliegen, werden Sie relativ viel Zeit beim Umsteigen verlieren. Denn Flüge aus Deutschland kommen im Norden der Stadt auf dem Flughafen **Roissy/Charles-de-Gaulle** an, französische Inlandsflüge starten in der Regel in **Orly**. Beide Flughäfen sind durch Pendelbusse verbunden; rechnen Sie mit mindestens 90 Minuten Fahrzeit.

Mit dem Zug

Am schönsten und schnellsten ist die Anfahrt aus Paris mit dem **TGV**. Mit dem Hochgeschwindigkeitszug sind Sie in etwa zwei Stunden in Rennes, in vier Stunden in Brest und in fünf Stunden in Quimper. TGVs sind teurer als normale Züge, auch eine kostenpflichtige Platzreservierung ist obligatorisch. Die Preise sind nach Fahrzeiten gestaffelt. Die französische Staatsbahn SNCF bietet jedoch diverse Vergünstigungen und **Wochenendtarife** für Reisende. Auch wenn Sie den TGV nehmen wollen, werden Sie umsteigen müssen. Abfahrt ist in der Pariser **Gare Montparnasse**, Züge aus Deutschland kommen jedoch in der **Gare du Nord** oder der **Gare de l'Est** (Süddeutschland) an. Alle Bahnhöfe verfügen selbstverständlich über Metroanschlüsse und Busverbindungen sowie ausreichend Taxis.

Auskunft

In größeren Orten wie Nantes, Rennes, Vannes, Brest oder Saint-Brieuc gibt es Fremdenverkehrsämter (**Offices de Tourisme**), die für Sie Informationen über die regionalen Angebote und Sehenswürdigkeiten bereithalten. Die jeweiligen Adressen finden Sie im Kapitel »Die Bretagne und ihre Orte«.

In den folgenden französischen Fremdenverkehrsämtern können Sie vorab Informationsmaterial anfordern:

In Deutschland
Deutsches Verkehrsbüro
Westendstr. 47, 60325 Frankfurt/M.;
Tel. 069/75 60 83 80

In Österreich
Französisches Fremdenverkehrsamt
Hilton Center 259, Landstraßer Hauptstr. 2a, A-1033 Wien; Tel. 02 22/7 15 70 62

In der Schweiz
Französisches Fremdenverkehrsamt
Löwenstr. 59, CH-8023 Zürich;
Tel. 01/2 11 30 85

Inbegriff eines vor sich hindösenden Städtchens: In Malestroit im Morbihan geht es beschaulich zu, sogar am Markttag. Sehenswert sind die ehrwürdigen Renaissance-Häuser mit Giebeln, Erkern und Wasserspeiern rund um die Place du Bouffay.

Einkaufen

Ob Antiquitäten, eine Flasche Cidre oder authentische Seemannskleidung – wer in Frankreich einkaufen will, sollte genau rechnen. Die hohe **Mehrwertsteuer** sorgt dafür, daß Frankreich seit langem kein Einkaufsparadies mehr ist. Derzeit beträgt sie 20,6 Prozent. Selbst typisch französische Artikel wie Parfum oder Kleidung sind deshalb vor Ort nicht immer günstiger als zu Hause. Meiden sollten Sie außerdem Souvenirshops in Touristenorten wie Saint-Malo oder Mont-Saint-Michel. Dort findet man zwar allerlei regionale Erzeugnisse – vom warmen Seemannspulli bis zur Sardinendose – unter einem Dach; oft jedoch läßt die Qualität zu wünschen übrig, die Preise sind um die 30 Prozent höher als anderswo – und nicht zuletzt bringen Sie sich selbst um die Freude des Stöberns in alten Bauernhöfen, an Marktständen und in winzigen Boutiquen.

Zugreifen sollten Sie hingegen bei all den Dingen, die Sie zu Hause nicht oder nur mit Schwierigkeiten bekommen: Das kann ein besonders guter **Cidre** vom **Bauernhof** sein oder eine Flasche **chouchen**, ein bretonischer Honigmet. Auch die **andouilles** aus **Guémené** oder eine Büchse bester **Sardinen** von **»La Quiberonnaise«** sind wie geschaffen für ein bretonisches Picknick zu Hause und sollten die Rückfahrt überstehen.

Freunde französischer **Antiquitäten** werden ihren Kofferraum auf eine harte Probe stellen müssen: Anders als beispielsweise im Périgord haben die alteingesessenen bretonischen Familien die Schätze ihrer Speicher und Dachböden nämlich noch nicht bis zum letzten Löffel verkauft. Mit etwas Glück findet man Rares und Kurioses für nicht allzuviel Geld. Allgegenwärtig sind die schweren bretonischen Bauernmöbel; Glückspilze stöbern vor Ort auch schon mal einen besonders schönen Art-déco-Schreibtisch oder eine monegassische Kasinokasse aus den zwanziger Jahren auf. Einzelne Händler, wie etwa die Besitzer der **Puces Guérandaises** in **Guérande**, erklären sich sogar dazu bereit, nach Ihren persönlichen Wünschen besonders rare Stücke ausfindig zu machen.

Weinfreunde dürfen sich natürlich einen Besuch beim **Winzer** nicht entgehen lassen. Im **Hinterland von Nantes** werden Muscadet und Gros-Plant erzeugt; die meisten Weinbauern der Region öffnen ihre Güter gern für interessierte Besucher. Telefonisch anmelden sollten Sie sich trotzdem – schließlich ist ein Weingut kein Museum.

Öffnungszeiten

In der Bretagne schließen die großen Kaufhäuser zwischen 18.30 und 19 Uhr, geöffnet wird später als in Deutschland, oft erst um 10 Uhr. Kleinere Geschäfte legen gern eine Mittagspause ein. Samstag ist normaler Einkaufstag, einige Lebensmittelgeschäfte sind sogar am Sonntagmorgen geöffnet – geschlossen ist dafür am Montag.

Geschäfte, Winzer und Märkte sind bei den einzelnen Orten im Kapitel »Die Bretagne und ihre Orte« beschrieben. Der **Sprachführer** auf Seite 271 hilft Ihnen bei der Verständigung mit den Verkäufern.

Essen und Trinken

Ob ein halbes Dutzend Austern mit einem Glas Muscadet am Hafen, eine Portion Seeohren mit Knoblauch und Petersilie im Bistro oder ein kleiner Hummer mit Aromen der Gewürzinseln im herrlichen Restaurant »Maison de Bricourt« in Cancale (→ S. 79) – die Bretagne ist ein Paradies für Feinschmecker. Frischere **Meeresfrüchte** als hier bekommen Sie garantiert nirgendwo in Frankreich, nicht mal an der Atlantikküste. Am Hafen von Cancale etwa bekommt man ein Dutzend Austern für umgerechnet gerade mal 8 DM, für nur 1 DM mehr werden die widerspenstigen Schalentiere gleich vor Ort verzehrfertig geöffnet. Aber auch wer Meerestiere nicht zu seinen Favoriten zählt, wird in der Bretagne jederzeit genußvoll satt: Das Lamm von den Salzwiesen des Mont-Saint-Michel (**agneau pré salé**) gilt jedenfalls genauso als Delikatesse wie die **andouille** aus Guémené-sur-Scorff, eine zuerst getrocknete und dann geräucherte Wurst aus Schweinskutteln. Die bekannteste Spezialität der Region wurde zuerst 1390 erwähnt: »Crêpes werden aus Weizen hergestellt und mit Zucker bestreut«, hieß es damals im Kochbuch »Le Ménagier de Paris«. Heute benutzen die Crêperien lieber Buchweizen (**sarrasin**) und servieren die dünnen Fladen in allerlei süßen und salzigen Varianten. Wo es **crêpes** gibt, werden Sie auch **galettes** entdecken. Was die crêpe von der galette unterscheidet, ist für Nichtbretonen kaum erkennbar: In einigen Regionen werden Fladen aus Buchweizen als galettes bezeichnet, wird das Rezept hingegen mit Weizen (**froment**) ausgeführt, ist das Resultat eine crêpe. In letzter Zeit bereichern einige Kuriositäten die bretonischen Speisezettel: In Plonévez-du-Faou werden zum Beispiel **Bisons** gezüchtet, und in Finistère, Morbihan und Loire-Atlantique werden sogar **Strauße** gemästet! Nachdem die ersten Versuche fehlgeschlagen sind, Pariser Feinschmeckern die dunkelroten Straußensteaks schmackhaft zu machen, hoffen die Züchter derzeit auf einen Großauftrag aus arabischen Ländern…

Tischsitten à la Bretagne

Wer sich in der Bretagne außerhalb der großen Städte zu Tisch setzt, sollte pünktlich sein. Viele kleinere Lokale nehmen spätestens um 21.30 Uhr keine neuen Gäste mehr an. Niemals darf man sich einfach an einen vermeintlich freien Tisch setzen. Statt dessen wartet der Gast am Eingang, bis er von einem der dunkel gewandeten **maîtres** zu Tisch geführt wird – das gilt übrigens für ganz Frankreich.

In fast jedem Restaurant erwartet der Wirt vom Gast, daß er mindestens ein kleines **Menü** (also Vorspeise, Hauptgericht und Dessert) verzehrt. Nach guter alter französischer Sitte trinkt man dazu Wein und Wasser (am besten paßt eines mit wenig Kohlensäure wie **Badoit**, **Châteldon** oder das bretonische **Plancoët**), zum Bestellen eines **Aperitifs**, etwa eines Glases Champagner, ist man hingegen nicht verpflichtet. Zu jeder Mahlzeit wird Brot gereicht, das man freilich keinesfalls nach deutschem Vorbild wie eine »Stulle« schmieren und davon abbeißen darf: In Frankreich nimmt man mit der Hand mundgerechte Bissen zu sich. Nach dem Essen trinkt man einen **express**, eine kleine Tasse starken Kaffees, oder eine **infusion**, einen verdauungsfördernden Kräutertee, etwa aus Eisenkraut und Minze.

»Die alten Dächer erzählen vom jahrhundertelangen Kampf gegen den Westwind«, schrieb Pierre Lotis in seinem Roman »Islandfischer« über den Hafenort Paimpol – die alten Gassen haben bis heute etwas vom Flair vergangener Tage bewahrt.

Der blaue Hummer der Bretagne

Air-France-Streik auf dem Flughafen von Paris: Laurent Gros ist einem Nervenzusammenbruch nahe. Die Hummerlieferung für den Koch aus Monte-Carlo, Sous-Chef von Alain Ducasse, ist irgendwo in der Hauptstadt steckengeblieben. Jetzt ist es kurz nach 12 Uhr, die ersten Gäste kommen, die Vorspeise verrottet in einem Container in der Hauptstadt – eine Katastrophe! Nicht einmal auf dem Markt von Monte-Carlo gibt es Ersatz, schließlich serviert Gros seinen Gästen keine kanadische Massenware, sondern die raren, blauschimmernden Hummer aus der Bretagne – die jedoch leben nur zwischen den Küsten Marokkos und Schottlands und verschmähen hartnäckig den Weg an Frankreichs Südküste...

Da klingelt Gros' Telefon. »Nein, die Hummer sind nicht am Flughafen«, beruhigt ihn die Stimme seiner Lieferantin Annie Bizien. Sie hatte den Streik in den Abendnachrichten mitverfolgt und vorsichtshalber noch um Mitternacht einen LKW Richtung Côte d'Azur losgeschickt. »Aber wo steckt der Laster?« Zwei Anrufe später hat Frau Bizien den Fahrer lokalisiert: Er beginnt gerade im Hotel Negresco in Nizza auszuladen. Bis er in Monaco ist, kann eine weitere Stunde vergehen... »Hummer in ein Taxi laden«, befiehlt Madame Bizien schnell und: »Eine Prämie für den Fahrer, wenn er in 30 Minuten bei Monsieur Gros ist!« Um 13 Uhr sollen die bretonischen Krustentiere in der Küche eintreffen – gerade noch rechtzeitig.

»Damit muß man rechnen«, meint Hummer-Expertin Bizien lächelnd, als sie das Telefon wieder aus der Hand legt. »Das Unternehmen läuft nur, weil wir uns bemühen, perfekt auf die Bedürfnisse der Köche einzugehen, gut einkaufen, die Meerestiere korrekt nach Größe und Qualität sortieren, direkt ausliefern können – und vor allem, weil wir schnell sind: Man muß den kürzesten Weg zwischen Netz und Teller finden!« Schon gegen Mitternacht verlassen deshalb die ersten Lastwagen mit der maritimen Fracht den kleinen Ort Carantec.

Der Job hält Madame Bizien und ihre Mitarbeiter von morgens bis abends in Atem: Vor der ersten **criée**, der Fischversteigerung um 5.30 Uhr morgens, müssen die sieben Einkäufer (fünf arbeiten auf französischen Märkten, zwei auf der englischen Seite des Kanals)

Bretagne Extra

Ungeahnt aromatisch: Wer in der Bretagne seinen Urlaub verbringt, sollte auch den berühmten Hummer probieren.

gebrieft werden: wieviel Hummer, wieviel Saint-Pierre, wieviel Seezunge? Gegen 18 Uhr, wenn der Tagesfang versteigert wird, sind die Einkäufer wieder auf dem Markt.

Madame hilft mir, die Scheren meines Hummers zu knacken, eines besonders widerspenstigen Exemplars – ein Männchen, wie sie erklärt. »Bretonische Hummer sind untereinander so aggressiv, daß wir ihnen die Scheren mit Gummiband fesseln müssen. Letztens hat ein riesiger Drei-Kilo-Hummer eine seiner Scheren befreien können – er spazierte sofort auf ein nicht mal halb so großes Weibchen zu und schnitt es kurzerhand hinter dem Kopf entzwei.« Wegen solch ungalanter Verhaltensweisen kann man die Tiere nicht in Gefangenschaft züchten – selbst wenn man sie noch so lange zusammen in ein Wasserbassin sperrt. Auch auf den Geschmack wirkt sich das »wilde Leben« der blauen Meeresrowdys aus. Ein bretonischer Hummer ist weitaus aromatischer als seine kanadischen Vettern. Außerdem ist sein Fleisch wesentlich fester, fast zäh. Deshalb werden in einfacheren französischen Restaurants zu Hummergerichten manchmal Steakmesser aufgedeckt – unkundige Gäste meinen dann oft, das Tier hätte zu lange im brodelnden Wasser gelegen. Bei Restaurant-Preisen zwischen 100 und 180 DM sollten sich die Köche beim Bretagne-Hummer jedoch keine Fehler erlauben.

Bistros, Brasserien und Restaurants
Auch gehobene **Restaurants** bieten ihren Gästen oft preisgünstige »Schnuppermenüs« an: In der »Ferme du Letty« in Bénodet beispielsweise kann man mittags schon für etwa 30 DM ein komplettes Menü genießen! Gönnen Sie sich bei diesen Preisen ruhig öfter einmal das Vergnügen, die Nase in die Töpfe eines Feinschmeckerrestaurants zu stecken!

Zwangloser geht es im **Bistro** zu, rustikalen Kleinstlokalen, in denen die Menüs meist einfacher und deftiger sind als im Restaurant. Billiger müssen sie dadurch allerdings noch lange nicht sein – aber wenn Sie einmal über den Markt schlendern und die Preise für frischen Fisch vergleichen, werden Sie das verstehen.

Besonders gut schmeckt das Bistro-Essen beispielsweise im »Les Coquillages« in Saint-Méloir-des-Ondes bei Cancale – dort gibt es viel Qualität für den Franc.

Austern kostet man am besten ganz frisch an der Uferstraße der Schlemmerhochburg Cancale, wo sie gezüchtet und täglich frisch geerntet werden. In den Wattenmeeren wachsen sie kaum noch wild.

Meiden sollten Sie indes die zahlreichen Touristenbistros an Häfen und Aussichtspunkten.

In fast allen größeren Städten findet man auch **Brasserien**: große »Freßhallen«, die ursprünglich entstanden, als nach dem Krieg von 1870 viele Flüchtlinge aus Elsaß-Lothringen ins restliche Frankreich zogen. Auf den Terrassen der Brasserien kann man auch einfach nur ein Bier oder einen Kaffee trinken, mittags und abends werden Meeresfrüchteplatten serviert. Feinschmeckerische Höhepunkte sollte man jedoch hier nicht erwarten – für **»grande cuisine«** sind die Brasserien schlichtweg meist zu groß.

Eine weitere Spielart, die **Auberge**, ist eine ländliche Version des Bistros – nach dem Klischee ein kleines, familiäres Dorflokal, in dem ein altes Mütterchen mit Liebe zubereitete traditionelle Gerichte auftischt. Echte Auberges sind heutzutage rar, und statt der Liebe regiert in der Küche oftmals die Mikrowelle…

Authentischer sind da meist die **Ferme-Auberges**, schlichte Bauernhöfe mit Bewirtung. Einige Ferme-Auberges verfügen über Zimmer, manchmal auch über einen kleinen Campingplatz. Normalerweise gibt es aber lediglich »Menüs mit Familienanschluß« – Madame kocht, was die eigenen Felder hergeben, und Monsieur serviert. Gegessen wird rustikal, reichlich – und stets zu konkurrenzlos günstigen Preisen.

Hilfestellung beim Bestellen und Reservieren leistet unser **Sprachführer** auf Seite 271.

Preisklassen
Die Preise beziehen sich auf ein Menü mit drei Gängen ohne Getränke und Trinkgeld.
Luxusklasse über 500 FF
Obere Preisklasse 300–500 FF
Mittlere Preisklasse 150–300 FF
Untere Preisklasse bis 150 FF

Eßdolmetscher

A

abats: Innereien
abricot: Aprikose
agneau: Lamm (→ *pré-salé*)
agrume: Zitrusfrucht
aiguillettes: schmale Fleischstreifen, oft vom Geflügel
ail: Knoblauch
airelle: Preiselbeere
andouille: Gekrösewurst aus Schweinsdarm, besonders bekannt ist die andouille aus Guémené
andouillette: Wurst aus Kutteln vom Schwein oder Kalb
anguille: Aal
araignée de mer: Seespinne
arête: Gräte
artichaut: Artischocke
assiette: Teller

B

bar: Wolfsbarsch
barbeau: Barbe
barbue: Glattbutt
baudroie: Seeteufel
bavette: saftiges Stück vom Rind, wird meist kurzgebraten
béarnaise: Buttersauce mit Eigelb, Kräutern, Essig oder Weißwein
beignets: fritierte Krapfen
belon: bretonische Austernsorte, gedeiht vor den Küsten des Morbihan
beurre: Butter
– *salée:* leicht gesalzene Butter, in der Bretagne besonders häufig
biche: Hirschkuh
bière: Bier
blanquette: Ragout mit weißer Sauce, oft vom Kalb (*de veau*)
blette: Mangold
bœuf: Ochse
boudin: Blutwurst
bouillabaisse: traditionelle Fischsuppe Südfrankreichs, je nach Preis des Gerichts wandern unterschiedlich »edle« Sorten Mittelmeerfisch in den Suppentopf
bourride: Fischeintopf, meist etwas weniger rustikal als die bekanntere Bouillabaisse
brebis: Schaf, Schafkäse
brochet: Hecht
brochette: Spieß
brouillade: Rührei

C

caille: Wachtel
caillé: geronnen
camus: besonders fleischige Artischockensorte
canard: Ente
caneton, canette: Jungente
canelle: Zimt
câpre: Kaper
carotte: Möhre
carpe: Karpfen
carrelet: Scholle
caviar: Kaviar
céleri: Sellerie
cèpes: Steinpilze
cerf: Hirsch
cerfeuil: Kerbel
cerise: Kirsche
cervelle: Hirn
chanterelle: Pfifferling
charcuterie: Wurstwaren
chataigne: Kastanie
chèvre: Ziege, Ziegenkäse
chevreuil: Rehbock
chou: Kohl
chouchen: bretonischer Honigmet
ciboulette: Schnittlauch
cidre: vergorener Apfelsaft aus der Normandie oder der Bretagne
civet: Wildragout
cœur: Herz
coing: Quitte
concombre: Gurke
confit: eingemacht; bei Fleisch: in eigenem Fett eingelegt
consommé: Fleisch- oder Fischbrühe
coq: Hahn
coques: Herzmuschel
coquille Saint-Jacques: Jakobsmuschel
cotriade: bretonische Bouillabaisse aus Atlantikfischen, oft mit Zwiebeln und Kartoffeln
crème: Rahm, Sahne
crêpe: dünner Pfannkuchen, oft mit süßen oder salzigen Zutaten gefüllt; ein bretonisches Nationalgericht
cuisse de grenouille: Froschschenkel

D

daube: Schmortopf mit Rindfleisch und Gemüse
daurade: Dorade
déjeuner: Mittagessen
dinde: Pute
dindon: Puter

E

eau: Wasser
écrevisse: Flußkrebs
encornet: Pfeilkalmar
épaule: Schulter
esturgeon: Stör

F

faisan: Fasan
far/far breton: Fladen aus Getreidemehl, süß mit frischen oder getrockneten Früchten, salzig mit Speck o. ä.
farine: Mehl
fenouil: Fenchel
fermier: vom Bauernhof
feuilleté: in Blätterteig
figue: Feige
flétan: Heilbutt
fleur de courgettes: Zucchiniblüte, meist gefüllt serviert
foie: Leber
fraise: Erdbeere
fromage: Käse
froment: Weizen; Grundbestandteil der Crêpes und Galettes
fruit: Frucht

G

galette: dünner, knuspriger Fladen aus Buchweizenmehl; auch kleine Kekse aus Butterbiskuit
gâteau: Kuchen
gaufre: Waffel
gésier: Geflügelmagen, oft mit Salat serviert
gigot: Keule (probieren Sie in der Bretagne die vom Lamm von den Salzwiesen des Mont-Saint-Michel!)
gingembre: Ingwer
girofle: Gewürznelke
girolles: Pfifferlinge
graisse: Fett
gratiné: überbacken
grenouille: Frosch

H

hachis Parmentier: überbackenes Kartoffelpüree mit Hackfleisch
hareng: Hering
haricot: Bohne
homard: Hummer; der bretonische ist blau und wird erst beim Kochen rot
huile: Öl
huître: Auster
– *creuse:* Felsauster mit rauher Schale
– *plate:* flache Auster, die edlere und teurere Sorte, schmeckt nach Jod und Meer

I/J

Infusion: frischer Kräuteraufguß
jambon: Schinken
jarret: Haxe
julienne: in feinste Streifen geschnitten
jus: Saft

K

kig ha farz: bretonische Spezialität mit Schweine- oder Rindfleisch (*kig*), Karotten, Zwiebeln, Lauch und einer dicken Suppe aus Buchweizen (*farz*)

L

lait: Milch
langouste: Languste
langoustine: Kaisergranat/Scampi
langue: Zunge
lapereau/lapin: Kaninchen
lard: Speck
laurier: Lorbeer
légume: Gemüse
lentilles: Linsen
levure: Hefe
lie: Weinhefe
loup de mer: Wolfsbarsch

M

magret/maigret: Entenbrust, oft in Scheiben serviert
maquereau: Makrele
marché: Markt

marjolaine: Majoran
marmite: Schmortopf, Suppentopf
matelote: »Matrosengericht«, Ragout von Süßwasserfischen
menthe: Minze
à la meunière: Müllerin Art: in Mehl gewendeter und in Butter gebratener Fisch
morue: Stockfisch, getrockneter Kabeljau
– *fraîche:* Kabeljau
moule: Miesmuschel
moulin à poivre: Pfeffermühle
moutarde: Senf
mouton: Hammel
muscade: Muskat

N

navarin: Ragout, meist vom Lamm
navet: weißes Rübchen
Noilly Prat: frz. Wermutmarke, oft verwendeter Saucenbestandteil
noisette: Haselnuß; auch: eine Scheibe Fleisch
noix: Walnuß
nougat: in Frankreich keine Schokolade, sondern weiße, feste »Barren« aus Mandeln oder Haselnüssen, manchmal auch Trockenfrüchten mit Honig und karamelisiertem Zucker
noyau: Kern oder Stein einer Frucht

O

œuf: Ei
œufs brouillés: Rührei
oie: Gans
oignon: Zwiebel
oiseau: Vogel
– *sans tête:* Roulade
olives: Oliven
omble: Saibling
omelette: Omelett
oreille: Ohr (Kalbs- oder Schweinsohren werden auch gegessen)
ormeau: Seeohr (recht zähe Muschel, oft mit Knoblauch und Petersilie serviert)
ortolan: Fettammer (seltener, geschützter Wildvogel, trotz strengen Verbots in manchen Restaurants aufgetischt)
os: Knochen
oseille: Sauerampfer
oursin: Seeigel

Ob Omelette, Crêpe oder Galette – diese kleinen, köstlichen Zwischenmahlzeiten werden vielerorts angeboten.

Olivier Roellinger – der Meisterkoch aus der Bretagne

Die drei Typen im Hafen von Saint-Malo sind plötzlich auf Randale aus. Wenn in diesem Touristennest schon nichts los ist, dann wollen sie wenigstens den nächsten Menschen, der ihren Weg kreuzt, ordentlich aufmischen. Der nächste ist Olivier Roellinger, 24 und Chemiestudent kurz vorm Examen. Die Rowdys malträtieren ihn, bis er sich nicht mehr rührt. Ein Passant findet den Bewußtlosen, alarmiert Polizei und Ambulanz. Halbtot und mit doppeltem Schädelbruch kommt Olivier ins Spital. Zwei Wochen lang versuchen die Ärzte, ihn aus dem Koma zurückzuholen. Sie raten der Familie, sich auf das Schlimmste vorzubereiten…

So beginnt die Karriere des heutigen Spitzenkochs Olivier Roellinger. »Als ich damals jahrelang im Rollstuhl saß, beschloß ich, mit allem zu brechen, was wissenschaftlich und rational ist, um mich den Dingen zuzuwenden, die sinnlich, lebendig und sensibel sind – eben das Gegenteil von der Kälte, die ich während des Studiums kennengelernt hatte.«

Für das neue Leben wählt Olivier den Beruf des Kochs, denn der Geschmack an der Grande Cuisine wird ihm sozusagen von klein auf anerzogen. Sein Vater, ein vermögender Mediziner, bewirtet regelmäßig seine Freunde aus der Haute Bourgeoisie von Saint-Malo in aller Opulenz. Schon wegen der schönen Erinnerungen an all die Gaumenfreuden der Kindheit wird das Herrenhaus der Eltern nahe dem Markplatz im benachbarten Cancale zu Roellingers erstem Restaurant. Auf eine Lehre als Koch verzichtet Olivier. Ganze sechs Monate schaut er den Zwei-Sterne-Kollegen Gérard Vié und Guy Savoy über die Schulter, um sich ein wenig Technik anzueignen. Denn was er kochen will, weiß Roellinger ganz genau. »Als Kinder haben wir auf den Festungsmauern von Saint-Malo geturnt, man hat uns die Geschichte der Korsaren erzählt, der Gewürzjäger der Compagnie des Indes. Surcouf, La Bourdonnais und all die großen Familien von Saint-Malo sind mit Gewürzen reich geworden.«

Naturbelassene Fische und Meeresfrüchte sind ein Hauptbestandteil dieser Küche; bei Gerichten wie Jakobs- und Venusmuscheln in Vinaigrette von Meereskräutern, den Seeohren mit Kohl und Petersilie oder den

Bretagne Extra

Abenteuerlust als Küchenphilosophie: Le Coquillage.

einfach nur in leicht gesalzener Butter gebratenen kleinen Seezungen setzt Roellinger noch auf Natur pur. Den Rest der Karte dominiert der **esprit d'aventure**, eben die Abenteuerlust: Rund 85 Gewürze verwendet er in seiner Küche, bis zu acht nimmt er für so delikate Gerichte wie Lammhirn mit Koriander, Sesam und Zitronenchutney oder seinen Petersfisch »Rückkehr aus Indien« – eine Hommage an den bretonischen Seefahrer Malouin de la Bourdonnais. Viele dieser Gewürz-Gerichte sind für Hobbyköche kaum nachvollziehbar – an den »kleinen Hummer mit Aromen der Gewürzinsel« gehören beispielsweise Galangawurzeln, Tamarinde und Rocoukörner; für das »Lamm von den Salzwiesen des Mont-Saint-Michel mit den Gewürzen der großen Karawane« braucht man Fenugrec und Niora. Eine kreative Mode? »Nein«, sagt Roellinger »für mich ist das keine Exotik, sondern eine Geschichte, die zu Saint-Malo gehört. Wäre es anders, ich würde von den Gewürzen die Finger lassen.«

Seine Küchenphilosophie klingt ganz einfach: »Ich möchte nahe an meiner Region und nahe bei den Menschen sein. Ich bin über der heutigen Gaststube geboren. Als kleiner Junge stand ich oben auf dem Treppenabsatz, eingehüllt von den Gerüchen von Zigarren und Eau-de-vie, und wartete, bis meine Mutter mir gute Nacht sagte. Heute stehe ich oft an derselben Stelle, lausche den fröhlichen Stimmen von unten und sehe den Gästen ein wenig versteckt beim Abschied zu. So finde ich beim Kochen als Erwachsener das Glück meiner Kindheit wieder.«

P

pain: Brot
– *de seigle:* Roggenbrot, wird in der Bretagne zu Austern gereicht
palourde: Teppichmuschel aus dem Atlantik
en papillote: in Alufolie oder Pergament gegart
parfait: zartes Mousse
parmentier: mit Kartoffeln
pâte: Teig
pâté: Pastete
pâtes: Nudeln
paupiette: Roulade
pavot: Mohn
peau: Haut
pêche: Pfirsich
perdreau: junges Rebhuhn
perdrix: Rebhuhn
persil: Petersilie
petit gris: Weinbergschnecke
petits farcis: kleine, gefüllte Gemüse
pied: Fuß (von Kalb, Schwein, Lamm oder Hammel)
pigeon: Taube
piment: Paprika
pintade: Perlhuhn
pintadeau: junges Perlhuhn
pistache: Pistazie
pleurote: Austernpilz
poêle: Pfanne
à point: auf den Punkt gegart
poire: Birne
poireau: Lauch
pois: Erbse
poisson: Fisch
poitrine: Brust
poivrade: Pfeffersauce
poivre: Pfeffer
pomme: Apfel
– *de terre:* Kartoffel
porc: Schwein
potage: Suppe
pot au feu: kräftiger Eintopf mit Fleisch oder Geflügel
poule: Henne
poulet: Hähnchen
poussin: Küken
praire: Venusmuschel
pré-salé: »vorgesalzen«; Bezeichnung für Lamm von den Salzwiesen der Bretagne, aromatisch und teuer
prunelle: Schlehe
purée: Püree

Q

quenelle: Kloß
queue: Schwanz

R

radis: Rettich
raie: Rochen
raifort: Meerrettich
raisin: Traube
rascasse: Drachenkopf, häßlicher, aber aromatischer Fisch
ratatouille: Gemüseeintopf mit Paprika, Tomaten, Zucchini, Auberginen und Zwiebeln
rhubarbe: Rhabarber
ris: Bries
riz: Reis
rognon: Niere
romarin: Rosmarin
rôti: gebraten
rouget: Fisch aus der Familie der Barben; eine Delikatesse ist der *rouget de roche* (Streifenbarbe) aus dem Mittelmeer (nicht zu empfehlen hingegen die fetten und leicht strohig schmeckenden Exemplare von der nordafrikanischen Küste, auch *rougets de Dakar* genannt)
– *barbet:* Rotbarbe

S

salade: Salat
salé: gesalzen
salmis: Geflügelragout
salsifis: Schwarzwurzel
sandre: Zander
sanglier: Wildschwein
sarrasin: Buchweizen; Grundbestandteil der Crêpes und Galettes
sarriette: Bohnenkraut
saucisse/saucisson: Wurst
sauge: Salbei
saumon: Lachs
seiche: Sepia
sole: Seezunge
sucre: Zucker
supion: kleiner Kalmar

T

tapenade: Paste aus Oliven, Kapern und Anchovis

tarte: flacher Kuchen
tête: Kopf
thym: Thymian
thon: Thunfisch
tourte: Pastete
tourteau: Taschenkrebs
tripes: Kutteln
truffe: Trüffel
– *en brouillade:* Rührei mit Trüffel
– *d'été:* Sommertrüffel, weniger aromatisch als die winterlichen Exemplare
– *de Saint-Jean:* Sommertrüffel französischer Herkunft
truffé: getrüffelt
truite: Forelle

V

veau: Kalb
verveine: Eisenkraut, ideal als verdauungsfördernder Tee nach dem Essen (*infusion*)
vinaigre: Essig

X

xérès: Sherry

Y

yaourt: Joghurt

Feiertage

1. Januar	Neujahr
Ostersonntag	
Ostermontag	
1. Mai	Tag der Arbeit
8. Mai	Waffenstillstand 1945
Christi Himmelfahrt	
Pfingstsonntag	
Pfingstmontag	
14. Juli	Nationalfeiertag
15. August	Mariä Himmelfahrt
1. November	Allerheiligen
11. November	Waffenstillstand 1918
25. Dezember	Weihnachten

Feste und Festspiele

Die **pardons**, kleine Wallfahrten, und diverse Folklorefeste, bei denen die Damen noch ihre Spitzenhäubchen (**coiffes bigoudines**) tragen können, gehören zu den wichtigsten Festlichkeiten der Bretagne.

Die romantischen Altstadtgassen von Dinan sind eine perfekte Kulisse für das historische Spektakel Fête des Remparts, bei dem 300 Darsteller in mittelalterlichen Kostümen mitwirken.

Februar

Carnaval ■ C 3
Vor allem der Umzug in Douarnenez am Karnevalssonntag zieht Besucher an.

Mai

Pardon de Notre-Dame-de-Délivrance ■ F 2
Ein **pardon**, das sich besonders bei schwangeren Bretoninnen großer Beliebtheit erfreut. In Quintin.
1. oder 2. Sonntag im Mai

Pardon de Saint-Yves ■ E 1
Der Schutzheilige der Advokaten und der Armen. Französische Juristen feiern den Umzug in Tréguier in schwarzem Habit (→ 10x10. S. 13).
3. Sonntag im Mai (oder Sonntag, der dem 19. Mai am nächsten liegt)

10x10

Anniversaire du Port-Musée ■ C 3
Zum Geburtstag des Hafenmuseums zieht es Horden von Seglern mit ihren Booten nach Douarnenez (Auskunft: Port-Musée de Douarnenez; Tel. 02 98 92 67 30).
Am Wochenende nach Christi Himmelfahrt (Donnerstag bis Sonntag)

Juni

Le Voile-Aviron ■ H 1
Treffen alter Segelschiffe vor den Küsten von Cancale (Informationen im Café du Port; Tel. 02 99 89 62 85).
Alle 2 Jahre im Juni

Pardon d'Eté de Sainte-Barbe ■ D 3/E 3
Traditionelle Wallfahrt in Le Faouët.
Letzter Sonntag im Juni

Juli

Le Festival des Tombées de la Nuit ■ I 3
Kunstfestival mit Tanz, Musik und Theater. Auch in Kirchen oder den engen Gassen der Altstadt von Rennes wird musiziert (→ 10x10. S. 13), (Information; Tel. 02 99 30 38 01/02 99 79 71 79).
10 Tage lang Anfang Juli

10x10

Fête des Brodeuses ■ C 4
»Stickerinnenfest« mit Trachten und Volkstänzen. In Pont-l'Abbé.
2. Wochenende im Juli

Festival International d'Eté ■ I 6
Sommerfest in Nantes mit Musik, Gesang und Tanz.
2. Wochenende im Juli

Petite Troménie ■ C 3
Die Prozession mit den Reliquien des Saint-Ronan folgt vier Kilometer lang dem Weg, den der Heilige jeden Morgen mit leerem Magen und nackten Füßen hinter sich brachte. Alle sechs Jahre (das nächste Mal im Jahr 2001) trifft man sich in Locronan zur zwölf Kilometer langen Grande Troménie. Die Teilnahme an dieser Wallfahrt soll nach altem Volksglauben die Pforten zum Paradies öffnen (→ 10x10. S. 13).
Locronan
2. Sonntag im Juli

10x10

Fête de la Saint-Loup ■ E 2
Festival keltischer Musik mit traditionellen Volkstänzen in Guingamp (Auskunft: Office du Tourisme de Guingamp: 96 43 73 89).
In der Woche um den 15. August (Montag bis Sonntag)

Rassemblement des Vieilles Coques ■ C 4/D 4
30 bis 50 historische Boote treffen sich im Hafen von Concarneau bei bretonischer Musik (→ 10x10. S. 13) (Auskunft: Société Nautique; Tel. 02 98 97 34 84).
Wochenende um den 14. Juli

10x10

Fête des Pommiers et du Cidre ■ C 4
Cidre, Crêpes und ein großer Cidre-Wettbewerb stehen im Mittelpunkt dieses Volksfests in La Forêt-Fouesnant (Auskunft: Office du Tourisme de La Forêt-Fouesnant; Tel. 02 98 56 94 09).
Wochenende um den 14. Juli

Fête du Clos-Poulet ■ H 1
Kunst- und Musikfest in Saint-Malo. Neben Folklorespektakeln auch Rockkonzerte.
4 Tage lang bis zum Sonntag, der auf den 14. Juli folgt

Pardon de Saint-Carantec ■ D 1
Das **pardon** in Carantec wird um 11.15 Uhr mit einer bretonischen Messe begangen.
3. Sonntag im Juli

Festival de Cornouaille ■ C3
Volkstänze und -musik. Ein großes Spektakel in der Altstadt von Quimper, zu dem neben Musik und Tanz natürlich auch Crêpes und Cidre gehören (→ 10x10. S. 13).
10x10
Woche vor dem 4. Sonntag im Juli

Festival de Jazz ■ F4/F5
Jazzfestival in Vannes.
Woche vor dem 4. Sonntag im Juli

Festival du Musique Sacrée ■ H1
Festival sakraler Musik in Saint-Malo.
Mitte Juli bis Mitte August

Pardon de Sainte-Anne-d'Auray ■ F4
Die bekannteste Wallfahrt der Bretagne: Rund 35 000 Besucher gedenken hier jährlich der Großmutter Christi. Seit dem 7. Jahrhundert wird die heilige Anna in der Bretagne verehrt. Nach Napoleon III. und General de Gaulle kam im September 1996 auch Papst Johannes Paul II. (→ 10x10. S. 13), (Auskunft: Office de tourisme de Sainte-Anne-d'Auray; Tel. 02 97 57 69 16).
10x10
25. und 26. Juli

Pardon de Trémalo ■ D4
Wallfahrt in Pont-Aven mit vielen Teilnehmern in regionalen Trachten (→ 10x10, S. 13).
10x10
Letzter Sonntag im Juli

August
Festival Interceltique ■ E4
Gefragtes keltisches Musikfestival in Lorient. Die bretonischen Barden erhalten Verstärkung aus Irland, Schottland, Cornwall und Wales (→ 10x10. S. 13).
10x10

1. Hälfte August
Fête de la Mer ■ G1
»Meerfest« um den Hafen von Erquy.
Anfang August

Fête de la Sainte-Jeanne ■ G1
Historische Boote, Cidre und Seemannsgesänge in Erquy (→ 10x10. S. 13), (Auskunft: Office du Tourisme d'Erquy; Tel. 96 72 30 12).
10x10
Am Wochenende vor oder nach dem 20. August

Fête des Fleurs d'Ajoncs ■ D4
Das Blütenfest von Pont-Aven wurde bereits Anfang des Jahrhunderts gegründet.
1. Sonntag im August

Fête des Hortensias ■ E1
»Hortensienfest« mit Tänzen und Musik in Perros-Guirec.
Mitte–Ende August

Fête des Vieux Gréements/Rassemblement des Vieux Voiliers ■ E5
Neben alten Seglern liefern sich bei dieser Fête auch moderne Katamarane in La Trinité-sur-Mer sportliche Regatten (→ 10x10. S. 13), (Auskunft: Office du Tourisme de La Trinité; Tel. 02 97 55 72 21).
10x10
Am Wochenende um den 15. August

September
Fête des Remparts et Tournoi de Chevalerie ■ H2
Historisches Fest in Dinan mit einem Ritterturnier und einem Ball (Auskunft: Office du Tourisme de Dinan; Tel. 02 96 39 75 40).
1. Wochenende im September, alle zwei Jahre (in geraden Jahreszahlen)

Pardon de Notre-Dame-du-Folgoët ■ C2
Traditionelles **pardon** mit bretonischen Kostümen in Le Folgoët.
1. Sonntag im September (oder 2. Sonntag, wenn der 8. September ein Sonntag ist)

Fête de l'Archange Saint-Michel ■ I1
Fest des Erzengels Michael in Le Mont-Saint-Michel.
Sonntag um den 29. September

Oktober
Rencontre de musique ancien ■ H2
Musikfest in Dinan.
Ende Oktober

Les Journées Nationales du Livre ■ H2
Lesetage der »Bücherstadt Becherel«.
Mitte Oktober

FKK

Nur wenige Strände der Bretagne tolerieren FKK. Informieren Sie sich vorsichtshalber bei den zuständigen Fremdenverkehrsämtern: Die Geldstrafen für »Exhibitionismus« können in Frankreich nämlich empfindlich hoch ausfallen!

Geld

Als kleine Faustregel dient der Grundsatz: Franc-Betrag durch 3,3 geteilt entspricht dem DM-Betrag. **Banken** sind in der Regel von montags bis freitags von 9 bis 16 Uhr geöffnet. **Eurocheques** sind in Frankreich relativ unbekannt und werden von Hotels nur selten akzeptiert. Einige Banken und Wechselstuben (mit dem EC-Signet gekennzeichnet) lösen sie trotzdem ein (pro Scheck maximal 1400 FF).

Besonders mit der **Visa-Karte**, in Frankreich mit der allgegenwärtigen **Carte Bleue** gekoppelt, und der **Eurocard** kann man an zahlreichen Automaten Geld abheben. Buchstäblich »schlechte Karten« haben vielerorts die Mitglieder des **Diner's Club**.

Beim Verlust Ihrer Kreditkarte helfen weiter:
American Express (Tel. 01 47 77 72 00), **Carte Bleue/Visa** (Tel. 01 42 77 11 90), **Diner's Club** (Tel. 01 47 62 75 75), **Eurocard/Mastercard** (Tel. 01 45 67 53 53); **Gestohlene Bank- und Postschecks** (Tel. 01 42 41 22 22).

Die französischen Geldinstitute empfehlen, sich bei Problemen mit EC-Karte und EC-Schecks direkt an die heimische Bank in Deutschland zu wenden.

Mit einem Handikap unterwegs

Auch mit einer Behinderung braucht man auf den Bretagne-Urlaub nicht zu verzichten. Die meisten besseren **Hotels** verfügen über mindestens ein behindertengerechtes Zimmer, besonders neuerrichtete Hotels großer nationaler Ketten wie **Balladins**, **Campanile**, **Climat de France**, **Fimotel**, **Novotel** oder **Urbis** haben mehrere Räume rollstuhlgerecht ausgestattet. Auch Häuser der Luxusklasse verfügen in der Regel über

Wechselkurse

F	D	CH	A
Francs	Mark	Franken	Schilling
1	0,30	0,25	2,16
5	1,54	1,25	10,78
10	3,09	2,49	21,63
20	6,18	4,98	43,26
30	9,27	7,47	64,89
50	15,40	12,50	107,80
100	30,90	25,00	216,30
250	77,25	62,50	540,75
500	154,00	125,00	1078,00
750	231,75	187,50	1622,25
1000	309,00	250,00	2163,00
5000	1540,00	1278,20	10780,00
10 000	3080,00	2556,40	21560,00

Nebenkosten
(umgerechnet in DM)

1 Tasse Kaffee	3,00–4,00
1 Bier	5,00–7,00
1 Cola	3,30–6,00
1 Brot (ca. 500g)	1,60
1 Schachtel Zigaretten	7,00
1 Liter Benzin	1,85
Fahrt mit öffentl. Verkehrsmitteln (Einzelfahrt)	3,00
Mietwagen/Tag	75,00

Stand: Februar 1998

Zimmer für Behinderte. Schwierig ist die Lage lediglich in den historischen Altstädten: Wegen der betagten Bausubstanz können sich die Häuser nicht auf die Bedürfnisse von Rollstuhlfahrern einstellen. Selbst die Aufzüge sind oft zu eng.

Guides wie Michelin und Gault-Millau zeichnen behindertengerechte Hotels mit einem Rollstuhlsymbol aus. Der **APF** (Association des Paralysés de France, 17, Boulevard Auguste Blanqui, 75013 Paris; Tel. 01 40 78 69 00, Fax 01 45 89 40 57) informiert über Hotels und Restaurants für Rollstuhlfahrer. Einige Städte, etwa **Nantes**, bieten rollstuhlfreundliche Fußgängerzonen. Rollstuhlfahrer mit guter Mobilität dürften beim Besuch der meisten Städte keine Schwierigkeiten haben. So gut wie unmöglich ist lediglich der Besuch der legendären Festungsmauern von **Saint-Malo** oder eine Tour durch die steilen engen Gassen des Mont-Saint-Michel. Einen für Rollstuhlfahrer geeigneten Mietwagen sollten Sie hingegen spätestens am Flughafen Paris ordern: Hertz zum Beispiel verfügt hier über einen für Rollstuhlfahrer geeigneten Peugeot 306 (Servolenkung, Automatik, Bremse und Gas am Lenkrad, 48 Stunden im voraus unter Tel. 01 47 88 51 51 zu reservieren).

Innerhalb Frankreichs bieten etwa 30 **Reiseveranstalter** ein reichhaltiges Angebot für Behinderte: Zu ihnen gehören der **APF** (Adresse, → siehe oben), **Handicap sans Frontières** (3, rue Godefroy, 92800 Puteaux; Tel. 01 42 04 17 80, Fax 01 42 04 34 12) und **Handitour** (48, rue de la Goutte d'Or, 75018 Paris; Tel. 01 42 51 06 05 – Anrufbeantworter). **Tennis- oder Sprachferien** für Rollstuhlfahrer veranstaltet **ISM Montreuil** (156, rue de la Nouvelle France, 93100 Montreuil; Tel. 01 48 70 99 00, Fax 01 48 70 90 53). Die einfachste Möglichkeit zur Selbstinformation ist das **Minitel** (das französische BTX). Über den **Code 3615 Handitel** kann jeder sofort Listen behindertengerechter Hotels und Restaurants abfragen oder Reiseveranstalter und deren aktuelle Angebote konsultieren. Das Programm ist sogar in der Lage, individuelle Empfehlungen je nach Art des Handikaps auszusprechen, empfiehlt also beispielweise für Blinde andere Häuser als für Rollstuhlfahrer.

Hotels und andere Unterkünfte

Hotels

Auch bei bescheidenen Ansprüchen sollte man mit Kosten von etwa 60 bis 80 DM pro Nacht (im Doppelzimmer) rechnen. Die meisten Häuser, die diese Preisklasse noch unterschreiten, verfügen nicht einmal über Minimalkomfort, Toilette und Dusche muß man sich dann mit mehreren Gästen teilen.

Eine Traumwohnung mit Blick auf die Steilküste bekommt man freilich erst für etwa 300 bis 450 DM pro Nacht.

Die schönsten französischen Hotels haben sich in der Vereinigung **Relais & Châteaux** zusammengeschlossen (Auskunft: Rue Galvani, 75017 Paris; Tel. 01 45 72 90 00), einige der »zweitschönsten« verkaufen sich unter dem Label **Châteaux et Hôtels Indépendants** (Reservierung: Galerie du Carrousel du Louvre, 75001 Paris, Tel: 01 40 15 00 99). Viele besonders preisgünstige Häuser gehören zum Verband **Logis de France** – man erkennt sie an einem Schild, das einen gelben Kamin auf grünem Grund zeigt. Den entsprechenden Katalog erhalten Sie bei den Fremdenverkehrsämtern.

Die billigste Möglichkeit, ein Dach über den Kopf zu bekommen, sind Kettenhotels wie **Formule 1**; hier kostet ein Vierbettzimmer nur etwa 40 DM. Trotz der verlockend niedrigen Preise sollten Sie jedoch nur in Fällen größter Ebbe in der Reisekasse dort absteigen: Formule 1 und die Low-price-Kollegen liegen stets am Stadtrand, zwischen Schnellstraßen und Supermarktzentren.

Die offizielle Einteilung des Hotelkomforts nach Sternen (Maximalwertung: vier) ist übrigens nur ein grober Anhaltspunkt für den Standard eines Hauses. Bei der Bewertung geht es nicht um Charme, schöne Aussicht, nette Gastgeber oder gar das Wohlbefinden der Gäste – im Mittelpunkt der Note stehen so profane Fragen wie: »Verfügt das Haus über einen Aufzug?«

Kaum geprüft wird scheinbar das Frühstück: Mehr als Tee oder Kaffee, Baguette und Croissant, Orangensaft aus der Tüte und ein Töpfchen Billigmarmelade bekommt man auch in besseren Häusern kaum.

Asterix und Obelix – die bekanntesten Bretonen

»Die spinnen, die Gallier« – schließlich wagen sie nun schon seit über drei Jahrzehnten nicht nur den römischen Besatzern permanent Widerstand zu leisten, sondern erheitern mit ihren Abenteuern auch noch Leser in aller Welt! In über 26 Sprachen kann man nachlesen, was Asterix, der kleine Krieger mit dem geflügelten Helm, Obelix, sein gewichtiger Freund, Miraculix, der weise Druide, und Häuptling Majestix zusammen mit Cäsar, Kleopatra und den – trotz regelmäßiger Schiffbrüche immer noch unermüdlichen – Piraten erleben. Rein statistisch besitzt fast jeder Bundesbürger einen Asterix-Band, mehr als 61 Prozent der 8- bis 14jährigen kennen den kleinen Gallier – daß mindestens ebenso viele Erwachsene schon mal einen »Asterix« in der Hand hatten, darf man nur vermuten. Auf jeden Fall erreicht die Popularität des blonden Schnauzbarts Höhen, mit denen sich kein Politiker messen sollte: Jedes Heft wird in Millionenauflage gedruckt, selbst von den alten Bänden müssen jährlich im Durchschnitt 80 000 Exemplare neu aufgelegt werden.

Dabei waren die Anfänge eher bescheiden: 1959 strichelte der Zeichner René Goscinny seine mutigen Bretonen erstmals aufs Papier, angeblich als Gegenentwurf zu den populären amerikanischen Helden à la Superman. Texter Albert Uderzo entwarf dazu Wortspiele und frech-witzige Sprüche. Das Debut-Album »Asterix der Gallier« kam 1961, 44 Seiten stark, in einer Startauflage von gerade mal 6000 Exemplaren auf den Markt. Doch wie vom Zaubertrank beflügelt, legen die Comics von Jahr zu Jahr an Beliebtheit zu. 1968 kamen die Gallier endlich auf deutsche Ladentische. Seitdem hat sich ein regelrechter Asterix-Kult entwickelt. Sogar Doktorarbeiten beschäftigen sich mit dem kleinen Dorf und dem Erfolg der gallischen Geschichten: Sollte unserer Sympathie für Asterix womöglich eine unterbewußte Identifikation mit den durch die Römer unterdrückten Galliern zugrunde liegen? Oder haben wir einfach nur Spaß am gallischen Humor, der beispielsweise schildert, wie Asterix durch das gestreßte, arrogante Lutetia (= Paris) pilgert?

Bretagne Extra

Nicht nur bei Kindern beliebt: die bretonischen Helden Asterix und Obelix und ihre Abenteuer.

Auch Albert Uderzo, der seit dem Tod von René Goscinny im November 1977 die Alben allein konzipiert, muß in Interviews regelmäßig Wissenswertes über Gallien auspacken: Wie lautet das beste Rezept für Wildschwein? (»Es schmeckt einfach nicht…«) Hat Asterix ein Liebesleben? (»Da bin ich überfragt…«) Sind Asterix und Obelix unsterblich? (»Weiß ich heute noch nicht…«).

Kein Wunder, daß unser gesichertes Wissen über die Gallier im allgemeinen und Hinkelsteine und Druiden im besonderen vor allem auf den bunten Bänden selbst beruht. Zwar melden sich gelegentlich Archäologen zu Wort, die beteuern, gallische Häuser hätten eigentlich ganz anders als bei Asterix ausgesehen, Gallier hätten außerdem keine geflügelten Helme getragen, und ihre Funde hätten zudem keinen einzigen Hinweis auf erhöhten Wildschweinverzehr bei keltischen Stämmen ergeben. Doch wirklich seriöse Wissenschaftler beschäftigen sich viel lieber mit der genauen Lokalisierung von Asterix' kleinem bretonischen Dorf. Wie auch immer: Schließlich und letztendlich bleibt die Theorie, Obelix höchstselbst hätte die Reihen von Hinkelsteinen in Carnac zusammengestellt, wesentlich logischer als das esoterische Brimborium aus der einschlägigen Literatur…

Zahlen darf man für dieses »Vergnügen« jedoch zwischen 8 und 30 DM extra! Günstiger und besser frühstückt es sich auf jeden Fall im Café an der nächsten Straßenecke.

Gîtes
Gîtes heißen Ferienwohnungen auf dem Land. Sie liegen in den meisten Fällen abseits der Städte und Strände, sind also eher etwas für Touristen, die wirklich Ruhe und Frieden suchen. Leider sind Gîtes für zwei Personen relativ selten, meist lohnt sich eine Buchung erst für vier bis sechs Mitbewohner. Bei Gîtes de France (59, rue Saint-Lazare, 75439 Paris Cedex 09; Tel. 01 49 70 75 75) erhält man für eine geringe Gebühr einen Katalog.

Maisons d'Hôtes
Sie sind das französische Äquivalent zum englischen Bed & Breakfast. Hier wohnt man bei Privatleuten, oft im historischen Bauernhof, auf einem Landgut oder gar Schloß. Der Komfort fällt recht unterschiedlich aus – von spartanisch bis luxuriös ist alles möglich. Oft sind die Gästehäuser deutlich günstiger als Hotels. Die Gîtes de France (→ oben) stellen die schönsten maisons im Führer »Chambres d'Hôtes Prestige & Gîtes de Charme« vor.

Campingplätze
Ebenso wie die Hotels werden die Campingplätze regelmäßigen Kontrollen unterzogen und in »Komfortklassen« von ein bis vier Sterne eingeteilt. Eine frühzeitige Reservierung ist für die Ferienmonate unerläßlich. Informationen über Camping in der Bretagne erhält man beim französischen Fremdenverkehrsamt oder beim ADAC, der auch einen zuverlässigen Campingführer herausgibt. Wildes Campen ist prinzipiell verboten; auf Feldern oder Wiesen darf man aber sein Zelt aufschlagen, falls der Besitzer nichts dagegen hat. Fragen nicht vergessen!

Jugendherbergen
Erforderlich für einen Aufenthalt in einer Auberge de Jeunesse ist der internationale Jugendherbergsausweis, den man beim deutschen Jugendherbergswerk erhält. Auskünfte gibt es bei den französischen Fremdenverkehrsbüros sowie bei folgenden Vereinigungen:

Der Name sagt es schon: Im Château de Locguénole in Hennebont ist der Gast sozusagen Schloßherr auf Zeit. Außer in den luxuriösen Zimmern und Suiten kann man auch im hoteleigenen Schwimmbad relaxen.

– **A.J.F. (Accueil des Jeunes en France)**
119, rue Saint-Martin, 75004 Paris;
Tel. 01 42 77 87 80
– **F.U.A.J (Fédération Unie des Auberges de Jeunesse)**
27, rue Pajol, 75018 Paris; Tel. 01 46 07 00 01

Hotels und andere Unterkünfte sind bei den einzelnen Orten im Kapitel »Die Bretagne und ihre Orte« aufgeführt.

Preisklassen
Die Preise gelten für zwei Personen für eine Übernachtung ohne Frühstück im Doppelzimmer.
Hinweis: Preise können sich aus unterschiedlichsten Gründen ändern. Für sie und die Klassifizierung eines Hotels übernimmt der Verlag keine Haftung.
Luxusklasse ab 800 FF
Obere Preisklasse 400–800 FF
Mittlere Preisklasse 150–400 FF
Untere Preisklasse bis 150 FF

Internet

Unter folgenden Adressen kann man Bretagne-Informationen abrufen:

www.bretagne.com
Die ausführlichste Site, mit diversen, auch aktuellen Themen rund ums keltische Leben und einem (wenig aussagekräftigen) Hotelverzeichnis.

www.mygale.org/00/jjl/
Site zu den bretonischen Inseln.

www.inria.fr/thesards/InfoG/Villes/RennesLannion.html
Infos zu Rennes und Lannion.

www.bonjour.com/wta/Fr/tourisme/reviews/rwf_050297_072.html
Generelle Infos zum Tourismus in der Bretagne.

www.acdev.com/monuments/sites/stjean.htm
Falls Sie noch nie einen Menhir gesehen haben: Hier präsentiert sich der sieben Meter hohe Pierre de Saint-Jean.

Für Kinder

Ob ein Spaziergang auf den Festungsmauern von Saint-Malo, der Ausflug zu den Schiffsmodellen im Musée de la Compagnie des Indes in Port-Louis oder eine Bootsfahrt mit der »Renard« – die Korsarenromantik der Bretagne gefällt sicher auch den kleinen Besuchern. Doch auch abseits der Festungsmauern gibt es viel zu entdecken!

Kultur
Aquarium ■ F4/F5
Ein buntes Spektakel mit Fischen aus allen Ozeanen.
Vannes; Tel. 02 97 40 67 40; Sept.–Mai 9–12 und 13.30–18.30 Uhr; Eintritt 45 FF

Musée du Bateau ■ C3
Alte Segler, Feuerwehr- und Fischerboote – ein lehrreiches Abenteuermuseum
(→ S. 161).
Douarnenez; tgl. 10–19 Uhr; Eintritt Erwachsene 35 FF, Kinder 20 FF

Musée Jules Verne
Die ganze Phantasiewelt von Jules Verne inklusive einem Modell der Nautilus
(→ S. 202).

Océanopolis ■ B2
Das spektakuläre Museum der Meeresfauna in der »Krabbe« von Brest. Für die kommenden Jahre sind noch zahlreiche Verbesserungen und Umbauten geplant.
Brest, Sportboothafen Moulin-Blanc;
Tel. 02 98 34 40 40; ganzjährig geöffnet;
Eintritt Erwachsene 50 FF, Kinder 30 FF

Planetarium von Trégor ■ b2, S. 229
Sternenspektakel auf 600 Quadratmetern.
Pleumeur-Bodou; Tel. 02 96 91 83 78;
Eintritt Erwachsene 35 FF, Kinder 22 FF

Musée de la Poupée et des Jouets Anciens
Spielzeug aus der guten alten Zeit
(→ S. 202).

Village Gaulois ▦ b 2, S. 229
Rekonstruktion eines gallischen Dorfes. Die Anlage wurde von der Vereinigung MEEM (Monde des Enfants aux Enfants du Monde) und ihren jugendlichen Helfern errichtet.
Pleumeur-Bodou; Tel. 02 96 91 83 95; April–Sept. tgl. außer Sa 13.30–18 Uhr, Juli/Aug. tgl. 10 bis 19 Uhr; Eintritt 10 FF, Kinder unter 5 Jahren frei

Schiffsausflüge
Association La Bisquine Cancalaise ▦ H 1
Spektakulär: ein Ausflug mit einer echten Bisquine, einem 18 Meter langen Fischerboot!
Cancale; Tel. 02 99 89 77 87

Association du Cotre Corsaire ▦ H 1
Die Korsaren lassen grüßen: In Saint-Malo kann man mit einem Nachbau der »Renard«, dem Schiff des legendären Robert Surcouf, in See stechen.
Saint-Malo; Tel. 02 99 40 53 10; Fahrpreis 180–350 FF

Kleidung

Besonders in Küstennähe kann das Wetter schnell umschlagen; schon deshalb gehört neben einem warmen Pullover und einer wetterfesten Jacke auch ein Regenschirm ins Reisegepäck.

Literatur

Die Dolmen, Menhire und Megalithgräber der Bretagne haben die Phantasie einer Legion von Autoren kräftig angeheizt. Wer sich nicht für eines der esoterischen oder wissenschaftlichen Werke begeistern kann, sollte zum Beispiel zu Pierre Lotis unterhaltsamen »Islandfischern« greifen oder Georges Simenons »Böse Schwestern von Concarneau« in den Urlaubskoffer packen. Oder ganz einfach den zerlesenen Band mit den Abenteuern von König Artus und den Rittern der Tafelrunde entstauben – Merlins verzauberter Wald liegt schließlich am Wegesrand!

Medizinische Versorgung

Französische Ärzte und Krankenhäuser bestehen oft auf dem sofortigen Begleichen der Rechnung. Touristen werden in der Regel nach einer Kreditkartennummer gefragt. Wer keine Karte hat und das Urlaubsbudget nicht mit Arztkosten belasten will, sollte zumindest versuchen, sich die Rechnung nach Hause schicken zu lassen. Zur Abrechnung mit der deutschen Krankenkasse müssen Sie sich die diagnostique mitgeben lassen. Bessere Hotels vermitteln Ihnen gern einen Arzt oder eine Krankenschwester.

Notruf

Feuerwehr: Tel. 18
Notarzt (SAMU): Tel. 15
Polizei: Tel. 17

Post

Die Postämter sind in der Regel wochentags von 8 bis 19 Uhr, Samstags von 8 bis 12 Uhr geöffnet. Briefe und Postkarten nach Deutschland, Österreich und in die Schweiz kosten 3 FF. Briefmarken gibt es auch im Tabac.

Rauchen

Blauer Dunst ist seit dem 1. November 1992 in ganz Frankreich in öffentlichen Räumen verboten (auch in Restaurants ohne Raucherzonen, Metrostationen etc). In der Praxis wird dieses Verbot allerdings nicht beachtet, als Nichtraucherzone fungiert in den meisten Restaurants ein Tisch nahe der Toilette mit dem Schildchen »Non-fumeurs«... Wenn Sie auf der Einhaltung des Rauchverbots bestehen, werden Sie sich bei den Franzosen nachhaltig unbeliebt machen!

Reisedokumente

EU-Bürger benötigen einen gültigen Reisepaß oder Personalausweis, Kinder unter 16 Jahren brauchen einen Kinderausweis oder müssen im Paß der Eltern eingetragen sein.

Reisewetter

Mild und gemäßigt ist das Klima der Bretagne: In den meisten Wintern ist es nicht besonders kalt, im Sommer jedoch auch nicht übermäßig heiß. An der Küste kann das Wetter schnell umschlagen. Besonders im Finistère ist es stürmischer und regnerischer als in den übrigen Regionen.

Sport und Freizeit

Segeln, Tauchen, Schwimmen – die Bretagne ist vor allem ein Paradies für Wassersportler. Wer den Urlaub gern etwas geruhsamer angeht, sollte ruhig einmal – zu Fuß oder mit dem Mountainbike – einen der alten **Zöllnerwege** erkunden.

Sie reichen von Cancale bis Brière und wurden Ende des 18. Jahrhunderts angelegt, um die Küste vor Schmugglern bewachen zu können. Einige der schönsten Strecken führen rund um die Belle-Ile, von Trestraou bis Ploumanac'h, von Pouldu zum Kloster Saint-Maurice oder zu den Grotten von Plouha.

Bootstouren

Bootsfahrt auf der Vilaine
Tagesausflug von Rennes bis Messac durch zehn Schleusen.
– Rennes, Quai de la Prévalaye ■ a 3, S. 99
Abfahrt um 8 Uhr
– Messac, Port de Guipry ■ H 4
Abfahrt um 9 Uhr

Compagnie Morbihannaise et Nantaise de Navigation ■ E 5
Überfahrt zur Belle-Ile, nach Hoëdic und Houat.
Gare Maritime Port-Maria, Quiberon; Tel. 02 97 50 06 90

Croisière sur l'Aff ■ H 4
Mini-Kreuzfahrt (etwa 1,5 Stunden) durch ein hübsches Sumpfgebiet.
La Gacilly; Tel. 02 99 08 21 42; Abfahrt: Juli und Aug. tgl. 14.30 und 16 Uhr, sonst nur am Wochenende

Emeraude Lines ■ F 1
Bootsausflüge, unter anderem zu den Inseln Guernsey und Jersey.
Gare Maritime du Nouveau Port Saint-Quay-Portrieux; Tel. 02 96 70 49 46

Die genauen Klimadaten von Brest

	Durchschnittstemperaturen in °C		Sonnenstunden	Regentage	Wassertemperatur
	Tag	Nacht	pro Tag		in °C
Januar	8,6	3,7	2,3	22	10
Februar	8,8	3,3	3,4	16	10
März	11,6	4,7	4,6	15	10
April	13,0	5,7	6,6	15	10
Mai	15,4	8,0	7,6	14	12
Juni	18,1	10,6	7,3	13	14
Juli	19,4	12,0	7,1	14	15
August	19,7	12,4	6,8	15	16
September	18,2	11,3	5,4	16	15
Oktober	15,2	8,7	4,0	19	14
November	11,5	6,3	2,4	20	13
Dezember	9,4	4,3	1,9	22	11

Quelle: Deutscher Wetterdienst, Offenbach

Izenah Croisières/La Fée des Iles ■ F5
Spazierfahrt rund um die Ile aux Moines.
Ile aux Moines; Tel. 02 97 26 31 45

Navix ■ F4/F5
Tour rund um den Golf und die Ile aux Moines.
Parc du Golfe, Vannes; Tel. 02 97 46 60 00

La Sirène de la Baie ■ H2
Recht touristische Fahrt von Le Vivier-sur-Mer zum Mont-Saint-Michel.
Le Vivier-sur-Mer; Tel. 02 99 48 82 30; April–Sept. Abfahrten tgl. um 10, 13, 16 und 19.30 Uhr

Vedettes Blanches ■ E1
Während der Fahrt hat man Gelegenheit, die Vögel des umliegenden Reservats zu beobachten.
Perros-Guirec; Tel. 02 96 23 22 47

Vedettes de Bréhat ■ F1
Inseltouren rund um Bréhat.
Embarcadère de l'Arcouest, Ile de Bréhat; Tel. 02 96 55 73 47

Le Vieux Copain ■ F1
Mit dem alten Segelboot wurden früher Thunfische gefangen.
Ile de Bréhat; Tel. 02 96 20 59 30

Hausboote

Tourisme Fluvial en Bretagne ■ H5
(Comité de Promotion Touristique des Canaux Bretons et des Voies Navigables de l'Ouest, c/o Office du Tourisme, pl. du Parlement, 35 600 Redon) informiert schriftlich über Möglichkeiten, Hausboote zu mieten.

Golf

Die nachfolgend aufgeführten Plätze sind öffentlich zugänglich. Wer exklusiver golfen möchte, muß die richtigen Leute kennen, denn nur Mitglieder dürfen solche Plätze auch »Non-Members« zugänglich machen. Hobby-Golfer sollten sich in Frankreich den jährlich neu erscheinenden Peugeot Golf Guide zulegen.

Dinard Golf ■ H1
1887 von Willie Dunn gestalteter Golfplatz.
Saint-Briac; Tel. 02 99 88 32 07

Angeln mit Ausblick: Nicht nur im Meer, sondern auch nahe des wuchtigen Château de Combourg können passionierte Petrijünger ihr Glück versuchen.

Golf de l'Odet ■ C 4
Eher einfacher Kurs, nicht nur etwas für fortgeschrittene Spieler.
Clohars Fouesnant; Bénodet;
Tel. 02 98 54 87 88

Golf de Ploemeur-Océan ■ E 4
Golf in Meeresnähe bei Lorient.
Saint-Jude-Kerham, Ploemeur;
Tel. 02 97 32 81 82

Golf de Saint-Laurent ■ F 4
Hübsch gelegener Platz, auch für Anfänger geeignet.
Ploemel, Auray; Tel. 02 97 56 85 18

Golf de Saint-Malo ■ H 1
18-Loch-Platz im Süden der Korsarenstadt.
Le Tronchet; Tel. 02 99 58 96 69

Le Val Queven ■ E 4
Schöner Platz zwischen Eichen und Kastanienbäumen.
Kerruisseau, Quéven; Tel. 02 97 05 1 96

Radfahren
Allgemeine Information gibt es bei der
Fédération Française de Cyclotourisme
8, rue Jean-Marie-Jégo, 75 013 Paris;
Tel. 01 44 16 88 88, Fax 01 44 16 88 99

Auskünfte erhält man bei den Fremdenverkehrsämtern der größeren Orte.

Mountainbiker erhalten Informationen bei Nature Evasion und Sem (→ Wandern, S. 270).

Fahrradverleih
Fahrräder kosten um die 50 FF pro Tag.

Cycles Duval ■ H 1
53, rue Gardinier, Dinard; Tel. 02 99 46 19 63

Cycle Nicole ■ H 1
11, rue Robert-Schumann, Prame,
Saint-Malo; Tel. 02 99 56 11 06

Glochon ■ F 5
52, rue du Général-de-Gaulle, Sarzeau;
Tel. 02 97 41 98 97

Loch 2000 ■ F 5
Port du Crouesty, Arzon; Tel. 02 97 53 74 82

Sport Cycle Gondanges ■ H 2
64, rue de Rennes, Dol-de-Bretagne;
Tel. 02 99 48 03 20

Reiten
Pferde kann man auf einigen Bauernhöfen oder unter anderem bei den nachfolgenden Verleihern mieten. Eine Stunde Reiten kostet etwa 100 FF.

Aux Amis du Cheval ■ H 1
Saint-Meloir-des-Ondes, südlich von Cancale; Tel. 02 99 89 16 87

Attelages du Manoir de Kernier ■ F 2
Plouvara; Tel. 02 96 94 98 36

Centre Equestre La Muserolle ■ E 3
Mellionnec-Rostrenen; Tel. 02 96 24 22 71

Centre Equestre de Treulan ■ F 4
Pluneret, östlich von Auray; Tel.
02 97 57 60 10

Les Chevaliers de Kerjean ■ C 2
Kerjean Saint-Michel
Brasparts; Tel. 02 98 81 40 08

La Cravache ■ H 1
La Petit Vallée
Saint-Coulomb, westlich von Cancale; Tel.
02 99 81 65 03

Ecole d'équitation ■ c 1, S. 229
Crec'h Leo, Trégastel; Tel. 02 96 23 86 14

L'Eperon ■ E 5
38, rue J.-P.-Calloch, Quiberon;
Tel. 02 97 50 28 32

Ferme Equestre ■ C 1
Ile de Batz; Tel. 02 98 61 78 91

Ranch de Locmaria ■ C 1
Cléder; Tel. 02 98 69 30 24

Strandsegeln ■ E 5
Char à voile de Penthièvre
Quiberon; Tel. 02 97 52 39 90

Le Noroit-club ■ I 2
Cherrueix/Cancale, 1, rue de la Plage;
Tel. 02 99 48 83 01

Tauchen und Wracktauchen

Centre Nautique Kerguélen ■ E4
Larmor-Plage; Tel. 02 97 33 77 78

Centre de Plongée ■ B3
Port de Plaisance, BP 5
Crozon-Morgat; Tel. 02 98 27 05 00

Club Subaquatique de la Côte d'Emeraude ■ H1
Saint-Malo; Tel. 02 99 40 40 99

Tennis

So gut wie jedes bessere Hotel verfügt über einen eigenen Tennisplatz – für Urlauber meist die praktischere Lösung. Daneben gibt es verschiedene Tennisklubs und Zentren in der gesamten Bretagne. Auskünfte erteilen die Fremdenverkehrsämter.

Tennis Club ■ C1
Quai de Pempoul, Saint-Paul-de-Léon;
Tel. 02 98 69 01 79

Tennis de Guerc'h ■ E5
Le Palais, Belle-Ile-en-Mer;
Tel. 02 97 31 83 87

Wandern

Auskunft erhalten Sie bei folgenden Veranstaltern:

Nature Evasion ■ B3
79, bd. de la France Libre, 29160 Crozon;
Tel. 02 98 26 22 11, Fax 02 98 26 17 90

Windsurfen/Segeln

Zuständig für allgemeine Auskünfte ist die
Fédération Française de Voile
55, av. Kléber, 75784 Paris Cedex 16;
Tel. 01 45 53 68 00

Cataschool
Larmor-Baden
Tel. 02 97 57 20 80

Centre Nautique ■ C1
Quai d'Auxerre, Roscoff; Tel. 02 98 69 72 79

Centre Nautique ■ C1
Saint-Paul-de-Léon; Tel. 02 98 69 07 09

Ob für Einsteiger oder für Brandungssurfer – die bretonische Küste ist ein Dorado für Fans des schnittigen Sports, denn Flauten sind selten. Top sind die Windverhältnisse im Mai und Juni.

Centre Nautique des Glenans ■ F5
Ile d'Arz; Tel. 02 97 44 31 1

Centre Nautique de La Richardais ■ H1
Passage Piqeriote, Dinard;
Tel. 02 99 88 51 57

Centre de Voile SNBSM
■ a 2/a 3, S. 105
Plage de Bonsecours, Saint-Malo;
Tel. 02 99 40 11 45

Centre de Voile/Yacht-Club ■ H1
Saint-Lunaire, Dinard; Tel. 02 99 46 30 04

Cercle de Voile d'Erquy ■ G1
88, rue du Port, Erquy; Tel. 02 96 72 32 40

Ecole de Voile du Roaliguen ■ F5
Sarzeau; Tel. 02 97 41 96 95

Surf School ■ H1
7, rue Courtoisville, Saint-Malo;
Tel. 02 99 40 07 47

Wishbone Club ■ H1
Promenade des Alliés, Plage de l'Ecluse,
Dinard; Tel. 02 99 88 15 20

Sportzentren

Base Départemental de Plein Air ■ F3
Segeln, Surfen, Bogenschießen, Klettern, Kanu-, Kajak- und Fahrradfahren – eben alles, was an der frischen Luft Spaß macht.
Rond-Point du Lac, Mûr-de-Bretagne;
Tel. 02 96 66 82 22

Base Nautique de Glomel ■ E3
Segeln, Surfen, Kanu- und Kajakfahren und noch vieles mehr ist hier im Angebot.
Etang du Korong, Glomel;
Tel. 02 96 29 65 01

Sprachführer

Basisvokabeln

Abend: *soir*
Ansichtskarte: *carte postale*
Apotheke: *pharmacie*
Bank: *banque*
bezahlen: *payer*
bitte: *s'il vous plaît*
bitte sehr: *je vous en prie*
Brief: *lettre*
Briefkasten: *boîte aux lettres*
Briefmarke: *timbre*
danke: *merci*
Einschreibebrief: *recommandé*
einverstanden: *d'accord*
Feuerwehr: *pompiers*
Fremdenverkehrsamt: *syndicat d'initiative*
Geld: *argent*
Geldwechsel: *change*
gern: *volontiers*
gut: *bon*
heute: *aujourd'hui*
Ich möchte…: *je voudrais…*
ja: *oui*
Konsulat: *consulat*
kosten: *coûter*
Luftpost: *par avion*
Mehrwertsteuer: *T.V.A*
Mittag: *midi*
Morgen: *matin*
morgen: *demain*
Nachmittag: *après-midi*
nein: *non*
Paket: *colis*
Polizei: *police, gendarmerie*
Preis: *prix*
Rechnung: *addition* (im Restaurant), *note* (im Hotel etc.)
Reisebüro: *agence de voyages*
Scheck einlösen: *encaisser un chèque*
Stadtplan: *plan de ville*
später: *plus tard*
Tankstelle: *station-service*
Telefon: *téléphone*
Unterschrift: *signature*
Versicherung: *assurance*
Wechselstube: *bureau de change*
Zoll: *douane*

Wichtige Redewendungen

Auf Wiedersehen: *Au revoir*
Ich spreche nicht französisch: *Je ne parle pas le français*

Entschuldigung: *pardon*
Guten Tag: *Bonjour Madame/Monsieur*
Guten Abend: *Bonsoir!*
Ich heiße...: *Je m'appelle...*
Wie geht es Ihnen?: *Comment allez-vous?*
Sprechen Sie Deutsch/Englisch?: *Parlez-vous l'allemand/l'anglais?*
Wie spät ist es?: *Quelle heure est-il?*

Wo ist die nächste Polizeistation?: *Où se trouve le commissariat?*
Man hat mir das Portemonnaie/Auto/Autoradio gestohlen: *On vient de me voler mon porte-feuille/ma voiture/mon autoradio*
Ich möchte Anzeige erstatten: *Je viens déposer une plainte*

Wo ist das Krankenhaus?: *Où se trouve l'hôpital?*
Ich bin krank: *Je suis malade*
Ich habe Bauchweh/Kopfschmerzen/Zahnschmerzen/Durchfall: *J'ai mal au ventre/à la tête/aux dents/j'ai la diarrhée*
Ich bin verletzt: *Je suis blessé*

Auf der Reise
Auspuff: *pot d'échappement*
Bahnhof: *gare*
Batterie: *batterie*
Bremsen: *freins*
Bus: *autobus*
Bushaltestelle: *arrêt d'autobus*
Erste/Zweite Klasse: *première/seconde classe*
Fähre: *bac*
Fahrkarte: *billet*
Flughafen: *aéroport*
Flugzeug: *avion*
Hin und zurück: *aller-retour*
Mautstelle: *péage*
Öl: *huile*
Reifen: *pneus*
Reisebus: *car*
Schlafwagen: *wagon-lit*
Tankstelle: *station-service*
Volltanken, bitte: *Le plein, s'il vous plaît*
Zug: *train*

An welchem Bahnsteig?: *Quel quai?*
Ich habe eine Panne: *Je suis tombé en panne*
Ist das der Zug/das Flugzeug nach...?: *Est-ce que c'est le train/l'avion pour...?*
Mein Auto springt nicht an: *Ma voiture ne veut pas démarrer*
Muß ich umsteigen?: *Est-ce-que je dois changer?*
Wann geht der nächste Zug/das Flugzeug nach...?: *A quelle heure part le prochain train/l'avion pour...?*
Wann kommt er/es an?: *A quelle heure arrive-t-il?*
Wie lange wird die Reparatur dauern?: *Il faudra combien de temps pour la réparer?*

Bank und Geld
Bank: *banque*
Schalter: *guichet*
Wechselstube: *bureau de change*
Zahlung: *payement*

Ich möchte Geld wechseln/Reiseschecks eintauschen: *Je voudrais changer de l'argent/chèques de voyage*
Wie ist der Kurs?: *Quel est le taux/le cours du change?*
Bekomme ich mit dieser Kreditkarte Bargeld?: *Puis-je obtenir de l'argent avec cette carte de crédit?*

Beim Einkaufen
Antiquitätengeschäft: *antiquaire*
Ausverkauf: *soldes*
Bäckerei: *boulangerie*
billig: *bon marché*
Buchhandlung: *librairie*
Delikateßgeschäft: *traiteur*
Einkauf: *achat*
einkaufen: *faire des courses*
Einkaufzentrum: *centre commercial*
Fischhandlung: *poissonnerie*
Fleischerei: *boucherie, charcuterie*
Juwelier: *bijoutier*
Käsegeschäft: *fromagerie*
kaufen: *acheter*
Kaufhaus: *grand magasin*
Kilo: *kilo*
Konditorei: *pâtisserie*
Laden: *boutique, magasin*
Lebensmittel: *aliments*
Liter: *litre*
Markt: *marché*
Mehrwertsteuer: *T.V.A.*
Parfümerie: *parfumerie*
Schaufenster: *vitrine*
Supermarkt: *supermarché*

teuer: *cher*
zu teuer: *trop cher*
Verkäufer/in: *vendeur/vendeuse*

Bedienen Sie hier?: *Servez-vous ici?*
Ich brauche...: *J'ai besoin de...*
Ich nehme es: *Je le prends*
Ich nehme es nicht: *Je ne le prends pas*
Kann ich das umtauschen?: *Je peux l'échanger?*
Können Sie mir helfen?: *Pouvez-vous m'aider?*
Nehmen Sie Kreditkarten/Reiseschecks/Euroschecks?: *Acceptez-vous des cartes de crédit/chèques de voyages/eurochèques?*
Wann öffnet/schließt...?: *Quand ouvre/ferme...?*
Wieviel kostet das?: *Ça coûte combien?*
Wo ist/sind...?: *Où est/sont...?*
Zeigen Sie mir...: *Montrez-moi...*

Im Hotel

Haben Sie ein freies Zimmer?: *Avez-vous une chambre libre?*
– für eine Person: *pour une personne*
– mit zwei Betten: *avec deux lits*
Wieviel kostet das Zimmer?: *Quel est le prix de la chambre?*
Kann ich das Zimmer sehen?: *Est-ce que je peux voir la chambre?*
Ich nehme das Zimmer: *Je prends la chambre*
Den Schlüssel, bitte!: *Ma clé, s'il vous plaît!*
Wo kann ich meinen Wagen parken?: *Où puis-je garer ma voiture?*
Bestellen Sie mir bitte ein Taxi!: *Demandez-moi un taxi, s'il vous plaît!*
Kann ich bitte meine Rechnung haben?: *Puis-je avoir ma note, s'il vous plaît?*
Wo ist der Campingplatz?: *Où est le terrain de camping?*
Haben Sie noch Platz für ein Zelt/einen Wohnwagen?: *Y-a-t-il encore de la place pour une tente/caravane?*
Was kostet eine Übernachtung?: *Combien coute une nuit?*

Im Restaurant

(→ Eßdolmetscher, S. 251)
Die Redewendung »Guten Appetit« ist in Frankreich nicht üblich. Nur in veralteten Wörterbüchern kann man mit dem Wort **garçon** noch den Ober springen lassen. Wie jeder andere Herr hat er das Recht, mit Monsieur angeredet zu werden.

Reservieren Sie mir bitte einen Tisch!: *Pouvez-vous me retenir une table, s'il vous plaît!*
Haben Sie einen Tisch für... Personen?: *Avez-vous une table pour... personnes?*
Die Speisekarte/Weinkarte, bitte!: *La carte/carte des vins, s'il vous plaît!*
Wir nehmen das Menü: *Nous prenons le menu*
Die Rechnung bitte!: *L'addition, s'il vous plaît!*

Garstufen

stark blutig: *bleu*
blutig: *saignant*
halb durch: *à point*
gut durch: *bien cuit*

Ortsangaben

links: *à gauche*
rechts: *à droite*
geradeaus: *tout droit*
Straße: *rue* (oder *boulevard, avenue*)
nahe: *près, proche*
Platz: *place*
Umleitung: *déviation*
weit: *loin*
Zentrum: *centre ville*

Wo finde ich...?: *Où est-ce que je trouve...?*
– eine Bäckerei: *une boulangerie*
– eine Bank: *une banque*
– das Museum: *le musée*
– ein Parkhaus: *un parking*
– die Post: *un bureau de poste*
– die Polizei: *le commissariat*
– ein Restaurant *un restaurant*
– eine Werkstatt: *une garage*

Post und Telefon

als Eilbrief: *par exprès*
Brief: *lettre*
Briefkasten: *boîte aux lettres*
Briefmarke: *timbre*

Breiz'h & Co – die alte Sprache der Region

Der schwarz-weiße Autoaufkleber mit dem Schriftzug »Breizh«, die Silben Plou, Pleu oder Plo auf den Ortsschildern, die »Menez« genannten Berge – Bretonisch scheint denkbar wenig mit unserem Schulfranzösisch gemeinsam zu haben. Tatsächlich ist die Sprache noch schwieriger, als es die Ortsnamen oder die Straßenschilder in der Region Côtes d'Armor (die seit 1985 jeden Hinweis auf bretonisch und französisch publik machen) vermuten lassen: Im Westen sprach man seit Jahrhunderten das keltische **Breton,** im Osten hingegen das romanische **Gallo** (gallisch). Die keltische Form gleicht dem Gälisch oder Walisisch, das in vergangenen Zeiten in England gesprochen wurde und im 5. Jahrhundert entstand, als zahlreiche Einwanderer aus Cornwall oder Wales auf der Flucht vor Angeln und Sachsen in die Bretagne kamen. Trotzdem kann sich ein Bretone aus der Cornouaille kaum mit seinen Nachbarn von jenseits des Ärmelkanals verständigen, denn über die Jahrhunderte entfremdeten sich die Sprachen – allein vom Breton gibt es vier Haupt- und zahllose Unterdialekte!

Vom 9. bis zum 11. Jahrhundert dominierte die lokale Sprache die Region zwischen dem Mont-Saint-Michel und Pornic. 1464 schrieb ein gewisser Jehan Lagadeuc das erste Wörterbuch »Bretonisch, Französisch, Lateinisch«. Bis ins 19. Jahrhundert hinein blieb Bretonisch die »erste« Sprache der Region. Bauern, Handwerker und das einfache Volk unterhielten sich sogar noch nach dem Ersten Weltkrieg vornehmlich in der traditionellen Mundart. Zu Zeiten der III. Republik begann die Pariser Zentralregierung jedoch, den vermeintlich störenden Dialekt systematisch auszumerzen. Genau wie das Provenzalische in den Schulen der Provence untersagt wurde, war es jungen Bretonen verboten, im Unterricht ihre Sprache zu benutzen. Jede Zuwiderhandlung konnte mit Hieben oder gar Schulausschluß bestraft werden! Heute verstehen noch um die 600 000 Menschen das alte Breton, doch nur etwa die Hälfte davon ist in der Lage, es auch zu sprechen. Aber wie wäre es mit einem »Grundkurs bretonisch« für Sie? Nachfolgend einige Worte, die Ihnen auch unterwegs begegnen können:

Bretagne Extra

Alte Seebären sind mit der traditionellen Sprache meist noch vertraut.

Aber: Ästuar eines Flusses (im nördlichen Finistère)
Ankou: »der Tod«, häufig anzutreffende Skulptur an Kirchen und Kalvarienbergen
Avel: Wind
Aven: Zusammenfluß zweier Wasserläufe, Ästuar (im südichen Finistère)
Bara: Brot
Bihan: klein
Braz: groß
Breizh: Bretagne
Coat: Wald
Coz: alt
Dour: Wasser
Enez: Insel
Feunteun: Brunnen
Gwin: Wein
Heol: Sonne
Hir: lang
Huel: hoch
Iliz: Kirche
Kastell: Burg
Ker: Dorf, Weiler, Siedlung
Lan: Kloster oder geweihter Ort
Loc: geweihter Ort, Einsiedelei
Mad: gut
Men: Fels
Menez: Hügel
Mor: Meer
Nevez: neu
Pesk: Fisch
Plo/Plu/Plou/Pleu: Gemeinde, ein oft gebrauchter Zusatz von Ortsnamen
Roc'h: Felskamm
Taol: Tisch oder Dolmen
Traez Henn: Strand
Ti: Haus

Ein **Menhir** ist folglich nichts anderes als ein »langer Stein«, die Ile de Sein heißt auf gut Breton **Enez Sun,** und das Hotel **Ti Coz** heißt »altes Haus«…

Einschreibebrief: *recommandé*
mit Luftpost: *par avion*
Paket: *colis*
Post: *poste*
Postamt: *bureau de poste*
Telefonkarte: *télécarte*

Wo ist das nächste Postamt?: *Où est le bureau de poste le plus proche?*
Was kostet ein Brief nach...?: *Combien coûte une lettre pour...?*
– Deutschland: *l'Allemagne*
– Österreich: *l'Autriche*
– der Schweiz: *la Suisse*
Wo kann ich telefonieren?: *Où puis-je téléphoner?*
Verbinden Sie mich bitte mit...: *Mettez-moi en communication avec..., s'il vous plaît*

Monate und Wochentage

Januar: *janvier*
Februar: *février*
März: *mars*
April: *avril*
Mai: *mai*
Juni: *juin*
Juli: *juillet*
August: *août*
September: *septembre*
Oktober: *octobre*
November: *novembre*
Dezember: *decembre*
Montag: *lundi*
Dienstag: *mardi*
Mittwoch: *mercredi*
Donnerstag: *jeudi*
Freitag: *vendredi*
Samstag: *samedi*
Sonntag: *dimanche*

Zahlen

1: *un*
2: *deux*
3: *trois*
4: *quatre*
5: *cinq*
6: *six*
7: *sept*
8: *huit*
9: *neuf*
10: *dix*
11: *onze*
12: *douze*
13: *treize*

Immer mehr Menschen interessieren sich für das kulturelle Erbe des Landes, und wer auf Spurensuche geht, entdeckt vielerorts Beispiele aus der Sprache der keltischen Vorfahren.

14: *quatorze*
15: *quinze*
16: *seize*
17: *dix-sept*
18: *dix-huit*
19: *dix-neuf*
20: *vingt*
30: *trente*
40: *quarante*
50: *cinquante*
60: *soixante*
70: *soixante-dix*
80: *quatre-vingt*
90: *quatre-vingt-dix*
100: *cent*
1000: *mille*

Stromspannung

Die Stromspannung beträgt 220 Volt. Nur in älteren Gebäuden braucht man, wegen anderer Steckdosen, manchmal einen Adapter (**fiche allemande**), um Elektrogeräte aus Deutschland betreiben zu können.

Telefon

Seit dem 18. Oktober 1996 sind alle französischen Telefonnummern zehnstellig. Vor die bisherigen (achtstelligen) Nummern wurden einfach zwei Ziffern gesetzt, die für die jeweilige Region stehen. Diese Ziffern sind:
01 für Ile de France (zum Beispiel Paris)
02 für den Nordwesten (zum Beispiel Bretagne)
03 für den Nordosten (zum Beispiel Elsaß)
04 für den Südosten (zum Beispiel Nizza)
05 für den Südwesten (zum Beispiel Bordeaux)

Vorwahlnummern
Wollen Sie aus dem Ausland nach Frankreich telefonieren, müssen Sie die erste Null der neuen Regionalnummern weglassen.
D, A, CH → Frankreich 00 33
Frankreich → D 00 49
Frankreich → A 00 43
Frankreich → CH 00 41

Thalassotherapie

Eine bretonische »Erfindung«: Heilkraft aus dem Meer gegen Rheumatismus oder Streß, nach der Schwangerschaft oder gegen Übergewicht. Renommierte Thalasso-Institute findet man unter anderem in Saint-Malo und Quiberon. Leider präsentieren sich viele Häuser nicht wie ein Wellness-Hotel, sondern eher wie ein Hospital – das gilt auch für das Essen. Das Hotel Castel Clara auf der Belle-Ile (→ S. 115) beherbergt ein Thalasso-Institut für anspruchsvolle Urlauber.

Tiere

Tiere, die jünger als drei Monate sind, dürfen nicht nach Frankreich eingeführt werden. Tiere bis zu einem Jahr benötigen tierärztliche Bescheinigungen für folgende Impfungen: Staupe, Tollwut und Hepatitis für Hunde, Katzenseuche und Tollwut für Katzen. Ältere Tiere müssen lediglich gegen Tollwut geimpft sein.

Trinkgeld

In Restaurants üblich sind etwa 10 Prozent **pourboire**, bei sehr hohen Rechnungen darf es weniger sein. Auch Taxifahrer, Museums- und Stadtführer erwarten ein Trinkgeld.

Verkehrsverbindungen

Die französischen Autobahnen sind **mautpflichtig**. 100 Kilometer kosten etwa 14 DM; die Tarife werden jedoch regelmäßig zur Ferienzeit erhöht. Beim ADAC gibt es eine Liste der mautpflichtigen Strecken mit den jeweiligen Preisen.

Bleifreies Benzin heißt **sans plomb**, Super bleifrei ist **Super sans plomb 95**. Das **Super sans plomb 98** entspricht unserem Super Plus. Diesel heißt **gazole** oder auch **gasoil**.

Die **Höchstgeschwindigkeit** auf Autobahnen beträgt 130 km/h, auf Schnellstraßen mit zwei getrennten Fahrstreifen 110 km/h, bei Regen 100 km/h. Auf National- und Départementalstraßen 90 km/h, bei Regen 80 km/h, und innerhalb geschlossener Ortschaften 50 km/h.

Wer weniger als ein Jahr über einen Führerschein verfügt, darf grundsätzlich höchstens 90 km/h fahren. Es gilt strikte Anschnallpflicht. Seit kurzem gilt in Frankreich eine 0,5-Promillegrenze. In Städten wird die Rechts-vor-links-Regelung öfter als in Deutschland angewandt. Auch kleine Gassen haben so gegenüber breiten Boulevards Vorfahrt.

Die Polizei kommt in der Regel nur bei **Unfällen** mit Personenschäden. Bei Blechschaden empfiehlt es sich, zusammen mit dem Unfallgegner ein sogenanntes **constat** (ein mehrsprachiges Unfallformular mit Skizze) aufzusetzen und den Schaden durch Fotos zu dokumentieren.

Auch wenn es in der Bretagne keine Autobahn gibt, so ist das Straßennetz doch größtenteils gut ausgebaut – und noch dazu kostenfrei zu benutzen. Die Mautpflicht endet 50 Kilometer vor Rennes. In den letzten Jahren hat man die wichtigsten Engpässe beseitigt; der Touristenverkehr ins beliebte Saint-Malo muß sich beispielsweise nicht länger durch das berüchtigte Nadelöhr Rennes pressen.

Selbst auf kleinen Départementalstraßen gibt es Rastplätze (und oft besonders schöne Aussichtspunkte), die Anfahrtswege zu den wichtigsten Orten sind gut beschildert.

Staus und Rush-hours sind eher selten, in der Hochsaison muß man freilich auch hier auf üble Überraschungen gefaßt sein: Selbst auf der idyllischen Belle-Ile herrscht dann Stop-and-go-Verkehr, und die Einheimischen vermeiden den Ausflug mit dem eigenen PKW.

Wichtig: Die **Rechts-vor-links-Regelung** wird stets und überall konsequent angewandt; auch auf breiten Durchgangsstraßen hat der von rechts Kommende fast immer Vorfahrt, auch im Kreisverkehr. Französische **Ampeln** kennen keine Gelbphase, sondern schalten meist direkt von Rot auf Grün.

Im geparkten Wagen sollten Sie niemals Wertsachen liegenlassen – wobei in Frankreich zu den Wertsachen auch gebrauchte Kleidungsstücke zählen. Von außen sichtbares Gepäck verbietet sich von selbst.

Mit dem Zug
Jede größere Stadt der Bretagne ist selbstverständlich auch per Bahn erreichbar. Interessante Sonderangebote bietet die Karte **France Vacances**, mit der man gut einen Monat lang durch Frankreich touren kann (auch wenn man den Zug nicht an jedem Tag benutzen darf). Ermäßigungen gibt es für längere Strecken auch an manchen Wochenenden oder für zwei Personen, die zusammen reisen. Auskünfte erteilen die örtlichen Büros der französischen Eisenbahngesellschaft (SNCF), Reisebüros sowie die nationalen Eisenbahngesellschaften.

Mit dem Taxi
Taxis sind in größeren Städten besonders abends eine gute Alternative zum eigenen Auto. Innerhalb der City größerer Städte halten sich die Kosten in vertretbaren Grenzen; wer das Taxi hingegen zu Überlandfahrten einsetzt, muß mit hohen Gebühren rechnen. Ein Tip: Bei den vielen Taxis, die nicht an eine Zentrale gebunden sind, können Sie versuchen, für längere Strecken einen Sonderpreis auszuhandeln. Einige der unabhängigen Fahrer ziehen eine lohnende Fahrt zum Pauschalpreis vielen kleinen »Hopsern« im Zentrum vor.

Taxis können bestellt oder einfach vom Straßenrand aus herbeigewinkt werden. Auf dem Beifahrersitz darf man nur in Ausnahmefällen Platz nehmen; viele Fahrer weigern sich, vier Personen mitzunehmen.

Mit dem Fahrrad (→ Sport, S. 269)
Besonders entlang der Küste kommen Radfahrer auf ihre Kosten. Die Entfernungen zwischen den einzelnen Orten sind nicht groß, die Aussicht phantastisch, Strände laden zur Rast ein, und wirklich schweißtreibende Strecken sind selten. Einziger Wermutstropfen: Von seiten französischer Autofahrer kann man nicht immer Rücksicht erwarten: Mindestabstand ist jedenfalls für viele ein Fremdwort.
In den Regionalzügen werden Fahrräder transportiert. An einigen Bahnhöfen sowie bei zahlreichen Fahrradhändlern gibt es auch Leihmöglichkeiten.

Zeitungen

Deutsche Zeitungen sind auch in größeren Städten wie Nantes oder Brest kaum bzw. nur am Bahnhofskiosk zu finden. In der Hauptsaison führen einige Kioske in den wichtigsten Touristenzielen ein reduziertes Standardsortiment der auflagenstärksten deutschen Blätter.

Zeitverschiebung

Sommer- und Winterzeit beginnen exakt am selben Tag wie in Deutschland. Eine praktische Regelung, die sich allerdings demnächst ändern könnte: Seit 1996 regt sich in Frankreich vermehrt Widerstand gegen die Zeitumstellung.

Deutschsprachige Zeitungen findet man in der Bretagne nur selten. Da lohnt es sich, die Französischkenntnisse durch die Lektüre einheimischer Blätter aufzufrischen ...

Zoll

Am 1. Januar 1993 sind die Zollkontrollen an den Binnengrenzen der Europäischen Union entfallen (nicht jedoch etwaige Sicherheitskontrollen). Mengenmäßige Ein- und Ausfuhrbeschränkungen für Tabak, Alkohol etc. gibt es somit innerhalb der EU nicht mehr. Es muß allerdings erkennbar sein, daß die Waren, die Sie mitführen, ausschließlich für den Privatgebrauch bestimmt sind. Sollten die Grenzbehörden den Verdacht haben, daß Sie mit den Waren handeln, werden Sie zur Versteuerung herangezogen.

Als Indikativmengen für den Privatverbrauch gelten 800 Zigaretten oder 400 Zigarillos oder 200 Zigarren, 10 Liter hochprozentiger Schnaps oder 20 Liter Aperitif, 90 Liter Wein oder 60 Liter Schaumwein und 110 Liter Bier.

Für an Bord von Flugzeugen und Schiffen oder in den Duty-free-Shops an Flughäfen eingekaufte Waren sowie für Schweizer gelten jedoch weiterhin die alten Mengenbegrenzungen von 200 Zigaretten,1 Liter Schnaps und 2 Liter Wein.

Frankreich auf einen Blick

Flagge Trikolore in den Farben blau/weiß/rot.
Staatsname République Française, kurz »La France«
Staatsform Nach der Verfassung vom 4. Oktober 1958 eine unteilbare, soziale und demokratische Republik. Staat und Kirche sind streng getrennt. Der Präsident wird durch direkte Wahl auf sieben Jahre gewählt. Er hat den Vorsitz im Ministerrat und kann die Auflösung der Nationalversammlung verfügen. Der Premierminister führt die Regierungsgeschäfte. Frankreich wird streng zentralistisch verwaltet, hochrangige Entscheidungen fallen in Paris. Wichtigste Verwaltungseinheit ist das **Département** (was sich mit »Bundesland« nur höchst unvollkommen übersetzen läßt). Davon gibt es 101: In der offiziellen Numerierung (zu erkennen an den letzten beiden Ziffern der Autokennzeichen) sind es zwar nur 95; Korsika ist jedoch in 20 A und 20 B eingeteilt, und außerdem gibt es noch die Überseegebiete Guadeloupe (971), Martinique (972), Guyana (973), Réunion (974) und Saint-Pierre-et-Miquelon (975).
Staatsfläche 551 602 Quadratkilometer inklusive der sogenannten Dom-Tom-Gebiete (Départements d'Outre-Mer bzw. Territoires d'Outre-Mer) in Übersee und Korsika. Das »eigentliche« Frankreich bildet ein Sechseck und wird deshalb von seinen Bewohnern auch »l'Hexagone« genannt.
Bevölkerung 58,45 Millionen Bürger. Drei Viertel davon wohnen in der Stadt, insgesamt leben 50 Prozent der Franzosen in gerade mal dreißig Städten.
Sprache Französisch. Die wichtigsten Dialekte sind Elsässisch, Baskisch, Flämisch, Korsisch, Bretonisch und Provenzalisch.
Hauptstadt Paris, Département 75.
Die fünf größten Städte
Paris: über 2,1 Millionen Einwohner im Stadtgebiet, weitere 9 Millionen leben in der **banlieue** (Vororte). **Marseille:** über 800 000 Einwohner, dazu nochmals über 1 Million in der Umgebung; **Lyon:** 415 000 Einwohner, 1,2 Millionen im Ballungsraum. **Lille:** 364 000 Einwohner, 950 000 in der Umgebung. **Toulouse:** 359 000 Einwohner, 608 000 leben in den Vororten.

Bretagne Extra

Grenzen Insgesamt 5670 Kilometer Grenzen zu Spanien, Belgien, der Schweiz, Deutschland, Luxemburg, Andorra und Monaco.
Religion 81 Prozent der Bevölkerung sind katholisch, 1,7 Prozent Protestanten, 5 Prozent Moslems und 1,2 Prozent Juden.
Bodenschätze Kohlevorkommen bei Lille und in Lothringen, dort liegen außerdem Europas größte Eisenerzlager. In Lacq in den Pyrenäen befindet sich ein großes Erdgasgebiet. Erdöl gibt es im französischen Südwesten und dem Pariser Becken.
Industrie Automobil-, Chemie-, Nahrungsmittel- und Maschinenindustrie sind neben dem Tourismus die wichtigsten Wirtschaftszweige des Landes. Zu den industriellen Zentren zählen die Pariser Vororte, Nordfrankreich, Lothringen, Lyon und Marseille.
Landwirtschaft Auf 31,4 Millionen Hektar landwirtschaftlicher Nutzfläche werden in erster Linie Weizen, Gerste, Hafer, Mais, Roggen sowie (in der Camargue) Reis angebaut. Rinderzucht ist ebenfalls weit verbreitet. Frankreich gilt als europäischer Hauptexporteur von Weizen und ist eines der führenden Weinbauländer der Welt.
Außenhandel Wichtigste Handelspartner sind Deutschland, Italien, Großbritannien, Belgien und Luxemburg, gefolgt von den USA, Spanien, den Niederlanden und der Schweiz. Als begehrteste Exportgüter gelten chemische Erzeugnisse, Autos, Maschinen und Autoteile.
Arbeitslosenquote Liegt bei etwa 13 Prozent
Bedeutung des Tourismus Nach einer Studie der Welttourismusbehörde erwirtschaftete Frankreich 1996 umgerechnet 47,75 Milliarden DM – und plazierte sich damit als Urlaubsland hinter den USA (108,15 Milliarden) und Spanien (47,76 Milliarden), aber noch vor Italien (45,95 Milliarden). Wegen des französischen Zentralismus, der wichtige Wirtschaftszweige wie etwa Bank-, Versicherungs- oder Pressewesen an Paris bindet, leben viele Regionen, darunter auch die Bretagne, in erster Linie vom Tourismus. Die eifrigsten Frankreich-Reisenden sind Deutsche, Amerikaner, Italiener und Japaner (in dieser Reihenfolge).

Register

Hier finden Sie die in diesem Band beschriebenen Sehenswürdigkeiten, Museen und Ausflugsziele. Außerdem enthält das Register wichtige Stichworte und landessprachliche Bezeichnungen.Wird ein Begriff mehrfach aufgeführt, verweist die **fett** gedruckte Zahl auf die Hauptnennung. Die **Buchstaben-Zahlen-Kombinationen** nach den Seitenangaben verweisen auf die Planquadrate und Seitenzahlen der Karten.

A

B

C

Q

R

S

T

U

V

W

Y

Impressum

An unsere Leserinnen und Leser:

Wir freuen uns, Ihre Meinung zu diesem Reiseführer zu erfahren. Bitte schreiben Sie uns, wenn Sie Berichtigungen und Ergänzungsvorschläge haben oder wenn Ihnen etwas besonders gut gefällt:

Gräfe und Unzer Verlag
Reiseredaktion
Stichwort: MERIAN XL
Postfach 86 03 66
81630 München
Grillparzerstraße 12
81675 München

Alle Angaben in diesem Reiseführer sind gewissenhaft geprüft. Preise, Öffnungszeiten usw. können sich aber schnell ändern. Für eventuelle Fehler übernimmt der Verlag keine Haftung.

Lektorat: Christa Botar
Bild-/Textredaktion: Martina Gorgas
Kartenredaktion: Markus Röleke

Gestaltung: Ludwig Kaiser
Produktion: Helmut Giersberg
Titelfoto: Franz Marc Frei/Côte de Granite Rose
Karten: Kartographie Huber
Layout: Anna-Catharina Gebbers, Andrés Gomez
Litho: PHG, München
Printed in Italy

Alle Fotos von Franz Marc Frei außer:
Bilderdienst Süddeutscher Verlag 207, 263
D. Schröder 211, 212, 219, 249

Dieses Buch wurde auf chlorfrei gebleichtem Papier gedruckt

1. Auflage 1998

ISBN 3-7742-0478-0